商务馆对外汉语专业本科系列教材
总主编　赵金铭　齐沪扬　范开泰　马箭飞
审　订　世界汉语教学学会

对外汉语教育技术概论

郑艳群　著

商务印书馆
The Commercial Press
2012年·北京

图书在版编目(CIP)数据

对外汉语教育技术概论/郑艳群著. —北京:商务印书馆,2012
(商务馆对外汉语专业本科系列教材)
ISBN 978 - 7 - 100 - 08788 - 9

I.①对… II.①郑… III.①汉语—对外汉语教学—高等学校—教材 IV.①H195.4

中国版本图书馆 CIP 数据核字(2011)第 240846 号

所有权利保留。
未经许可,不得以任何方式使用。

DUÌWÀI HÀNYǓ JIÀOYÙ JÌSHÙ GÀILÙN
对外汉语教育技术概论
郑艳群 著

商 务 印 书 馆 出 版
(北京王府井大街36号 邮政编码 100710)
商 务 印 书 馆 发 行
北京瑞古冠中印刷厂印刷
ISBN 978 - 7 - 100 - 08788 - 9

2012 年 5 月第 1 版　　开本 787×960　1/16
2012 年 5 月北京第 1 次印刷　印张 18¼

定价:38.00 元

内容简介

《对外汉语教育技术概论》一书是普通高校对外汉语专业本科生使用的教材。该书系统、全面地介绍了现代信息技术的特点以及发展趋势,并系统地勾勒出信息技术和对外汉语教学之间的关系网络,立体呈现出对外汉语教育技术的全景。

该教材突出"实用性",在阐述基本理论的同时,侧重展示现代信息技术在对外汉语教学不同领域的应用状况和方法,结合具体案例,为读者的教学和科研工作提供强有力的理论和实践支持。同时,对于对外汉语教育技术领域中正在不断更新、变化的新理论、新方法、新技术、新问题,该书均有精彩的阐释和解读,为读者提供了广阔的思考空间。

前　　言

　　对外汉语教学专业的设立已经有二十多年的历史了。早在1983年经教育部批准北京语言学院在外语系内就设置了对外汉语教学专业，以培养对外汉语教师为主要目标。不久，北京外国语大学、上海外国语学院和华东师范大学也相继开设了类似的专业。

　　此后几年，该专业一直踽踽独行，没有名目。直至1988年，教育部颁布《普通高等学校本科专业目录》和《普通高等学校本科专业设置规定》，在一级学科中国语言文学类（学科代码0501）下，设"对外汉语"（学科代码050103）二级学科，这一专业才正式确立。

　　当初，设置这一专业，是为招收第一语言为汉语的中国学生，培养目标是将来能从事对外汉语教学及中外文化交流等工作。故该专业特点是，根据对外汉语教学对教师知识结构和能力的要求设计课程和确定教学内容。在1989年"对外汉语教学专业会议"（苏州）上，进一步明确了这个培养目标，并规定专业课程应分为三类：外语类、语言类和文学文化类。1997年召开"深化对外汉语专业建设座谈会"，会议认为，根据社会需要，培养目标可以适当拓宽，要培养一种复合型、外向型的人才，既要求具有汉语和外语的知识，又要求有中国文化的底蕴；既要求懂得外事政策和外交礼仪，又要求懂得教育规律和教学技巧。这一切只能靠本专业的独特的课程体系、有针对性的教材以及特定的教学方法才能完成。

　　近年来，世界风云变幻，中国和平崛起。随着汉语加快走向世界，对外汉语教学事业获得蓬勃发展。目前开设对外汉语专业的高等学校已有一百三十多所。大发展带来了丰富多彩，也伴随着不规范。对外汉语作为一个专业，既无统一的教学大纲，也无标准的课程设置，更无规范的教材。在业内对对外汉语教学的学科内涵，也还存在着不同的认识。目前，设立本专业的院校只能本着各自的理解，依据本单位的教学资源与教学条件设置课程，自编或选用一些现成的教材。

有鉴于此，在国家汉办的指导下，商务印书馆以其远见卓识，决定组织全国各高校对外汉语教学资深人士，跨校协商，通力合作，在初步制订专业课程大纲的基础上，编写一套对外汉语专业系列教材，以适应目前本专业对教材的迫切需求。

本教材以赵金铭、齐沪扬、范开泰、马箭飞为总主编，教材的编者经多次协商讨论，决定本着下列原则从事编写：

一、总结以往的经验，积成多年来对外汉语教学成果，以课程在教学计划中的地位、性质、任务和作用为依据，规定课程的基本内容，划定教学范围，确立教学要求。

二、密切关注语言学，特别是汉语语言学研究的最新进展，全面吸取汉语作为第二语言/外语教学研究的最新成果，着重体现语言规律、语言教学规律和语言学习规律。

三、教材的教学内容力求贯彻"基础宽厚，重点突出"的原则，注重基本理论、基本知识和基本技能，既要加强基础理论的教学，更要加强实践能力的培养。对课程的实践性教学环节应有明确、具体的要求，并有较强的可操作性。

四、教材要全面显示汉语作为第二语言/外语教学的性质、特点和规律，为加快汉语走向世界，为汉语国际推广，培养外向型、复合型的人才。

五、谨守本科系列教材的属性，注意教材容量与可能的课时量相协调，体现师范性，每一章、节之后，附有思考题或练习题。特别要注意知识的阶段性衔接，为本—硕连读奠定基础，留有空间。

基于上述考虑，我们对对外汉语专业的教学内容作了权衡与取舍。本着培养目标所要求的内涵，教材内容大致围绕着四个方面予以展开，即：基础知识、专业知识、教学技能和教师素质。我们把拟编的对外汉语专业本科系列教

材组成五大板块,共 22 册。每个板块所辖课程及教材主编如下:

一、语言学、应用语言学和汉语

    1. 现代汉语　　　　　　　　　　齐沪扬(上海师范大学)

    2. 古代汉语　　　　　　　　　　张　博(北京语言大学)

    3. 语言学概论　　　　　　　　　崔希亮(北京语言大学)

    4. 应用语言学导论　　　　　　　陈昌来(上海师范大学)

    5. 对比语言学概论　　　　　　　潘文国(华东师范大学)

二、中国文学文化及跨文化交际

    6. 中国现当代文学　　　　　　　陈思和(复旦大学)

    7. 中国古代文学　　　　　　　　王澧华(上海师范大学)

    8. 中国文化通论　　　　　　　　陈光磊(复旦大学)

    9. 世界文化通论　　　　　　　　马树德(北京语言大学)

    10. 跨文化交际概论　　　　　　　吴为善(上海师范大学)

三、汉语教学理论、第二语言习得理论与实践

    11. 对外汉语教学导论　　　　　　周小兵(中山大学)

    12. 第二语言习得研究　　　　　　王建勤(北京语言大学)

    13. 对外汉语本体教学概论　　　　张旺熹(北京语言大学)

    14. 对外汉语课程与教学概论　　　孙德金(北京语言大学)

    15. 双语与双语教育概论　　　　　关辛秋(中央民族大学)

    16. 华文教学概论　　　　　　　　郭　熙(暨南大学)

    17. 世界汉语教学史　　　　　　　张西平(北京外国语大学)

四、对外汉语教材、教学法与测试评估

    18. 对外汉语教学法　　　　　　　吴勇毅(华东师范大学)

    19. 对外汉语教材通论　　　　　　李　泉(中国人民大学)

    20. 语言测试概论　　　　　　　　张　凯(北京语言大学)

    21. 对外汉语教学模式概论　　　　马箭飞(国家汉办)

五、现代教育技术在对外汉语教学中的应用

    22. 对外汉语教育技术概论　　　　郑艳群(北京语言大学)

本系列教材主要是为对外汉语专业本科生编写，也可供其他对外汉语教学工作者、研究者参考，同时也可以作为大专院校语言文学类专业的课外参考书。

　　目前，汉语国际推广正如火如荼，汉语作为第二语言/外语教学也面临着巨大的机遇与空前的挑战。我们愿顺应时代洪流，为汉语国际推广尽绵薄之力。大规模、跨地区、跨学校地组织人力进行系列教材的编写，尚属首次，限于水平，疏忽和不妥之处在所难免，敬祈专家、读者不吝指正。

赵金铭　齐沪扬
2007年6月5日

目 录

第一章　总论 ·· 1
　第一节　现代教育技术的发展现状及发展趋势 ······················ 2
　　一　研究领域不断深入 ·· 3
　　二　研究范畴不断拓展 ·· 3
　　三　政府制订相应的支持政策 ······································· 4
　第二节　对外汉语教学应用现代教育技术的必要性 ················ 6
　　一　现代教育技术对汉语教学产生了积极的影响 ················ 6
　　二　汉语教学需要现代教育技术的支持 ··························· 7
　第三节　对外汉语教学应用现代教育技术的意义 ··················· 7
　　一　促进汉语教学自身的发展 ······································· 8
　　二　促成汉语国际教育与国际教育技术应用的接轨 ············ 9
　　三　满足数字时代学习方式的需求 ································ 9
　第四节　对外汉语教学应用现代科技的发展简史 ················· 10
　　一　广播电视教学时期 ·· 11
　　二　视听教学时期 ·· 11
　　三　计算机、多媒体和网络时期 ·································· 11
　　四　代表性成果及事件 ·· 13

第二章　信息技术与对外汉语教学 ····································· 20
　第一节　信息技术与汉语教学大纲制订及课程设置 ·············· 20

一　为教学大纲的制订提供科学依据 …………………………… 20
　　二　为改进课程设置提供科学的依据 …………………………… 21
　　三　为教学设计提供帮助 ………………………………………… 21
　第二节　信息技术与教学模式的创新 ………………………………… 22
　　一　语料库驱动式对外汉语教学 ………………………………… 22
　　二　多媒体驱动式对外汉语教学 ………………………………… 23
　　三　网络技术为主流的汉语远程教学 …………………………… 25
　　四　合理运用技术手段创新汉语教学方式 ……………………… 26
　　五　积极开展与教育技术相关的实验研究 ……………………… 27
　第三节　信息技术与对外汉语教学课程整合 ………………………… 27
　　一　信息技术与课程整合是现代教育技术的研究热点 ………… 27
　　二　信息技术与课程整合的基本原则 …………………………… 28
　　三　信息技术与课程整合的基本模式 …………………………… 29
　第四节　信息技术应用于汉语教学的基本特征 ……………………… 30
　　一　技术层面的基本特征 ………………………………………… 31
　　二　教学功能层面的基本特征 …………………………………… 32
　　三　汉语教学常用信息工具 ……………………………………… 34

第三章　对外汉语计算机辅助教学系统与课件设计 …………………… 37
　第一节　计算机辅助教学基础知识 …………………………………… 37
　　一　汉语计算机辅助教学系统的构成 …………………………… 38
　　二　计算机辅助教学系统的工作原理和教学作用 ……………… 39
　　三　汉语计算机辅助教学的理论基础及相关技术 ……………… 41
　第二节　汉语计算机辅助教学研究的主要内容 ……………………… 44
　　一　多媒体化和网络教学模式分析 ……………………………… 44
　　二　汉语知识和言语技能计算机辅助教学方法 ………………… 47
　　三　汉语计算机辅助教学的优越性和局限性 …………………… 53
　　四　影响汉语计算机辅助教学的相关因素 ……………………… 56

第三节 汉语计算机辅助教学课件设计与开发 ……………… 57
    一 课件设计的基本原则 ……………………………………… 57
    二 课件的开发方式 …………………………………………… 59
    三 课件开发的基本步骤 ……………………………………… 59
    四 课件开发工具 ……………………………………………… 61

第四节 计算机辅助汉语测试 …………………………………… 62
    一 试题库的建立、管理和试卷自动生成 …………………… 62
    二 自动阅卷技术 ……………………………………………… 63
    三 计算机化汉语测试 ………………………………………… 64

第五节 汉语计算机辅助教学的发展趋势 ……………………… 65
    一 多媒体化和网络化 ………………………………………… 65
    二 智能化和虚拟现实化 ……………………………………… 66
    三 多层次多样化 ……………………………………………… 68

第四章 计算机多媒体技术与对外汉语教学 …………………… 70
第一节 声像技术及其在汉语教学中的作用 …………………… 70
    一 声像技术概述 ……………………………………………… 70
    二 声像技术在语言教学中的应用 …………………………… 71

第二节 语言实验室的类型和特点 ……………………………… 73
    一 语言实验室的类型 ………………………………………… 73
    二 语言实验室的功能 ………………………………………… 75
    三 语言实验室在汉语教学中的作用 ………………………… 76

第三节 多媒体技术及其在汉语教学中的作用 ………………… 77
    一 多媒体演示教室及其教学作用 …………………………… 77
    二 多媒体网络教室及其教学作用 …………………………… 80
    三 数字化语言实验室的管理和维护 ………………………… 85

第四节 多媒体汉语课堂教学方法 ……………………………… 87
    一 选择适宜的教学资源 ……………………………………… 87

二　把握使用的基本原则 …………………………………………… 90
　　三　掌握新型的备课方式和处理随机事件的能力 ………………… 94
第五节　汉语教材和词典中多媒体技术的应用 ………………………… 98
　　一　汉语教材中图片的示意功能和示意方法 …………………… 98
　　二　汉语学习词典中图片的示意功能和示意方法 ……………… 107
　　三　汉语电子词典的面貌和特点 ………………………………… 115
第六节　其他信息技术和设备在汉语教学中的应用 ………………… 119
　　一　汉语教学中文信息平台的基本要求 ………………………… 119
　　二　汉语拼音输入技术的应用 …………………………………… 120
　　三　语音识别与合成技术的应用 ………………………………… 121
　　四　汉字手写板技术的应用 ……………………………………… 123
　　五　手持移动设备的应用 ………………………………………… 123

第五章　计算机网络环境下的对外汉语教学 ……………………………… 126
　第一节　现代远程教育概述 …………………………………………… 126
　　一　现代远程教育的基本概念 …………………………………… 126
　　二　现代远程教育的类型和特点 ………………………………… 128
　第二节　汉语远程教学的基本情况 …………………………………… 131
　　一　现代汉语远程教学的发展现状 ……………………………… 131
　　二　现代汉语远程教学与学习的特点 …………………………… 132
　　三　开展汉语远程教学的相关因素 ……………………………… 137
　第三节　网络音频视频资源利用 ……………………………………… 138
　　一　校园网的作用 ………………………………………………… 138
　　二　视频点播系统及其教学作用 ………………………………… 140
　　三　流媒体技术和播客在教学中的应用 ………………………… 140
　第四节　汉语网络课程资源的组成和功能 …………………………… 141
　　一　网络课程资源的组成和作用 ………………………………… 142
　　二　网络讲授模式与个别辅导模式的特点分析 ………………… 144

第五节 网络环境下汉语学习者特征及教师素质 …………… 145
 一 网络环境下语言学习者特征 …………………………… 145
 二 网络环境下语言教师的素质 …………………………… 147
第六节 虚拟现实技术和语言教学环境 …………………………… 149
 一 虚拟语言教学环境及其教学作用 ……………………… 149
 二 虚拟汉语教师的作用 …………………………………… 150

第六章 语料库技术在对外汉语教学中的应用 ……………………… 152
第一节 语料库语言学简介 ………………………………………… 152
 一 有关语料库的基本概念 ………………………………… 152
 二 语料库语言学的发展历史和发展趋势 ………………… 158
 三 语料库技术的应用和类型 ……………………………… 160
第二节 语料库建设、加工和检索的基础知识 …………………… 164
 一 语料库建设 ……………………………………………… 165
 二 语料加工 ………………………………………………… 165
 三 语料库检索 ……………………………………………… 170
第三节 汉语目标语语料库及其应用 ……………………………… 171
 一 现代汉语语料库在汉语教学和研究中的作用 ………… 171
 二 汉语目标语语料库介绍 ………………………………… 175
 三 现代汉语语料库的应用 ………………………………… 183
第四节 汉语中介语语料库及其应用 ……………………………… 185
 一 汉语中介语语料库在汉语教学和研究中的作用 ……… 185
 二 汉语中介语语料库系统介绍 …………………………… 186
 三 汉语中介语语料库的应用 ……………………………… 189
第五节 语料库技术与汉语教材编写及词典编纂 ………………… 191
 一 辅助对外汉语教材编写 ………………………………… 192
 二 辅助对外汉语词典编纂 ………………………………… 193
第六节 应用语料库开展汉语教学研究的步骤和策略 …………… 194

一　常用方法和步骤……………………………………………………194
　　　二　基本策略…………………………………………………………196

第七章　数字化对外汉语教学资源建设与管理……………………………204
　第一节　数字化对外汉语教学资源建设概述…………………………204
　　　一　资源建设的必要性和意义………………………………………204
　　　二　资源的主要类型…………………………………………………206
　　　三　信息资源标准及信息化资源建设的基本原则…………………209
　第二节　文字素材的作用及采集加工…………………………………212
　　　一　文字素材在汉语教学中的作用…………………………………212
　　　二　文字素材的常见格式……………………………………………213
　　　三　文字素材的采集方法……………………………………………214
　　　四　文字素材的编辑加工……………………………………………215
　第三节　声音素材的作用及采集加工…………………………………215
　　　一　声音素材在汉语教学中的作用…………………………………215
　　　二　声音素材的常见格式……………………………………………216
　　　三　声音素材的采集方法……………………………………………217
　　　四　声音素材的编辑加工……………………………………………219
　第四节　图片素材的作用及采集加工…………………………………219
　　　一　图片素材在汉语教学中的作用…………………………………219
　　　二　图片素材的常见格式……………………………………………220
　　　三　图片参数…………………………………………………………222
　　　四　图片素材的采集方法……………………………………………224
　　　五　图片素材的编辑加工……………………………………………226
　第五节　动画素材的作用及采集加工…………………………………226
　　　一　动画素材在汉语教学中的作用…………………………………226
　　　二　动画素材的常见格式……………………………………………226
　　　三　动画素材的采集方法……………………………………………227

第六节 视频素材的作用及采集加工 …… 228
 一 视频素材在汉语教学中的作用 …… 228
 二 视频素材的常见格式 …… 228
 三 视频素材的采集方法 …… 230
 四 视频素材的编辑 …… 231
第七节 资源集成与教材信息化建设 …… 231
 一 多媒体素材的组织与管理 …… 231
 二 多媒体素材的组织形式 …… 233
 三 汉语教材信息化建设 …… 238
第八节 汉语教学课程与资源管理 …… 241
 一 教学课程管理 …… 241
 二 教学资源管理 …… 243

第八章 对外汉语教师信息素养 …… 246
第一节 信息素养的由来及意义 …… 246
 一 信息素养的起源和发展 …… 246
 二 信息素养概念产生的影响 …… 249
第二节 对外汉语教师信息素养的主要内容 …… 254
 一 现代教育技术给汉语教学领域带来的变革 …… 254
 二 汉语教学领域已出台相关的国家标准 …… 256
第三节 信息素养与教师教育 …… 259
 一 汉语教师具备信息素养的必要性 …… 259
 二 信息技术与教师教育 …… 262

附录 教育技术相关术语中英文对照表 …… 265

主要参考文献 …… 269

后记 …… 275

第一章 总 论

教育技术自古有之。自从有了教育,教育技术就伴随着教育的产生和发展在不断地发展变化着。教育技术普遍存在于各种教育活动中。它的作用在于通过适当的方式协调师生关系并辅助教与学的顺利开展。教育技术包括物质层面和思想观念层面。[①] 物质层面上,各国的教育技术发展历史不尽相同,但基本都呈现出视觉教学—视听教学—视听传播—现代教育技术的轨迹。

随着现代科学技术的迅猛发展,尤其是在以计算机为核心的信息技术普及并应用于教育领域的形势下,教育技术受到巨大的冲击和影响。人们越来越深刻地认识到教育技术的重要性和复杂性,认为应该把它作为一个专门的学科来看待,以便更好地研究相关理论和实践问题。

1994年,美国教育传播与技术协会(Association for Educational Communication and Technology,简称 AECT)发表了《教育技术:领域的定义和范畴》[②],正式给出了教育技术的科学定义,并对该学科的研究领域和研究范围做了明确的界定。具体为:教学技术是对学习过程和学习资源进行设计、开发、运用、管理和评价的理论与实践。这就是著名的 AECT'94 定义,它明确

[①] 实际上,任何时代的教育技术都包括物质层面和思想观念层面。除了人们日常所熟悉的黑板—粉笔、幻灯、多媒体计算机等物质化手段,关于技术运用的思想、理论、态度也是教育技术的组成部分。如经验之塔理论、教育目标分类学、网络课程开发理论等。

[②] Seels, B. B. & Richey, R. C. (1994). *Instructional technology*: *The definition and domains of the field*. Bloomington, IN: Association for Educational Communications and Technology. Pages 186. Publisher: Assn for Educational. 参见[美]巴巴拉·西尔斯、丽塔·里齐著,邬美娜、刘雍潜等译,中央广播电视大学出版社 1999 年版。

指出了本学科的研究对象和研究领域。2004年,该协会对这一概念做了修订。新的定义AECT'04为:教育技术是通过创造、利用和管理合适的技术性过程和资源,以促进学习和提高绩效的研究,及符合伦理道德的实践。与AECT'94定义相比,AECT'04有如下三点变化:(1)2004年的定义采用的是"教育技术"(educational technology),而1994年的定义采用的是"教学技术"(instructional technology),表明把教育技术的研究范围扩展了。(2)2004年定义主要包括三个职能范畴:创造、利用、管理,其中1994年定义中的"设计"、"开发"在新定义中归为"创造",表明更加强调教育技术创新;在新定义中,"评价"不再被列为一个单独的范畴,而转为"提高绩效",实际上是对教育技术的实践提出了更高的要求,表明注重通过技术手段培养和提高能力。(3)新定义更加强调过程和资源的技术性与恰当使用,表明以突出专业特色为工作重点。综上可以看出,新的定义限定和明确了学习过程和学习资源的范围,强调和重视绩效,它标志着教育工作者对这一学科认识和应用的深化。

从现代教育技术的定义及其变化中可以看出,现代教育技术的研究内容包括:教育对象(学习者)、教育内容(新的教学内容形式,传播、接收手段)、教师队伍、教育方式、教育场所与时间、教育资源(图书、资料、设备)和教育体制。教育技术的应用提供了更广泛的学习资源和更加灵活的教学与学习方式。

第一节　现代教育技术的发展现状及发展趋势

从人类教育发展的历史来看,生产和科学技术的发展一直对教育起着积极的促进作用。现代科学技术的发展已经成为现代教育发展的重要动力。现代教育技术在电子技术、传播技术和信息技术等现代科学技术的影响下,已经逐渐发展成为一门新兴的学科。

自AECT'94教育技术的定义正式提出后,教育技术持续、快速地发展着,其发展趋势表现为以下三个方面。

一　研究领域不断深入

随着教育技术的正式提出，十几年来，人们从热衷于讨论它的内涵和外延，逐步发展到探讨在不同学科中应用教育技术的具体问题。通过研究学科学习与教育技术的结合点，重新考虑教育体系的设计问题。解决这些具体问题将有助于本学科教学水平的提高，从而共同影响和推动整个教育领域变革背景下教育技术的快速发展。

就汉语教学而言，需要深入探讨教育技术对汉语教学带来怎样的影响，包括创新语言教学和学习理论，如调整教学总体设计与课程设置、探索教育技术在汉语知识教学和言语技能训练中的应用方式和特点、建设数字化汉语教学资源、研发新型汉语测试手段以及培训汉语教师相关技能等问题。

二　研究范畴不断拓展

可以说，人们认识的不断深化和科学技术的不断发展，使得现代教育技术不断拓展了本领域的研究范畴。

以往教育工作者普遍只关心和强调媒体的运用，关注如何运用现代媒体（比如多媒体计算机技术）优化教学过程，关注如何运用现代媒体创新教学模式和教学环境（比如虚拟教学环境和网络教学模式），但这些并非教育技术的全部。现代教育技术的观念指导我们逐步深化对教育技术的研究对象和研究领域的认识，引导我们用系统化和结构化的观点、方法去深刻认识它在教学中的作用，并把对它的研究放在整个教学系统、教学结构、教学环境中去观察，其目的是在教学中充分发挥教育技术的积极作用，使其更好地为教学服务。

造纸术、印刷术，幻灯、电影、广播、电视以及录音机、录像机和电脑、网络等科技成果都对教学产生过影响，都曾是教育技术的先进手段和方式。然而，层出不穷的科技成果正在成为新兴的教学手段和学习方式，比如利用 MP3、MP4 和手机。这些现代年轻人喜闻乐见的方式都是值得我们去利用的工具，都可以成为有效的教学和学习手段。怎样建设和传送教学资源、怎样引导学习和监控学习效果，也是我们必须解决的问题。

不仅如此,非正式学习(Informal Learning)①、泛在性学习(Ubiquitous Learning)②、游戏化学习(Game-Based Learning)③,以及学习绩效(Performance of Learning)④、教育应用等相关问题研究,正是现代教育技术发展和应用过程中不断涌现出的新课题。从教育技术发展的角度看,最终的目的是要揭示人类学习的规律,从而辅导人类的学习。

三 政府制订相应的支持政策

为了促进教育的发展,许多国家和政府都高度重视发展教育技术。一方面,相继制订了相应的政策。例如:美国1998年投巨资,目标是使每位公民都能利用信息技术终身学习;德国教育部长1998年宣布教育技术的重点倾向于提高多媒体和微机技术的应用水平;马来西亚提出建立"多媒体超级走廊",等等。另一方面,致力于大力开展信息技术教育,并兴建设施、投入设备。例如,美国中小学学科知识中就有"技术的本质"、"技术世界"这类信息技术教育方面的课程;日本中小学各阶段都要求积极利用信息技术开展教学;美国各著名大学都有汉语教学网站;日本早稻田大学率先开展了远程个别化汉语听说教学实验并取得成效;韩国宽带网入户的实施,使得目前韩国汉语教学网站上拥有大量的汉语教学视听资源。教育技术的发展就是要不断地适应和满足多种

---

① 传统的认识是将非正式学习(Informal Learning)看成是正式学习(Formal Learning)的补充。而最新的教育理论认为,技术支持的非正式学习在人一生学习中的分量将越来越重,更多地与正式学习互相促进。这是教育技术研究扩展的新领域。

② 泛在性学习(Ubiquitous Learning)指普遍存在的、无处不在的学习和无时无刻的沟通。它是信息技术环境下的学习方式,通过利用信息技术为人们提供一个可以在任何地方、任何时刻获取所需的任何信息的学习方式或学习活动(Anywhere, Anytime, Anydevice, Anyone,简称4A)。泛在学习理论是一种新型的学习理论体系,与数字化技术环境、学习资源、教学模式、学习支持服务系统密切相关。它体现出了现代教育技术对传统正规学习的扩展。

③ 寓教于乐又一次成为教育领域研究的热点。如何促进生活体验、乐趣与学习目的、手段相结合,学者们提出游戏化学习技术(Game-Based Learning)概念,实际上是把教育游戏(Education Games)研究提高到一个更高的层次。

④ 学习绩效(Performance of Learning)原指为完成学习目标而表现在不同层面上的有效输出情况,现已成为教育技术发展的新领域。绩效具有多因性、多维性和动态性特点。影响绩效的因素有很多,如自身的态度和目标,也有方法和环境等。

学习方式和不同学习对象的需求。[①] 国家汉办早在1995年6月召开的全国基础汉语推荐教材问题讨论会上就强调："要利用一切可以利用的现代技术手段,加强多媒体的研制,使新一代教材逐步向文字、音、像立体发展。"[②]1999年《中共中央国务院关于深化教育改革全面推进素质教育的决定》也指出,要大力提高教育技术手段的现代化水平和教育信息化程度,教师要掌握必要的现代教育技术手段。[③] 同年,时任教育部部长陈至立在为《中国教育报》创办的题为"制高点——现代教育技术"的专题中撰文:《应用现代教育技术,推动教育教学改革》。文中强调:"要深刻认识现代教育技术在教育教学中的重要地位及其应用的必要性和紧迫性;充分认识应用现代教育技术是现代科学技术和社会发展对教育的要求,是教育改革和发展的需要。"[④]国家对外汉语教学领导小组和教育部于1999年12月10日至12日在北京举行的第二次全国对外汉语教学工作会上提出,要建立"中国对外汉语现代远程教学中心",积极利用现代化手段开展网上汉语教学和信息服务,掌握对外汉语的现代远程教育的主动权。[⑤]

为此,我们要深刻地认识现代教育技术在教育教学中的重要地位及其应用的必要性和紧迫性;要充分认识到应用现代教育技术是现代科学技术和社会发展对教育的要求,是教育改革和发展的趋势。事实证明,教育技术可以带动教育领域的发展,是构建创新教育模式的必要手段。

与此同时,国际化的学术组织针对前沿问题成立协会、召开会议,[⑥]为本学科的发展相互交流,探讨共同关心的问题。

[①] 是否存在一种对所有类型的教学内容、学生和教学目标都适用的教学方法,教育界一直争论不休。

[②] 参见杨庆华《新一代对外汉语教材的初步构想——在全国对外汉语教学基础汉语推荐教材问题讨论会上的发言》,《语言教学与研究》1994年第4期。

[③] 参见新华社发《中共中央国务院关于深化教育改革全面推进素质教育的决定》,《人民日报》1999年6月17日第1版。

[④] 参见《中国教育报》1999年5月18日。

[⑤] 参见程裕祯《新中国对外汉语教学发展史》,北京大学出版社2005年版。

[⑥] 如教育技术与计算机国际会议、智能教学系统国际会议、世界移动学习大会、国际E-Learning与游戏大会等。参见祝智庭《国际教育技术研究动态透视》,《电化教育研究》第8期。

第二节　对外汉语教学应用
现代教育技术的必要性

20世纪90年代以来,特别是进入21世纪之后,现代教育技术应用电子技术、计算机技术和通信技术,进入了快速发展阶段。其主要特征是数字化、多媒体化和网络化。这些变化为汉语教学的发展创造了客观条件,提供了技术支持。

一　现代教育技术对汉语教学产生了积极的影响

我们通常所说的多媒体技术,实际上是指多媒体计算技术。它是使用计算机综合处理文本、图形、图像、声音、动画、视频图像等不同类型媒体信息的技术。[①] 多媒体技术被人们称为是人类继纸张、印刷术、电报电话、广播电视、计算机之后处理信息手段的又一大飞跃,并呈现出十分广阔的应用前景。多媒体技术极大地改变了人们的生活方式,并推动许多学科领域和相关产业的发展。

汉语教学中,多媒体技术在汉语知识形象、直观呈现方面体现出它的优越性和高效率;多媒体技术可以通过多种感官的刺激帮助学生感知、注意、理解和记忆所学知识,节省教师写板书和讲解的时间;在听说读写言语技能操练过程中,它可以很好地做到形式和意义的结合,有助于实现精讲多练的原则。计算机网络[②]的出现不仅提供了丰富的教学资源,而且还打破了时空限制,改变了人际关系。语言学习离不开实际应用,汉语学习者可以通过网络使用汉语相互交流。借助网络环境,语言学习者可以使用更灵活的语言应用方式或机会,远在千里,仿佛近在咫尺。人机交互式问答,消除了学生恐惧或害羞的学习心态。这些都是现代教育技术在汉语教学应用中积极的表现。

---

① 参见张效祥主编《计算机科学技术百科全书》,清华大学出版社1998年版。
② 网络包括电信网络、有线电视网络、计算机网络等。本书中如无特别说明,均特指计算机网络。

二 汉语教学需要现代教育技术的支持

汉语教学应用多媒体技术并非一种时尚。汉语的声调、汉字的笔顺书写、词语的释义、语法教学中意义的表达和语用环境的表达等,如果应用多媒体技术显然更符合人类认知和理解事物的感官和心理特征。这说明,汉语知识本身的特性决定了它的表达方式应该是多媒体化的,需要多媒体技术的支持;语言教学情景化提示和交际性的特点,也正需要多媒体技术的支持。

汉语教学中应用教育技术使得教育体制和教学模式发生了诸多变革。随着终身教育观念的发展以及学习者动机的多样化,很多汉语学习者喜欢在不受时间、空间和地域约束的条件下学习,他们或者希望自主学习、得到个别化辅导、开展合作学习,或者希望共享优秀教学资源(以解决汉语师资不足的问题),或者希望通过网络社团的形式获得继续学习语言并用所学语言进行交流的机会和场所。

汉语教学需要以大规模数字化汉语教学资源为基础,这些资源通过网络方式便可以为广大汉语教师共享,用来提高教学效率、保障教学质量,也可以节省人力、物力和财力,解决师资问题。多方面需求、大规模资源的组织和利用,必须基于先进的理念和技术手段。现代教育技术的提出,规定了教育技术的内涵及其理论与实践领域,使教育工作者对这一学科研究内容的认识逐渐清晰,并拓宽了实践领域。相反,如果没有现代教育技术的理论支撑和实践基础,仅仅流于形式,不但不能产生更高的教学效率,汉语教学还会在现代教育技术大背景下失去原有的影响力。信息处理与汉语教学结合是必然的,必要的和可能的。[①]

第三节 对外汉语教学应用现代教育技术的意义

长期以来,教育技术的发展一直是缓慢的,人们甚至感觉不到它的变化。

---

① 参见张普《论汉语处理技术与对外汉语教学》,载《语言教学与研究》1991年第1期。

所以,"书本—黑板—教师—学生"的教学模式几乎成了定式。现代教育技术的提出和确立,不仅反映了国际教育技术界对教育技术新的认识和态度,而且对推动全世界教育技术的应用和发展起到了重要作用,产生了深刻的影响。

近十几年来,现代教育技术在汉语教学界得到广泛应用。一方面,它创造了新的教学手段,丰富了信息传递的方式和方法,优化了教学过程;另一方面,它改变了传统的教学模式和人们的思想观念,在提高教学效率、扩大教育规模、降低教育成本方面起到了积极的作用。现代教育技术对汉语教学的影响表现在如下三个方面。

一 促进汉语教学自身的发展

现代教育技术研究目标的明确,使得任何学科既可以结合学科本身的特点和需要开展理论和实践研究,又可以在教育技术层面相互交流。十余年来,汉语教学正是从教育技术研究领域出发,开展了学科建设研究,取得了可喜的成绩,并显示出教育技术在提高汉语教学效率方面的作用。

现代教育技术对汉语教学课程设置、教学方法和学习方法、测试手段、教学资源形式等诸多方面产生了影响,它帮助我们解决长期以来困扰汉语教学的难点问题,突破语言教学的"瓶颈",有助于相关领域理论和实践研究的开展。这些变化为汉语教学注入了新鲜血液,其结果必将促进信息化时代汉语教学学科自身的发展。因此,应该认识现代教育技术的意义,明确信息技术环境下汉语教学的研究方向。

我们正处在一个技术占主导地位的教育变革时代。科学技术影响了人们大部分生活方式,包括教育和学习。现代科技为社会发展提供了前所未有的可能,使人们可随时随地获取他们需要的知识,从而创造更多的社会财富和价值。由此可见,技术可以转化为教育生产力。利用技术力量提高教学效果,可以更有效地利用资源(包括师资),创设并采取有效的教学措施,使汉语教学全面运用现代教育技术,促使自身的发展趋于完善,更能适应现有技术条件下教学活动的需要。

二　促成汉语国际教育与国际教育技术应用的接轨

现代教育技术的应用是当今整个世界范围内的教育变革,在引发变革的同时,也正在创造种种可能。

现代教育技术的影响是广泛而深入的,其变化也是持续发生的。时至今日,其影响力已经扩展到了不同的国家和地区,并且影响到教育领域中几乎所有的学科和课程。因此,对国际化的汉语教育来说,更应重视这一变化及其带来的影响,顺应这一教育领域的变革潮流。从教育形式,到教学手段和教学方式,都应与世界各国的教育技术应用和需求相互接轨。只有这样,才能为汉语教学走向世界做好技术准备,奠定应用和推广的基础。借此机遇,实现汉语作为外语教学的跨越。

现代教育技术应用于汉语教学,在给汉语教学变革和发展带来希望的同时,也带来很多新的问题,有些问题是原有汉语教学理论和原则没有涵盖或没有能力解决的。例如,课堂教学仍然是对外汉语教学的中心环节,它不应当被削弱,而应该通过引入网络技术、基于计算机的多媒体技术等现代科学技术使之更加完善、更加合理,具有更高的教学效率。那么,在课堂教学中如何把握现代教育技术使用的量和度,使之得到有效的控制?又如,目前网络对外汉语教学存在着多种形式,但如何在网络上创造虚拟的课堂教学环境、开展有效的远距离教学方式?这些实际上是世界汉语教学共同面临的问题。

无论是在课堂上应用网络技术和网络资源,还是在网络上创设虚拟汉语课堂,都是传统的教学理论和方法无法胜任的,都需要有现代教育技术在理论和方法上的指导,需要有专业教育技术人员的参与才能顺利进行。只有建立起教师、学生和现代科技之间的和谐关系,才能产生比传统教学方式更好的教学效果。

三　满足数字时代学习方式的需求

有学者提出"数码母语者"(Digital Natives)和"数码移民"(Digital Immigrants)的概念。(Prensky,2001)意思是出生在数字时代的人们与成长过程中逐渐接触数码产品的人们，对待数码产品的态度是有差别的。张霓认为："新一代学生是在数码时代土生土长的，长期浸泡其中，与数码工具（电子游戏、电脑、网络、MP3播放器、手机等）互动频繁，因此用数码工具处理日常事务得心应手。"[1]已有数字表明，现在的年轻人在上大学前已经积累了相当可观的玩电子游戏、看电视、网上阅读或浏览资料的时间，以及相当数量的发送和接收短信的经验。Prensky甚至推断，由于数码辈从小就接触多种媒体、电子游戏、电脑、网络及各种数码产品，他们的大脑结构、信息处理方式、速度、储存等也随之发生了变化。毫无疑问，信息化环境影响了他们的学习兴趣和学习方式。针对数字时代学生的特点和行为方式，我们必须考虑怎样的教学和学习方式才是他们乐于接受和使用的。许嘉璐[2]也指出，在很多国家，从一年级开始，学生的课桌上就已经摆上了计算机，老师的作业也布置在机器上。如果仍然使用传统的授课方式，学生恐怕就失去了兴趣。

年轻一代利用技术接受教育和自主获取知识，这本身就表明，技术是一个重要的变革因素。因此，为满足"数字时代"学生学习方式的需求而积极探索现代教育技术在汉语教学中应用的理论和实践问题，可以说是摆在我们面前的迫切任务。

第四节　对外汉语教学应用现代科技的发展简史

回顾和了解汉语教学中应用现代科技的发展历史，探讨每个发展阶段技术应用的特征，有助于我们认识教育技术发展与汉语教学手段应用之间的内部关系，从而深刻认识教育技术的理论和实践是如何推动汉语教学手段发展的。

---

[1] 参见张霓第五届国际汉语电脑教学研讨会特邀报告"从网上到掌上——移动式中文教学思考与展望"，2008年。

[2] 参见许嘉璐在2009年"第九届国际汉语教学研讨会"闭幕式上的讲话，《世界汉语教学学会通讯》第1期。

教育技术的发展经历了传统技术(口语、文字、黑板、粉笔、图片、模型和实物等)阶段,媒体技术(摄影、幻灯、投影、无线电广播、电影、电视和语言实验室等)阶段,现在已进入以计算机技术、多媒体技术和通信技术为基础的信息技术阶段。在这一过程中,汉语教学手段已经走过了从文字信息技术、印刷信息技术,到视听信息技术和多媒体—网络通信技术的历程。

一　广播电视教学时期

20世纪60年代,随着广播事业的发展,通过广播电台定时播放汉语节目和课程的方式逐步兴起。到了20世纪70年代,录音机和盒式录音带的普及也都对汉语教学起到了推广作用。

20世纪70年代以来,随着电视事业和卫星通信系统的发展,通过电视台定时播放汉语节目和课程的方式逐步兴起。到了20世纪80年代,录像机和录像带的涌现产生了丰富多彩的汉语学习资源。

这些包含特定教学步骤和教学内容的广播电视节目,吸引了一大批汉语学习者,在国际上产生了良好的效果,扩大了中国的影响。这一阶段的特点是人们认识到了科学技术在扩大教育规模方面的强大作用。

二　视听教学时期

20世纪80年代,录音录像设备走入汉语课堂,丰富了汉语教学手段,同时也对汉语教学培养目标和课程设置产生了影响。"视听课"或"视听说课"普遍开展,相应地出版了教材和录音带、录像带等形式的教学资源。与此同时,语音实验室开始普遍应用于汉语听力教学。

到了20世纪90年代中期,我们可以清晰地看到,在对外汉语教学界,教育技术的应用已经从一种视听教学方法的改革运动,发展成为具有较为完整理论框架的实践领域的专业和学科,并且得到普遍应用。

三　计算机、多媒体和网络时期

20世纪80年代后期开始,汉语计算机辅助教学开始崭露头角,到了20

世纪90年代初期,形式多样的教学小软件层出不穷,从汉语知识和言语技能的微教学单元或微教学技能出发,体现出计算机辅助汉语教学的优越之处。如今,汉语教室中普遍使用多媒体设备,年轻一代的汉语教师在课堂教学中使用多媒体技术开展教学已经成为一种日常习惯,并在提高学生学习积极性、提高教学效率方面体现出明显的优势。

媒体随着现代科学技术的发展而不断地发展变化着。语言教学在对媒体的利用上经历了以下三个不同阶段:以"黑板+粉笔"为代表的传统阶段,以"录音+视频"为代表的媒体介入阶段,以"多媒体+网络"为代表的转型阶段。每个阶段基本上都经历了从产生到发展的四个不同时期,即萌芽、初始、起步发展、探索的奠基时期,停滞、反思的理论探讨时期,深入发展、产品开发、反复实验的实践检验时期,高速发展、全面实施的广泛应用时期。而现阶段媒体技术对语言教学的影响超越了以往任何媒体技术,处于萌芽时期的移动通信技术正逐渐融入其中。

20世纪90年代中期开始,网络汉语教学如雨后春笋般蓬勃发展。这其中以网页形式的汉语教学资源或课程的发展尤为迅速,许多世界著名的大学都建设了自己的汉语教学网站网页。散布在互联网上的汉语教学资源或课程层出不穷,种类丰富。

与此同时,许多出版机构出版了大量以课程为蓝本、以光盘为载体形式的汉语教学软件以及教学资源,如汉字字典、旅游风光录像资料等。出版社出版的汉语教材中附带的磁带也由光盘替代。

这一时期教学技术的发展最为迅猛,特征也最明显。放眼世界,各地针对不同的汉语教学目的和教学需求,设计出了多种多样的网络教学模式和网络教学资源。特别是在一些信息技术发达的国家,网络形式的远程汉语教学已经从试验阶段逐渐进入应用阶段,网络技术普遍应用到教学管理中,如选课、上课、提交作业、成绩查询等。各大汉语教学机构也建立了自己的网站,实现网上咨询、注册等。这一阶段总的特点和发展趋势就是教育技术深入和普及到教学的更多方面。

四　代表性成果及事件

◆ 1962年,中国国际广播电台分别在英语和日语广播节目中开办"学中国话"和"汉语讲座"节目。与此同时,日本东京NSB(日本短波广播电台)主办了"实用中国语讲座"。主要内容为汉语成语、俗语,每讲15分钟。该讲座主要用电影录音剪辑做教材,教学过程是先听录音,然后讲解,每次都有听写练习。1972年,中日建交后的一段时期,利用广播和电视学习汉语的人很多,收看"中国语讲座"的人数约有七十多万。

◆ 1966年前后,开始有人研究中文声音的机械合成,并将这部仪器用于中文语音四声的学习中,让学生看见自己的发音曲线。

◆ 20世纪70年代,郑锦全教授编制了PLATO汉语教学软件。

◆ 比利时鲁汶大学汉学专业自1979年开始,使用北京语言学院编写的《基础汉语课本》开设视听课,使用哈佛大学出版的有关中国国情的几十个专题的幻灯和录音作为课件。

◆ 20世纪70年代之后,意大利中文系课程设置开始重视实践,通过放中文电影、教唱中文歌、收听汉语广播等形式开设听力课、口语课、报刊课、中国专题讲座,加强听说练习。

◆ 20世纪80年代,中国国际广播电台在多语种广播中开办了汉语教学节目,很多语种伴有汉语广播节目。从1985年开始,英文台还专门为在北京地区的外国人开办了"每日一句中国话"节目。中央电视台和中国国际广播电台长期致力于对外汉语教学节目的传播,为传播汉语做出巨大贡献。

◆ 1981年，我国第一部汉语教学片《中国话》摄制完成。《中国话》以北京语言学院当时新编的《初级汉语课本》为蓝本，把全书的80篇课文逐课配制成各自独立的录像教材。

◆ 从1980年开始，日本NHK通过电台和电视开设"中国语讲座"节目。广播的形式以讲解文章为主，有时也教一些会话，注重培养和提高听众的阅读能力。电视讲座聘请北京中央人民广播电台播音员参加。教学过程一般是先播送一个短剧，短剧的内容以反映中国人的日常生活为主；然后由日本汉语学者、专家或在中国长大的日本人（称为讲师），就短剧中的语言重点用日文进行讲解，再由中央台播音员或示范朗读员发音示范。有时先播放一组对话，对话包含当天课文中的生词和句型，然后由讲师讲解；接着再放短剧，播放后由讲师讲解语言重点或做句型替换练习。讲座的教学法以情景法为主，配合以翻译法与句型法，可以说是一种综合式教学法。随后的《中国语》杂志每期都选登一课作为电视讲座的教材对读者进行函授教育。读者还可以将自己的录音寄给编辑部，由编辑部人员提出修改意见再寄给读者，来纠正读者的发音，提高他们的中文水平。

◆ 20世纪80年代后，盒式磁带录音机在语言教学、丰富学生的精神生活方面一直发挥着巨大的作用，并且逐渐向数字化方面发展，为其他数字媒体所替代。在随后成为独立课型的听力课上，教师通过使用录音机，可以让学生接受自然、纯正的语言输入，通过循序渐进的教学训练，可以大大提高学生的听力能力。

◆ 1985年2月，第一个对外汉语教学专业出版社——北京语言学院出版社成立，主要出版各种对外汉语教材、教学辅助材料、教学参考书、工具书等，同时出版与上述图书配合的音像制品。1986年1月，华语教学出版社成立，该社为母语非汉语的人学习汉语提供多种教科书及有声教材。

◆ 20世纪80年代后期开始,国内汉语教学普遍开设了视听说课作为一种新的教学尝试。视听说课选用电影和电视剧作为教材,有卡片、书、录音带和录像带四种形式,划分为学习描述和话题讨论两个教学阶段。经过多年的实践,专家指出,视听说课的重点应注意处理好视听说的关系,以及选材原则和教学环节与方法;他们还认为,丰富多彩的动态对象更容易使学生保持长时间的注意和记忆,可以有效地达到认知和情感方面的教学目标。

◆ 1987年6月,北京语言学院成立了语言信息处理研究所,任务之一就是开展汉语计算机辅助教学研究。

◆ 1988年,北京语言学院与北方电脑公司和航天部710所共同完成的项目"计算机辅助汉语语音教学系统"在新加坡国际电脑科技大展上获"最杰出专用软件设计奖"。

◆ 1989年4月24日,上海电台的交际汉语节目开播,该节目的教材由华东师范大学根据汉语水平等级标准和语法等级大纲编写,共60课,每课20分钟。

◆ 20世纪80年代末到90年代末,多媒体教学呈现了良好的发展前景。最先起步的是语音教学软件和汉字教学软件。无论是多媒体教室,还是远程多媒体教育,都开始应用于对外汉语教学中,教学软件、网上教材陆续投入使用。与此同时,一些高校注意使用计算机技术改革传统的教学手段,开始为教室配备多媒体设备,用于播放对外汉语多媒体教材、电影、电视和录像等,课件的开发和制作随之逐步兴盛起来。

◆ 自1990年开始,中央电视台制作了一系列汉语教学节目,如《您好,北京》、《旅游汉语》、《国际商务汉语》、《汉语四百句》、《幼儿汉语》和《少儿汉语》等,这些电视节目的影响和受欢迎程度达到了前所未有的高度。电教工作者也在积极地探讨根据教学目的专门制作的语言教学录像片与一般故事片、艺术性纪录片之间的异同及各自的特点。录像教学的显著特点不仅在于它能提供一个声像组合的画面,还在于它能提供一个动态、直观的交际环境。录像教学不仅能激发学习者的学习兴趣和学习动机,还能提供一个有利于语言学习的氛围,也使许多暗含的信息可以自然地被观众了解。另外,影像材料能最大限度地激发语言学习者的学习动机,为学生创造接触汉语和使用汉语的机会。利用影视材料可以完成话题、词汇练习、视听综合、会话等相关课程。

◆ 20世纪90年代初,很多汉语教材都配有录音和录像带。人们普遍认为,教材应分为卡片、书、录音和录像带四种形式,分单元相对独立,将每个单元每一课中的台词、新词语、结构框架、回答问题等四个部分分别制作成卡片并配上录音。

◆ 20世纪90年代,教学录像片《中国语》和中日合拍的《学汉语·商业篇》分别获北京市高校电教成果特等奖和一等奖。

◆ 1993年初,北京语言学院语言信息处理研究所和语言教学研究所共同研制的《电脑辅助速成对外汉语教学系统》通过了由国家汉办主持的鉴定。该系统是国内较早把计算机技术引入对外汉语教学领域的尝试。

◆ 1995年4月28日,美国加州中国语言教育研究中心在洛杉矶主办了"中文电化教学国际研讨会",这是世界汉语教学界首次以电化教学为专题召开的大型国际研讨会。会议的主要议题是研讨如何运用现代科技来参与、辅助中文教学,即讨论使用录音、录像、电脑、光盘等先进技术来推动中文教学的理论与技术问题和相应的中文教材的编写问题。

◆ 1996年11月中国黄河电视台在美国斯科拉卫星电视网开设的全中文教学频道开始试播,开辟了对外汉语远程教学的新领域。中国黄河电视台1997年5月正式在美国开始播放汉语教学节目。由于外国朋友了解中国的风土人情,很大程度上是通过电影、电视等媒体实现的,因此教师在教学中经常鼓励学生听广播、看电视节目,这对学生的语言能力的提高大有好处。

◆ 从20世纪90年代中期开始,录音磁带、录像带、光盘等越来越多地成为汉语教师的教学工具,而且在实践中受到了学生欢迎。与此同时,电脑技术的发展在中文教学的不同方面、不同层次发挥着作用,如中文软件《南极星》的汉英双向词典,可以让学生阅读中文文件时"随手"按键查看生字、生词的读音和英语解释。

◆ 20世纪末,许多高校投资开发了对外汉语教学网站,如北京语言文化大学网络教育学院等。至此,对外汉语教学有了广播、刊授、函授、多媒体、网上中文、远程汉语教学等多种教学形式。

◆ 自1999年起,全球华文网络教育研讨会定期举办。

◆ 2002年10月江泽民主席访美期间,两国教育部在华盛顿达成"中美网络语言教学项目(ELLS)"合作。中美双方专家应用现代化网络语言教学技术和教育理念,开发出汉语和英语作为第二语言的网上教学课件。教学对象主要针对在中国学习英语和在美国学习汉语的12岁至18岁的中学生。为了项目的长远发展,中美双方共同开发了项目标识和名称,中文名称为"乘风",英文名称为"CHENGO"(Chinese and English on the Go)。之后推出的新乘风(Zon)是一个大规模网络游戏语言学习平台,旨在解决第二语言学习动机、真实语言文化环境和教师问题。[①]

---

① ELLS项目网站:http://www.ells.edu.cn//indexE.htm。

◆ 2003年8月中国国家对外汉语教学领导小组办公室提出的"长城汉语"项目包括互联网、局域网、单机版、纸版本教材等多种形态的产品,而且经过验证性实验和推广性实验,已成功探索出包括"讲练—复练"短期强化、视听说、大综合、大小课、"面授+上机"自主学习等五种教学模式应用框架,加之"长城汉语"配备了多媒体课件资源及相关的PPT资源、网络论坛资源,在一线教学中具有很强的可操作性。[1]

伴随着科学技术的发展以及教育领域应用现代教育技术步伐的加快,教育技术已经从教育改革的边缘位置移向中心位置,教育技术在教育发展中的地位和作用日益凸显。

但是,对一种新技术的态度,既不应抵触,也不应盲目推崇,而是要合理、充分地利用技术解决教学和学习中的各种需求和实际问题,使师生真正受益于新技术。以目前备受推崇和欢迎的iPad2为例。首先,人们认为它可以存储数千本教科书,能取代纸质课本,移动方便,而且拥有易于使用的界面等物理属性;其次,人们在新鲜感之外会对它的教育应用提出更多和更高的要求。我们必须清醒地认识到,作为语言教学和学习的工具,技术的应用是为了帮助学生更好地掌握知识和技能,这才符合真正的教育目标。只贪图技术的趣味性或盲目使用,或只具有简单的语言学习功能(如读一个句子,听一段话,然后简单重复),那么将注定是昙花一现的。iPad2之所以能成为一个新型的教学和学习工具,迅速在学校和家庭中得以广泛认同[2],正是由于在它的内部,存在着许多通过良好的课程和教学材料以及互联网交互和反馈技术研制出的满足个性化学习需求的软件产品。

以计算机和互联网为代表的信息技术正在成为影响我们生活和工作的决定性因素。汉语教学也不例外。作为一名汉语教师和汉语教学工作者,应该努力学习并掌握现代教育技术的基础知识和基本技能,了解信息技术如何与

---

[1] 长城汉语在线网站:http://www.greatwallchinese.com.cn/portal.do。
[2] 据纽约时报等媒体最新报道,美国、新加坡、韩国等教育部针对iPad2产品的出现,正积极推行数字教科书计划。

汉语教学的需求相结合,积极探索和研究汉语教学中的新理念、新形式和新方法。这是时代赋予我们的责任和使命。

思考和练习

1. 试比较 AECT'94 和 AECT'04 教育技术的定义,并指出二者的差别。
2. 现代教育技术的主要研究内容包括哪些?
3. 为什么说在对外汉语教学中应用现代教育技术是必要的?
4. 对外汉语教学中应用现代教育技术的意义是什么?

第二章 信息技术与对外汉语教学

信息技术是人类文明演进的重要尺度。然而,总的来说,以往的信息技术或发明仅仅涉及信息的记录和传输,信息的处理仍然依靠人脑进行。而计算机(又称电脑)作为信息处理的工具,就其本质来讲是人脑的延伸。所以,20世纪80年代以来,当计算机走进千家万户、计算机芯片进入各种机器设备的时候,人类信息化、数字化的时代便开始了。信息技术发展迅速,它影响着人类社会生产和生活的各个方面,对对外汉语教学也产生了重要的影响。信息技术既可以是对外汉语教学的研究手段,也可以是对外汉语教学和学习的手段。[1]

第一节 信息技术与汉语教学大纲制订及课程设置

一 为教学大纲的制订提供科学依据

对于大规模、综合性的语言材料,通过科学的抽样方法选择素材,输入到计算机,然后就其文体特点、结构、句子和词汇等项目进行统计分析,我们就可以按照教学和研究的需要提取语言素材。它是科学地制订教学大纲的物质保证。

20世纪90年代以来,依靠这种大规模的语料库,对汉字、词语、语言点、

---

[1] 参见赵金铭《对外汉语研究的基本框架》,载《世界汉语教学》2001年第3期。

交际项目、文化点进行使用情况统计,为教学和科研提供了参考,从而制订了用于教学或用于考试的各种大纲,如汉字等级大纲、词汇等级大纲、语法等级大纲、文化等级大纲、课程大纲,等等。具体如《汉语水平词汇与汉字等级大纲》[1]和《汉语水平等级标准与语法等级大纲》[2],也可针对不同专业的汉语学习者需要,设计、制订出专业化的汉语词汇大纲,如商务汉语词汇大纲、旅游汉语词汇大纲等。

二 为改进课程设置提供科学的依据

信息技术对汉语课程设置和教学过程也产生了一定的影响。

一方面,原有课程在信息技术的辅助下可能会变得更容易实施或效率更高,从而影响该课程的课时安排,也影响其他课程或整个课程体系的安排;另一方面,在信息技术条件下,可以创新出很多新的课程模式,它们的成熟和发展也会影响到原有的课程设置。比如,使用单一媒体的教学手段,只能解决某方面或某个教学环节的具体问题,通过对多种媒体的综合利用,就能完成全部的教学活动。又如,通过远程个别辅导式的口语教学,可以弥补缺少目的语训练环境的缺陷;利用双语或多语语料库比较跨语言文化特征,对翻译课教学有重要的意义;利用真实口语语料库可以为外语学习者提供学习资源,在教师指导和帮助下,学习者可以顺利地从课堂语言环境过渡到真实社会语言环境。多媒体教学手段的运用可使听说读写更加有机、自然地结合,有助于提升综合运用语言的能力。这也让我们重新思考对语言技能课程合理安排的问题。[3]

三 为教学设计提供帮助

教学设计的目的是通过系统化的观点,用技术手段解决教学中的各种问题,实现最优化的教学效果和教学质量,包括对教材、教学方法、教案、教学过程的安排,以及教学重点、难点和教学反馈信息的把握。使用专业文本或体裁

---

[1] 国家汉语水平考试委员会办公室考试中心制订,经济科学出版社,2001年版。
[2] 国家对外汉语教学领导小组办公室汉语考试部编制,高等教育出版社,1996年版。
[3] 2011年春,北京语言大学汉语学院和进修学院已经把听力课改为听说课。

的语料库调查词语、句型，可以为改进教学设计提供依据。比如，对新闻语料进行统计，可以比较准确地把握新闻报刊用语的特点，怎样开头、中间过程、怎样衔接等。

对某个母语背景的学习者语料进行调查，可以在测试和教材编写中做到更有针对性。例如，汉语和日语中有很多同形异义词，例如"手纸"（日语：信）、"娘"（日语：女儿）、"勉强"（日语：学习）。那么，针对母语为日语的汉语学习者，在教材编写中就要重视这些同形异义词，教学中要强化这些词的区别，避免学生在使用中造成混淆。这些要点不再仅仅依靠教师的经验或文献，而可以通过母语语料库、汉语语料库的考察来解决。

第二节　信息技术与教学模式的创新

信息技术的应用，改变了传统的教学方法，使课堂教学中"黑板—粉笔"这种单一的教学手段得到扩展；多样化的人机交互形式，使"教师—学生—教师"之间的互动得到了进一步丰富；网络学习也使传统的课堂教学得到了延伸。可见，信息技术可以是辅助教师开展教学的工具，在教学中用来科学、合理、有效地安排或展示教学内容、提高学生的兴趣；同时，也可以是学生认知的工具，用来辅助学生感知意义与语言形式之间的关系，理解教授的内容，提供记忆编码，在交际情景提示下掌握语言的运用规律。

当对外汉语教学引入了新的技术和教学手段之后，汉语教学的模式是怎样的，它们将带来什么样的影响，这是我们应该探索和研究的，并且应该随着新技术的发展不断对这些教学模式进行研究。

一　语料库驱动式对外汉语教学

语料库对语言教学的作用也反映在教学模式的创新中。学生和教师利用语料库语言学的研究成果进行语言分析，通过学生与文本互动，从知识建构的角度改善传统的教学活动。

（一）语料库驱动语言学习的概念

Johns 和 King 在 1991 年提出"数据驱动学习（Data-driven Learning，简称 DDL）"[1]理论。该理论是一种基于语料库检索语言材料学习语言的方法。它强调真实语言材料的运用和学生自主能动性的发挥；强调教师在教学中向学生提供足够的、规范的语料，由学生积极主动地归纳语言规则。DDL 具有深厚的语言学、语言教学、第二语言习得和认知心理学基础。把 DDL 应用于汉语教学的方法，就叫作语料库驱动的汉语教学。

（二）语料库驱动语言学习的特点

用于教学的语料是由教师选择、组织和编辑过的，目的是让学生关注语言使用模式。比如，要求学生自己分析检索到的词语，让学生根据大量语料从中归纳出语言使用模式，这是一种探索式的学习；还可以根据已学过的语言形式对检索词语中缺失的成分进行填空练习。

（三）语料库驱动语言学习的研究现状

从一个总结了各种 DDL 资料的网站（www.tc.umn.edu）上我们可以看到，已有不少 DDL 应用于英语、法语、德语、西班牙等语言作为外语教学的报道。除理论探讨外，应用的方面主要涉及词语使用、纠正经常出现的偏误、自主发现语言使用规律等。其中以英语作为第二语言学习的研究最为丰富。

实验证明，这是一种行之有效的外语教学方法，而这种方法目前在汉语作为第二语言教学中的研究和应用还处在引入和模仿阶段。

二　多媒体驱动式对外汉语教学

第二语言教学法的形成，除了受教学理论与学习理论的影响外，更直接地受到语言学理论、心理学理论、心理语言学的影响。在科学技术飞速发展的今天，第二语言教学法也受到了科学技术发展的影响，多媒体技术和网络技术为

---

[1] Tim Johns & Philip King（eds.）1991. *Classroom Concordancing*. English Language Research Journal, 4. pp. 1-16.

对外汉语教学注入了新的活力。

在汉语国际教育迅猛开展的今天,汉语教学界教学手段的运用也在悄然发生着变化。其主要特征是普遍应用多媒体技术开展多种多样的教学实践活动。多媒体技术的应用也使得计算机系统更加接近人类接受和处理信息的最自然的方式。

(一) 多媒体驱动语言学习的概念

多媒体驱动学习(Multimedia-Driven Learning,简称 MDL)是指基于多媒体技术和网络技术,以及各级各类多媒体素材和多媒体资源开展的教学方法。多媒体驱动学习是在媒体技术的作用下,帮助学生在自然的语言环境和真实的语言场景中学习语言知识、获得语言技能。它强调的是体验和实践的原则。

(二) 多媒体驱动语言学习的特点

多媒体驱动语言学习的特点有:

(1) 利用真实素材和自然情境,在体验中学习;

(2) 利用视觉、听觉、视听结合等多种形式的感官刺激,促进学习者之间、学习者与计算机之间、学习者与学习内容之间的互动;

(3) 调动学生的学习动机,促进个体化和自主化学习;

(4) 不依赖于单一来源的信息,重视和强调信息的多元化,促进多元文化的理解和交流。

进一步开展多媒体驱动理论下的语言习得研究,将帮助我们揭示基于图形和语言双编码(Dual-coding)输入条件下的第二语言习得过程和机制,探讨双编码教学是否有助于语言习得等问题。具体地说,首先要搞清楚一些基本问题,如双编码输入条件下的汉语学习是否一定会优于单编码条件下的学习。如果说双编码是优于单编码的,可能是由于双编码理论认为人脑中信息表征不仅有言语的还有表象的,并且这两者之间可以互相转化、建立联系。当然,这些需要理论支持和实验验证。其次是编码问题,或者说如何编码(即编码的有效性问题)。从理论上探讨媒体形式与汉语知识和言语技能的相关效应,如什么样类型的汉语知识适合或需要用什么样的媒体或它们的组合形式来表现,什么样的汉语技能适合或需要用什么样的媒体或它们的组合形式开展训练,可以指导我们更科学地使用多媒体技术开展汉语教学。①

可以说,语料库驱动和多媒体驱动的核心思想是为促成语言学习中的意义建构创设相应的学习环境。

三 网络技术为主流的汉语远程教学

(一) 多种多样的汉语教学方式

网络技术为远程教学增添了新的活力,它提供了更加多样化的教学环境和教学方式,满足人们在任何时间、任何地点所产生的学习需求。

目前,网络上有很多汉语教学网站,其中以网页或录像教学形式为主,提供已经编排好的教学内容,以克服远程语言学习的局限;还有的网站利用电话或在线聊天工具进行语音和视频教学。

随着语言学习需求的增多和学习要求的提高,人机对话、实时教学、小组学习等也逐步成为汉语远程教学的方式,并且其功能和应用形式还在拓展。例如,学生可以通过远程教学系统,共享优秀的学习课件等教学资源,在网上开展主页式学习、补充资料式学习和预备测试等;教师可以利用多媒体教学辅助工具,制作有关课程内容的动态主页,提升教学内容的丰富性和趣味性;通过网络视频、音频传输,实现教师与学生以及学生与学生之间的交流互动。这在口语教学中体现的作用尤为突出,如教师可以在"网络教室"中组织和指导开展少数人会话式口语练习,而学生可以有更多的机会在非目的语环境中学习和练习汉语,并且学习者之间的交流也不再局限于面对面的单一形式。从技术特点来看,汉语远程教学就是充分发挥网络即时性和双向性的特点,使语言学习变得灵活多样,最大限度调动学生用目的语开展人际交流的主动性。

---

① Allen U. Paivio 于 1971 年在 *Imagery and Verbal Processes*《意象与语言加工》中首次提出双编码理论,其后又经过一系列修改和完善。双编码理论是一套有关表征系统的来源、结构和功能性质的假设。其最普遍的假设是,存在着两类现象由两个不同的子系统(subsystem)以认知方式进行处理;一类是涉及非语言事物、事件的信息处理过程,即非语言符号子系统(也被称为表象系统);另一个就是以语言为特点的系统,称为语言系统(verbal system)。

(二) 终身化汉语学习的有效技术手段

从教育技术(AECT'94)概念的提出后我们就会发现,新的理论体现出现代教学观,表现在三个方面:(1)学生由接受外部刺激的被动学习者,向积极利用信息手段的主动学习者发展;(2)教师或教学工作者应努力提供、建设帮助或促进学生学习的信息化学习资源和环境;(3)从人类社会发展以及信息化社会知识和技能更新变化的角度来看,我们将进入一个终身的学习化社会,教育技术可以支持和创造终身化教育所需的平台。

终身教育(Lifelong Education)指在人的一生中持续接受各种教育的综合。无论什么样的教育方式,如学校教育、社会教育、正规教育、非正规教育等,都强调在人们需要的时候,以最方便和快捷的方式获取知识和技能。早在20世纪60年代,联合国教科文组织就正式提出这一概念并得到全世界的响应。

终身学习社会中,教育成为社会生活的重要组成部分,融入人们普遍的行为和社会价值观。网络技术为实现这样的理想目标创造了条件,使这一目标的实现具有现实性和可能性。实现这一目标,离不开信息技术和教育技术的支持,同时也是教育技术本身的重要任务和使命。在这一转变中,教师成为教学的引导者、辅导者和资源建设者。

四 合理运用技术手段创新汉语教学方式

(一) 原有技术条件下的教学方式创新

就技术本身而言,并无好坏、优劣之分,关键在于是否有用、适用。只要我们开动脑筋积极思考,不仅重视新媒体、新技术对教学的影响,也重视它对学生学习心理和兴趣的影响,并结合本学科教学的需要,就可以不断地创设出新的教法。

比如,美国某所大学的一位汉语教师,在假期带领学生将他们在台湾旅行的经历制作成数字化的故事包与同学们分享。当学生们打算到台湾旅行时,教师就布置给他们一项作业,假期回来的时候为大家播放一段展现台湾风土人情的自拍纪录片。于是,同学们就开始分头行动、分工合作。同学们查阅资料、编写脚本和计划、在台湾进行实地采访、编辑录像资料并配音和配字幕。在这个过程中,同学们的听、说、读、写技能都得到了训练,而且还表现出深厚的兴趣。类似的寓教于乐的教学活动可以有很多,值得我们去思考、探索并在实践中检验。①

(二) 运用新技术新设备创新汉语教学方式

各种信息技术都有可能成为汉语教学的工具。很多原有的、新生的信息技术都可以在汉语教学中发挥作用。比如手机可以用来在线观看教学视频、收发语音短信、发送图片和汉字短信、定制个性汉语学习信息等。新技术和新设备的应用,有时是为了辅助教师教学,有时是为了提高学生的学习兴趣,为实现汉语教学中不同场合、不同阶段、不同目的的需要创造了技术条件。

五 积极开展与教育技术相关的实验研究

现代教育技术应用的效果要靠科学的实验来检验,并将得到的反馈信息调整到实际应用中去。只有这样,才能避免盲目地使用技术,才能使技术在教学中真正地发挥作用。

例如,针对多媒体驱动汉语学习,我们可以通过一系列的实验来考察和检验多媒体驱动对口语或汉语词汇习得效果的影响,包括教学内容、学习者特征、学习水平与多媒体技术运用之间的关系等,从而研究出具有普遍意义和推广价值的学习模式。在确立了多媒体驱动语言学习理论下的学习范式的基础上,可以进一步试验在理论指导下的教学范式。教学实验可以分层级、分内容,按功能和学习者的认知风格分别进行,经过科学实验取得的相应数据,可以为最终建立支持多媒体驱动教学的多媒体资源库打下科学的基础。

第三节 信息技术与对外汉语教学课程整合

一 信息技术与课程整合是现代教育技术的研究热点

传统的教学形式和教学手段虽然有它存在的价值,但仍需要改革,现阶段

---

① 参见 Cornelius Charles Kubler. *Learning and Teaching Chinese Through Digital Storytelling*: *Process and Outcome*,第五届国际汉语电脑教学研讨会论文,中国澳门,2008 年 6 月。

就是要利用现代教育技术,使它成为新的教育形式的有机组成部分。

信息技术与课程整合是指在教与学的过程中,适时适度地应用信息技术,使之成为课程的有机组成部分,以便提高教与学的效率和质量。整合的特征是信息技术成为教师的教学工具、学习者的认知工具、教材的主要形态,通过教学设计使信息技术作为工具和手段融入课程教学体系的各要素中。

信息技术与课程整合是现代教育技术的核心研究内容之一。以计算机为核心的信息技术如果能与各学科的课程有机结合,可以起到优化教学过程和教学效果的作用。

信息技术与课程的有机整合,可以充分利用现代信息技术所提供的具有全新沟通机制与丰富教学资源的学习环境,实现一种既发挥教师指导作用又保证发挥学生自主学习能力的全新学习方式。如何整合,一直是研究的热点问题。各学科必须结合本学科的特性和需要开展研究。

二 信息技术与课程整合的基本原则

实施信息技术与学科课程的整合,首先要具有基本的信息技术硬件环境,在此基础上,需要开展相关的理论和实践研究,总体目标是使教师应具有一种全新的教育教学理念,掌握信息技术的使用,了解本学科教学的本质以及教学中的难点,在整合教学设计中充分利用信息技术和信息资源,达到学科课程的教学目标和学习目标,并注重培养学生的实践能力。

特别要注意的是,虽然不同学科以及同一学科中不同内容和不同教学环节的整合设计形式不尽相同,但是都应遵守一些共同的基本原则。

(一) 以学生为中心

从计算机辅助教学到信息技术与课程整合,是人们对教育技术认识的深化。它伴随着从"以教师为中心"向"以学生为中心"教学理念的转变,更加关注信息化社会学生的学习方式、学习过程、学习工具、学习环境、学习内容,其根本目的是提高学习的效率。

(二) 以先进的理论为指导

面对信息技术对教育领域带来的深刻变革,我们必须以先进的理论为指导。建构主义学习理论强调"以学生为中心",强调在一定的环境下通过自我来建构学习知识,这是当今教育形势下信息技术与课程整合的理论基础。没有先进理论的指导,实践将是盲目的。

(三) 以信息技术为手段

信息技术是进行课程整合的重要手段,信息技术的应用是为课程教学服务的。因此,应在提高学生兴趣和学习积极性方面,努力发挥信息技术的优势,并在增强学习效果和完成既定学习目标方面发挥它的潜力。对于信息技术应用于汉语教学来说,主要是培养学生通过信息技术获得语言知识和技能并能很好地运用语言的能力。

三 信息技术与课程整合的基本模式

信息技术与汉语课程整合的基本模式有两种。

(一) 问题或任务驱动的协作学习模式

这种学习方式一般是以某个主题为中心,通过任务驱动的方式,引导或指导学生开展协作学习。教师根据教学重点、难点及不同的学习环境设计出教学目标,以任务的形式发布给学生,学习者主动寻找学习伙伴,采用小组协作学习的形式主动探究,小组成员之间互相交流,共享学习体会和学习成果。

在整个教学过程中,学生的个体性和个性化得到较大的体现,这样的教学氛围十分有利于学生的创新精神和问题解决能力的培养。同时,教师通过整合任务,发挥了自己的主导作用,以各种形式、多种手段帮助学生学习,进一步调动了学生的学习积极性。

(二) 作为认知学习工具的自主学习模式

这种方式的特点是提倡把信息技术作为认知工具来开展自主学习。无论是讲授模式,还是网络探究模式,目标都是通过信息化资源或环境来学习和建构知识。为此,教学结构要体现"教师为主导,学生为主体"的理念;要利用信息化工具创设主动学习所需的情境,使学习者最大限度地利用信息技术,达到较好的学习效果;要给予学生相应的指导,使其正确看待反馈和评价,提高实践能力。

媒体、教学内容与教学环节的效应关系(即用什么样的手段呈现什么样的教学内容),以及教学策略和资源建设等问题是基础性研究工作。因为如果没有丰富的、高质量的教学资源,就谈不上学习者的自主学习,更不可能让学习者进行自主发现和自主探索,教师主宰课堂、学习者被动接受知识的状态就难以改变,也无法建立新型的教学模式。此外,还要根据不同的教学对象,实施多样化、多元化和多层次的整合策略;借助人机交互技术和参数处理技术,建立虚拟学习环境,培养学生积极参与、不断探索的精神和科学的研究方法;利用信息化学习环境和资源,创造机会让学生运用语言、文字表达观点和思想,形成个性化的知识结构。

现代科技发展之迅速,常常令人目不暇接,难以应对。因此,在学校里常常出现许多新的设备或软件产品得不到很好利用的状况,甚至有的汉语教师对某些新技术产生恐惧或反感。要改善这种状况,除了新技术本身需要和汉语教学磨合外,还要恰当处理对外汉语教学中的技术因素和人的因素之间的关系,对新技术要有正确的认识。

为实现信息技术与对外汉语教学的有机整合,教师要转变观念,相关部门要开展教师培训,专家学者要努力研究课程设置的变化和重构问题。可以说,整合是一个随着教育技术进步和教学实践发展不断提出新目标且不断更新的发展过程。

第四节　信息技术应用于汉语教学的基本特征

可以说,一切教育活动中都涉及教育技术的内容。

我们可以用计算机来辅助教学、测试和管理等,这些都是通过软件设计实现的。不同的设计,就会有不同的功能。下面我们从不同的层面来考察信息技术在汉语教学中应用的基本特征。

一　技术层面的基本特征

我们把信息技术界定为20世纪80年代以后，以计算机技术为核心的现代科技，包括计算机的软硬件技术、数字化技术、多媒体技术、网络技术、激光与卫星传输技术和虚拟现实技术等。其技术层面的基本特征可以概括为数字化、多媒体化和网络化。

（一）数字化

汉语教学所使用的文字、图片、录音、录像等以数字化的方式存储在计算机中，使得人们可以方便地对这些信息进行处理和使用。例如，利用计算机可以随机地播放录音或录像，而不必担心定位不准的问题，也省去了重放时的倒带时间；可以方便地控制录音、录像播放的速度；可以变换文字字体、字号、颜色等属性，起到强调重点的作用；对图片进行加工，略去或弱化无关部分；用加框、加指示线或加文字等方式突出、强调当前的教学内容。

近二三十年来，大规模的、真实的数字化文字材料（语料）对汉语研究和汉语教学研究产生了巨大的影响。数字体汉语语料库的建立和扩充，促进了汉语本体研究者和教学研究者对汉语自身特点展开深入研究，以及针对不同母语背景、不同国别学习者，对教学策略和教学方法进行细化，并由此产生了很多富有创造性的新成果。

另外，数字化方式依托新的传播技术，通过网络技术、卫星电视等技术进行交换和传输，更快速、更便捷。

（二）多媒体化

可以说，多媒体技术应用于教学领域，最突出的特征就是使传统的学习内容的呈现方式受到了挑战。针对语言教学来说，多媒体技术可以把文本、图形/图像、动画/录像、声音等多种媒体信息结合在一起，表达语言知识、再现语言交际场景，可以使这些语言教学需要的内容以形象、直观的方式呈现出来。它与学生接受语言知识的方式以及语言知识本身的属性相吻合：在需要声音的时候就播放声音，需要情景提示的时候就展示图片或播放录像。汉语教学中尤其需要多媒体技术的支持。例如，让学生反复观看汉字笔顺动画，利用多媒体手段把汉字的形音义结合在一起；又如，解释词语"扭捏""吵架"等，用语言描述可能比较困难，与其担心学生不懂而多做解释，不如用一段录像、一段声音就可以起到事半功倍的效果。多媒体技术的普及应用，可以消除过去汉语师资培训中讨论的是否需要教授绘画和表演的困惑。

（三）网络化

网络化可以实现优秀教学资源的共享。学生利用网络化资源开展自学，在大量的教学资源中选取为我所用的教学内容，并建立国际化的网络学习环境。人机互动以及教师与学生、学生与学生的多种互动形式，拓展了教学模式和有利于语言学习的多元互动方式。

国际化的汉语教学空前地需要国内外汉语教师和科研工作者的互动和交流。互联网的使用不仅打破了交流的时空限制，而且还便于教师间开展讨论，互相交流。

二　教学功能层面的基本特征

信息技术应用于汉语教学，不仅对汉语教学总体设计、教材编写、课堂教学和测试这四大环节产生了影响，而且在开发与整合教学资源、设计和开展其他教学方式以及管理教学等方面也发挥了积极的作用。信息技术在每个方面的功用是不同的。从教育层面看，信息技术应用的重要特征是教学资源共享化、教学和学习方式多样化、教学设计智能化、教学管理自动化。

（一）教学资源共享化

有了多媒体技术的支持，汉语教师按照其自身的特点和使用的需要，既可以用多媒体形式表达教学内容，也可以用超文本和超媒体技术[①]来科学、有效地组织和编排教学内容和教学步骤。

[①] 超文本采用了非线性的网状结构，使用户能更快、更精确地找到需要的信息。超文本文档不是严格按顺序的，它带有链，可以指向文档中的任一部分，也可以指向另一文档。超媒体是一种用于表示、组织、存储、访问多媒体文档的信息管理技术，是超文本概念在多媒体文档中的推广。超文本和超媒体技术相比，前者更加注重表达信息之间的关系，概括地说，就是一种解释，当然可能会有嵌套；而后者是用来表达信息的媒体形式，播放声音、图片、动画、视频等，常常设有嵌套。

以网站、资源库及电子期刊、虚拟图书馆、虚拟校园、电子公告栏等形式存在的各种多媒体教学课件,以及不同层次、不同类型的多媒体化教学资源,或通过光盘的形式,或存储在服务器上,通过网络的形式,可以为不同目的和不同需求的教师和学生共享。共享化可以实现优质资源利用的最大化,可以节省人力、物力和财力,它带来的便利是前所未有的。

(二) 教学和学习方式多样化

丰富的教学资源和多样化的人机交互方式,为实现个别化教学提供了可能。计算机可以按照学习者的特点和需求提供教学内容、安排教学进度,并实施有针对性的教学和指导,这与语言教学中强调的以学生为中心的教学原则相一致,可以帮助学生通过知识的建构和主动的探索,掌握语言知识,获得真实的语言技能。

在网络条件下,学生可以通过计算机网络进行合作学习,如在网上与语伴聊天,通过网络小组就某个问题展开讨论。目前看来这些方式是以往传统的语言教学方式的补充,但也许将来会成为教学的常规方式。

无论是在传统的课堂上应用信息技术,还是在网络环境下开展各种类型的汉语教学,都在不同程度上通过创设虚拟语言教学环境,为汉语教学创设情境、再现交际场景提供了便利。虚拟教室、虚拟语言实验室、虚拟校园、虚拟图书馆、虚拟社团、虚拟主持人等,都是虚拟教育重要的组成部分[①]。充分开发网络虚拟教育功能,使虚拟教育与现实教育相结合、校内教育与校外教育相补充,这是未来学校信息化的发展方向。

(三) 教学设计智能化

利用信息技术手段,学生可以在没有教师的情况下自我训练,不同程度的学生可以根据自身的特点和水平从相应的教学阶段开始学习,这些都有赖于智能化教学设计。

由于不同国别、不同学习等级的学生在学习汉语时,常常表现出群体性特

[①] 有些专家学者提出分布式学习概念。它是一种教学模式,学习者、学生和学习内容分布于不同的地方,教学和学习不受时空限制。分布式学习不是代替远程学习,分布式学习对语言学习的作用,以及网络在分布式语言学习中的地位,都值得我们去探讨和研究。

征,将这些问题的研究和解决方法应用到计算机辅助教学软件的设计中,就成为智能化的体现。例如,在学生做介宾结构填空或短语(词语)排序的练习时,如果学生所犯的错误是把介宾结构放在动词后面(如:我学习在中国),那么针对欧美学生,我们就可以推断这可能是学生受母语影响导致的负迁移,应该及时地给予提示。

把基于中介语的研究成果作为教学设计的依据,就可以有针对性地设计教学软件的功能,从而开展相应的教学指导。可以看出,对学习过程中具体的学习状况进行诊断,是一项重要的、大有发展前途的技术。智能化的教学软件设计,也是人性化和个性化的体现。

(四) 教学管理自动化

教学的开展离不开教学管理,教学管理的效率会直接影响到教学效果。

随着计算机和网络技术的广泛应用以及教育规模的扩大和教学改革的深入,几乎与教学有关的各个方面都需要应用计算机进行管理。这种信息化的管理,不仅改变了原来的手工操作、纸质存档的工作方式并提高了工作效率,而且还有利于全面、整体和宏观地配置和利用教学资源。

目前,很多高校都使用了"教学管理平台",这是教学管理自动化的实际应用。利用这个平台,教育主管部门可以实现教师、教室、课程和其他教学资源的合理安排,高效率地开展学籍管理、考勤管理等日常教学管理工作;学生可以通过教学管理平台选课、交流,利用远程教学功能在线学习;教师可以借助平台批改作业并及时反馈给学生,及时观察学生的学习情况并给予必要的帮助,从结果性评价转向过程性评价;平台还可以实现教学资源的有效整合和综合利用。计算机教学管理的特点是系统化、自动化,其应用还将继续扩展和深入。

三 汉语教学常用信息工具

利用信息技术开展汉语教学,需要多方面、多领域信息技术的支持。比如,汉语知识学习和言语技能训练离不开多媒体技术,而众多的多媒体信息需要大容量的计算机硬件设备以及先进的数字压缩和解压缩技术;一些语音、图形、动画和视频加工处理需要快速的软件处理技术；开展远程教学又离不开网络技术、传输技术。以下为常用的信息工具：

（一）表达工具

中文计算机的应用为文字处理带来了极大的方便。借助文字处理软件可以实现文字的编辑和储存。教师可以在计算机上编写教案、准备教学资料、收集语言材料，乃至发电子邮件、写论文、编写教材等。利用计算机可以对资料进行增加、删除、修改，以及查询和存储，因此可以节省人们大量的时间，提高工作效率。

目前，汉语教师无论在教学还是在科研工作中都离不开中文的录入和编辑工作，Microsoft Word 是目前普遍采用的软件，它是强大的文字处理工具，有很强的编辑、绘图、制表功能，并且容易学习和掌握。

还有的教师在演讲、报告或课堂教学中使用 Microsoft PowerPoint 软件，这是一种文稿制作软件，利用它可以把自己搜集的资料和数据编制成文稿，使报告、演讲或课程讲授生动、直观。很多教师已经成功地将它用于课堂教学，取得了较好的效果。

（二）数据统计和分析工具

在教学和科研中，教师们经常需要把一些意义相关的信息组织在一起，构成一个数据集合（例如，分别把字、词、句、语法点或试题等建立成为若干数据集合）。这种长期存储在计算机内的有组织、可共享的数据集合即数据库。数据库的建立以及内容的输入、输出、修改、删除、检索等都要依靠软件工具来完成。由于语料库技术的发展，大规模真实文本的处理成为汉语信息处理的主要任务，语言学中的统计方法显得越来越重要。简单的二维表形式的数据统计可以用 Excel、SPSS 等实现；复杂一些的，可以用专门的计算机语言设计软件实现，或其他专用软件工具。

（三）其他

教师还可以利用多媒体课件开发工具来开发教学软件，如 Dreamwaver 等。另外，常用的图形处理软件有 PhotoShop 等，动画软件有 Flash 等，声音处理软件有 Cool Edit 等，视频处理软件有 Premiere 等，这些软件的常规功能及使用方法并不复杂。

思考和练习

1. 信息技术对汉语教学的哪些方面产生了影响？产生了怎样的影响？
2. 信息技术应用于汉语教学的基本特征有哪些？
3. 汉语教学常用信息工具有哪些？

第三章 对外汉语计算机辅助教学系统与课件设计

随着信息技术在教育应用中的不断发展,计算机辅助教育领域面临很多需要解决的问题,需要人们加深认识、深入研究,并在理论建设的基础上开展教学实验。在对外汉语计算机辅助教学领域内,需要关注教学系统、课件设计以及汉语测试方面的研究内容。

第一节 计算机辅助教学基础知识

计算机技术在教学中得到了广泛的应用,主要包括以下三个方面:

(1) 计算机辅助教学(Computer-Assisted Instruction,简称 CAI)[①],指以计算机为主要媒介所进行的教育活动,也就是使用计算机来帮助教师教学和学生学习。由于这一名词已经成为一个固定的专有名词,因此,我们把用于汉语教学的计算机辅助教学称为汉语计算机辅助教学(Chinese Computer-Assisted Instruction,简称 CCAI)。

(2) 计算机辅助测试(Computer-Assisted Test,简称 CAT),指在计算机的辅助下对学生的学习效果进行测量并得出评价结果。有联机测试和单机测

---

① "Computer-Assisted Instruction"有时也作"Computer-Aided Instruction"。"计算机辅助教学"也作"机助教学"。

试两种。

（3）计算机管理教学（Computer-Managed Instruction，简称CMI），指以计算机为主要处理手段所进行的各种教学管理活动,如帮助教师监测和评价学生的学习情况、存放和管理教学材料和教学计划、教学设备管理和辅助教育研究等。

以上有关计算机辅助教学的各个方面统称为计算机辅助教育（Computer-Based Education，简称CBE）。计算机辅助教育的各项功能常常需要由计算机软件编制的系统来实现。

用来存储、传递、交换、解释、处理教学信息，并对它们进行选择、评价和控制的教学程序（软件）叫课件（courseware）。[①] 课件是CAI系统的核心，是由课件设计者根据教学需要和要求用软件工具或计算机语言编制出的计算机教学软件。

一 汉语计算机辅助教学系统的构成

汉语计算机辅助教学系统是一个由硬件、软件和课件三个部分组成的计算机应用系统。计算机硬件方面，除了包含基本的多媒体配置外,还要满足汉语教学的特殊需求，如汉字书写设备等；计算机软件方面，包括从基层的操作系统到与汉语教学有关的软件技术，如图形软件、语音识别与合成技术、汉字手写识别技术、人工智能技术等；课件可以用来协助教师教学、辅导学生学习，通过相互作用，促进教学的开展。

在实际教学中，设计合理的教学软件，可以加强教学的直观性、针对性，提高语言训练的科学性与灵活性，从而实现多种形式的语言训练和各个环节的语言教学。而计算机辅助教学手段在教学数据的搜集、整理和分析，教师时间的合理利用，学生学习进度的合理安排等诸多方面具有优越性，这是以班级为单位的传统讲授方法和以往的语言教学媒介（如幻灯机、录音机、录像机等）无法比拟的。

[①] 与课件相关的概念还有积件和群件。积件是比课件更小的知识结构单元，是完整课件的组成部分。教师可以按照教学目标把积件作为素材，按照一定的方式进行组合，就可以形成所需的课件。群件是能支持群体或小组利用多媒体和网络技术开展合作学习的一种课件类型。从某种意义上说，群件是一种新型的课件类型，它的使用范围介于计算机辅助课堂教学和个别化教学之间。

二　计算机辅助教学系统的工作原理和教学作用

计算机辅助教学的过程,是由教师通过计算机辅助教学和学生通过计算机独立地学习所组成的互动式双边活动过程。

计算机辅助教学系统就像一位知识渊博的教师,呈现出教学信息供学生选择,适时地根据教学重点和难点提问,对学生的回答做出判断并通过适当的方式进行反馈;学生对系统提供的教学信息进行选择和学习,对系统提问进行回答,根据决策决定下一步的进程。这是一个人机之间双向沟通的过程。

我们可以通过图3—1简单地描述计算机辅助教学系统运行的基本过程:

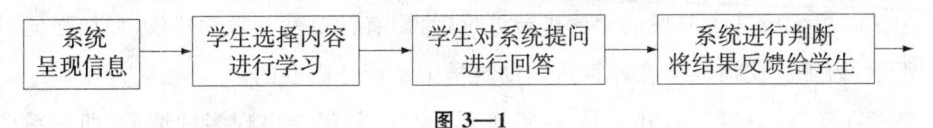

系统呈现信息 → 学生选择内容进行学习 → 学生对系统提问进行回答 → 系统进行判断将结果反馈给学生

图3—1

(一)系统呈现信息

计算机辅助教学系统将有关的教学内容按一定的结构,用文字、图形、动画或声音等形式呈现出来,在生动、有趣的环境中向学生说明一个概念或一种技能或提示必要的语言场景,特别是对抽象的概念,通过形象的方法可以使之变得容易理解。

(二)学生选择内容并进行学习

在一个完备的计算机辅助教学系统中,通常存储着很多教学内容和资源,作为子系统,又会按内容以不同的结构进行组织。学生要根据自己的需要或教师的安排来选择学习的内容。为了避免盲从,很多系统都设置了建议学习步骤或教学程序[①]。学生通过调动自己的感官,接收计算机呈现的多种形式的教学信息,经过感知加以理解和记忆。

(三)学生对系统提问进行回答

每个教学单元或教学点讲解、演示完毕后,计算机辅助教学系统会提出一

[①] 学生可能在面对互联网上大量的语言材料时,无法判断哪些是对学习有利的以及它们的层次关系是怎样的;也有可能对于缺少计算机资源的教师和学生来说,他们没有办法和途径获得大量语言事实的用例。因此,要求系统设计一个精简的、必需的教学程序。

些问题要求学生进行回答,从而检验学生对所学内容的掌握情况。

学生对计算机辅助教学系统提出的问题做出反应,可以通过键盘或其他输入设备(如手写板、触摸屏或麦克风)进行回答输入。

(四)系统进行判断并将结果反馈给学生

计算机接收学生的回答后,根据系统已经储备设置好的信息对学生做出的回答进行判断,并通过适当的方式给出反馈信息(如"对/错"类文字提示,不同的声响、图案,或以上手段结合使用)。

根据具体情况和步骤,也许还需要针对典型的回答,或给出具体的分析结果,或用更加简明易懂的形式进行讲解,或告知学生错误的原因。还可以对学生某一单元或某个阶段的学习进行评价,给出有针对性的教学建议(如加强词汇学习)等。反馈环节在计算机辅助教学中是十分重要的。

在实际的运行中,并非是"一帆风顺"的,时刻都会出现多种情形,即从系统结构来看,不仅仅有顺序结构,还会有分支和循环结构。例如,系统在给出判断并将结果反馈给学生后,系统可能会建议甚至强制学生重新回答问题、继续回答问题;要求学生重新选择难度更高或更低的内容进行学习;学生也可以根据自身的情况和系统反馈的建议,继续根据系统呈现的信息进行重新选择。系统根据反馈的结果给予相应的教学内容,或提供复习或补习资料。通过不断的反复交互作用,系统可以相对准确地判断出学生的实际水平,并给出有针对性的教学内容和指导。如图3—2所示:

系统呈现信息 → 学生选择内容进行学习 → 学生对系统提问进行回答 → 系统进行判断将结果反馈给学生 → 下一步学习

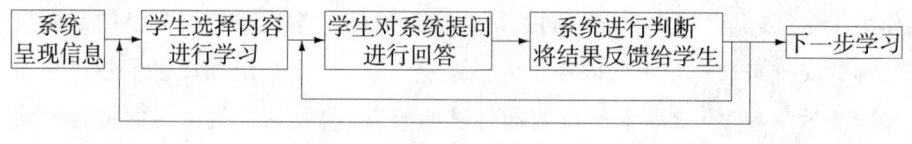

图 3—2

另外,针对不同的辅助教学类型,系统结构可能是不同的[1],如咨询型教学系统就没有回答问题这一环节。但无论是哪种类型,计算机辅助教学系统在交互性、个别化和调动学生学习积极性等方面的特点是相同的。

---

[1] 参见郑艳群《计算机技术与世界汉语教学》,外语教学与研究出版社2008年版。其中在"计算机辅助教学纵横谈"中列举了操练与练习型、指导型、咨询型、教学模拟型、游戏型等辅助教学类型。

三 汉语计算机辅助教学的理论基础及相关技术

计算机辅助教学的设计和应用需要理论的支持和指导。考察计算机技术的发展和外语教学理论的发展,我们不难看出:计算机技术的发展为计算机辅助外语学习创造了良好的环境;与此同时,外语学习理论的发展又为计算机辅助外语学习提供了理论支持。

(一) 语言学习理论

利用加涅的信息加工模式,我们可以从汉语知识理解和记忆的特点进行分型,并按五种习得性能(智慧技能、认知策略、言语信息、态度、动作技能)分析汉语知识的类型以及相应的内部条件和外部条件。针对内部条件,努力用技术手段创造学习所需的外部条件。实际上,计算机辅助教学设计就是要根据不同的学习类型,利用信息技术手段创设不同的外部条件。

学习理论中的行为主义学习理论、认知学习理论和建构主义学习理论对于计算机辅助教学设计有着重要的指导作用。

1. 行为主义学习理论及相关技术

早期 CAI 是以行为主义理论为基础的。以斯金纳为代表的行为主义者认为,外语学习者在语言环境中接受语言输入,并对输入的语言进行积极强化,从而形成语言行为。这种理论强调学习的起因源于对外部刺激的反应,主张小步调教学和及时反馈等原则。

根据行为主义学习理论,CAI 的设计思想是按教学单元,先确定学习目标,然后根据目标设置几个学习路径。学生利用这样的计算机软件学习语法、练习句型,通过与计算机反复的交互活动掌握陈述性知识,如语法规则等。就汉语计算机辅助教学(CCAI)来看,当今大多数课件仍以行为主义为理论基础,主要原因是它易操作,容易在计算机上模拟和实现。

2. 认知学习理论及相关技术

20 世纪 80 年代,人工智能兴起以后,心理学家的地位显得越来越重要,计算机辅助教学课件的设计逐渐重视其他各家学说,如认知心理学等,弥补了行为主义理论只强调行为,而忽视人的意识的弊端。

认知学习理论认为,学习的过程是人与周围的环境进行信息交流的过程,语言教学的重点应是交际能力的培养。因此,在认知学习理论指导下的计算机辅助教学设计特别强调交互活动。① 具体表现为,在语言场景(包括语义和语用)中掌握语言形式的使用。

近年来,对汉语的认知研究正逐步开展,相信当汉语认知理论、语言学习理论的研究和实践取得丰硕成果的时候,汉语计算机辅助教学软件设计也就有了可参照的依据和模型,其设计也会更有针对性、更实用和更有效。

3. 建构主义学习理论及相关技术

建构主义学习理论强调学习过程中学习者的主动性、建构性,提出的合作学习和情境化教学思想,弥补了交际式计算机辅助外语教学主要以知识传递和辅导为中心的弊端。而20世纪90年代中后期多媒体技术和网络技术的迅猛发展为这一理论的具体实施创造了技术条件。

根据建构学习理论,学习者的知识是在一定的情境下,借助他人的帮助或人与人之间的协作、交流,利用必要的信息,通过意义的建构而获得的。理想的学习环境应当包括情境、协作、交流和意义建构四个部分。因此,借助网络环境开展协作式语言学习是建构主义学习理论的具体体现,它可以帮助学习者在目的语环境中通过电子邮件、电子论坛、实时会话等技术手段进行交互式学习。

但是,知识本身是有深度和广度之分的,因此知识建构也有深度和广度之分。但目前对此重视不够,导致应用效果不明显。

(二)语言传播理论

传播即信息交流活动。教育中的信息传播特指人们为共享信息或相互影响所进行的一种信息交流活动。计算机辅助教学的过程,实际上可以看成是教学信息传播的过程。在教育技术学研究中,以传播理论为指导,可以用来分析和研究教学传播过程中所涉及的各个要素和环节,并探讨传播规律。

根据语言传播理论②,我们可以通过对传播过程中语言知识的编码及解

---

① 也有人把这类教学软件称为交际式机助教学软件。
② 参见齐沪扬《传播语言学》,河南人民出版社2000年版。

码、传播情境和传播媒介的分析,探讨汉语知识传播中如何进行有效的编码、如何创造情境以及如何利用信息技术作为使用的传播媒介,使解码得以顺利进行。无论是编码,还是解码,都必须有科学、正确的表达方式。

以解码为例。传统的传播学理论认为,受者接受信息的方式主要是"听、看",或者并用。其实,"听、看"只是受者接受信息时对表层结构的一种直观处理,更重要的是要对听到或看到的内容进行意义上的转换。在语言知识的传播中,使用声、图、文、像等多种媒体形式正是为了帮助这种转变,甚至是跳过这一转变过程。简单地说,对语言知识的理解即语言知识的解码。广义地讲,语言知识的解码除了建立意义,完成对语言知识的认知外,还包括对语言知识的自觉应用。成人理解语言知识不是被动接受刺激的过程,而是一个主动加工的过程。受者会将所传播的语言信息编码为一定的结构或形式,在传播过程中建立意义。不仅如此,受者在建立意义的基础上,又会产生一些相应的认知活动。解码成功与否是我们关心的问题。在表层结构和形式的知觉过程中,对汉语的语音形式、汉字字形以及它们的关系进行识别,即接受表达形式的语义;对形式化的符号进行识别,即接受表达形式的语法结构。形式化的符号应该是传者和受者双方共通的,只有这样才能传达真实的意义,逐步建立起一个与环境相同的心理模型。深层意义的建立过程中,要理解语言和非语言的表达形式所蕴涵的语言知识并与接受者已有的知识建立联系、建构汉语知识体系。接受认知的反映过程中,首先对语言知识进行辨识;其次,与已有信息进行匹配,再进行选择。总之,理解必须由记忆中已有的信息系统所支撑,在图式所提供的有关信息的框架中,受者才能对传者的信息做出反应。[①]

(三) 系统论

系统论是研究系统的模式、结构和规律的学问。系统论的核心思想是系统的整体观念,即把研究和处理的对象作为一个系统去看待,通过分析系统的结构和功能,研究系统、要素、环境三者之间的相互关系和相互作用的规律。系统论的思想为教育技术研究指明了方向,引领我们用更科学的方法开展教

[①] 参见戴雪梅《图示理论在对外汉语阅读教学中的应用》,《汉语学习》2003 年第 2 期。

育系统设计。

应用系统论的思想指导计算机辅助教学设计,通过系统的方法思考、研究和设计教学过程,有利于我们从多维角度全面把握教学中各环节、各相关因素,优化计算机辅助教学系统设计。这同时也是教育技术研究的焦点问题,即视教育研究为一项设计,并且系统地研究学习过程。

第二节　汉语计算机辅助教学研究的主要内容

一　多媒体和网络教学模式分析

随着多媒体技术和网络技术的发展,已经产生了形形色色的教学模式。

例如,早期的计算机辅助教学模式按照集体或个别化教学形式可以分为课堂教学应用和课下辅助练习应用。课堂教学应用是为了弥补传统教学手段的不足而设计的,可以通过综合运用各种媒体起到提示、启发、帮助理解、提高兴趣等作用;还可以临时链接到某个网站,补充语言教学材料。课下辅助教学应用根据软件类型,又可以分为单纯的辅助训练型,即只有针对性的练习提示;以及自学型,即既有与计算机交互的教学部分,又有相应的训练部分。[①]

另外,按校园的形式可以分为校园网、网上学校和网上合作学习。其中:(1)校园网侧重于校内,重点是辅助教育教学功能的实现。校园网的资源包括网络教学管理系统、多媒体网络教室、网络课程和多媒体网络课件等。(2)一个真正的网上学校应该包括学校的所有功能,如图书馆、虚拟校园等,而不仅仅有几门网上课程和部分教学资源。(3)网上合作学习是指基于网络进行群体或小组形式的学习。它强调通过因特网和计算机来支持同伴之间的交互活动,学生在不受时间和空间限制的基础上,相互学习、讨论和交流。这种教学

[①] 参见郑艳群《汉语计算机辅助教学的基本类型》,载《第四届国际汉语教学讨论会论文选》,北京语言学院出版社 1995 年版。该文详细分析了操练与练习型、个别指导型、对话与咨询型、游戏型、模拟型等软件类型。

形式的重点在于群件的开发。

特定的教学模式是在特定的教育思想、教育理论和学习理论指导下,在特定的教学环境和教学资源支持下形成的。传统的教学模式,离不开传统的教学环境和教学资源,如教室、黑板、粉笔和教科书等;新型的教学模式,离不开信息化的教学环境、教学系统和教学资源,如多媒体教室、计算机多媒体技术、网络通信技术和多媒体教学软件等。近年来运用较多、重点讨论的几类教学模式如下。

(一) 课堂演播教学模式

课堂演播教学模式又称为课堂讲解教学模式。它打破了以教师讲解为主的传统课堂教学模式,通过大屏幕和电子投影仪,将教学内容以文本、图形、图像、声音、动画和视频等多种媒体信息形式呈现出来。教师利用计算机,通过交互操作创设情境、呈现语言知识、提供范例,使教学内容直观、生动、形象、具体地呈现在学生面前,以便于学生理解、记忆和掌握。它的突出特点是教学呈现和模拟演示。

计算机提供的多种媒体信息作用于学生的不同感官,图文声像并茂,既适合直观形象内容的教学,也适合演绎推理内容的陈述性知识教学。相应的教学环境有多媒体计算机、大屏幕投影机、功放和音箱,甚至还有 VCD(或 DVD)、放像机和实物展示台等,有的还要与因特网相连,便于上课时调用因特网中的相关教学信息。

(二) 个别化教学模式

个别化教学模式是学生在多媒体网络计算机上直接运行多媒体课件或在某网站上调用课件,通过与计算机交互进行学习的一种教学模式。这种教学模式体现了学生的主体性,弥补了集体教学的不足,有利于学生自主学习能力的发展。[1]

在个别化教学模式中,教学内容被分解成一系列的教学单元,并以超文本结构形式加以组织和管理。学生根据教学目标、语言水平和个人爱好,自由选

---

[1] 以往的电教设备,如幻灯机、录音机、录像机,甚至广播、电视,虽然在教学中起到了一些作用,但它们传播的信息(数据)是按顺序存储的,不能随机访问,更主要的是这样的教学辅助手段只是单向地向学生传播信息,因而效果并不显著。而计算机辅助教学具有交互性,可以由学习者自由地选择学习的内容和进度,这正是计算机辅助教学区别于以往使用电教设备进行教学的重要标志。

择学习内容、控制学习进度和信息表现形式等。自适应的教学应用程序还可以根据学生的学习背景,如学习能力和当前知识水平,运用某种教学策略动态地提供适合学生个人当前程度的学习内容,真正做到因材施教。

个别化教学模式中通常比较注重操练型、个别指导型、对话与咨询型的运用:(1)操练与练习型,如填空、选择、跟读等。(2)个别指导型,包括教授规则、评估学生的理解和提供应用的环境等。(3)对话与咨询型,允许学生与计算机之间进行限定性的"对话"。例如,使用《多媒体汉字字典》,可以从中查看每个汉字的笔顺书写过程,可以听到汉字的读音;可以按拼音或按部首检索到某个汉字,也可以按部件检索到某个汉字。又如,使用《HSK名词—量词电子搭配词典》,当我们输入一个名词时,可以查看到相应的可搭配的量词或量词串。

(三)计算机模拟教学模式

模拟,即用计算机模仿真实环境并加以控制。例如,提供在机场接人的场景,学生与计算机中的人物分别扮演一个角色,练习会话。

模拟教学强调在控制状态下对某种现象的反应。语言教学所需和经常用到的模拟主要是情境性模拟。通过创设语言环境,在高度模拟真实情况的虚拟情境下,允许学生针对不同的情境,尝试运用相应的语言规则。

(四)探索式学习模式

探索式教学模式的基本教学过程是:首先由教师围绕学习内容向学生提出相关问题和要求,然后学生通过与计算机的交互,利用计算机提供的与现实情况基本一致并且与当前学习主题内容基本相关的情境和大量的多媒体教学资料,在教师的指导和帮助下,寻求问题的答案,最后由教师和同学给予评价或进行讨论。例如,需要学习中国的民俗,学生可以先分别学习,然后再共同讨论。

这类模式也经常融入游戏成分,即创造一个带有竞争性的学习环境,将游戏的内容和过程与教学目标相联系。例如,在计算机上演示汉字的笔顺让学生判断正误时,如果正确,学生可以听到该字的读音,看其古文字形,甚至听中国民乐。

这样的多媒体计算机系统构成了一个由学生控制、允许学生在特定内容领域里自主探索和验证假设的发现式学习环境。在这里,不同水平的学生能够以不同的认知策略来学习知识和技能,有利于高级思维和问题解决能力的发展。

(五) 协作式学习模式

协作式教学模式是指在教师的指导下,学生以小组为单位对同一问题进行观察、比较、分析和综合等交互活动,这对语言练习是非常必要的。协作式教学模式能对学生群体的合作学习给予支持,为学习过程的参与者提供协商讨论的环境。

协作式教学模式是随着学习理论研究的深入而发展起来的。人们在研究中发现,教学中仅强调个别化是不够的,特别是语言技能的获得需要更多地依赖于教师、同学之间的交互作用和群体动力。协作式教学模式体现了以教师为主导、以学生为主体的教学理念,强调在教师的指导下,通过教师和学生、学生与学生之间的讨论、协商等交流活动来达到对知识的理解和掌握,形成认知结构。

(六) 利用电子作业支持系统

电子作业支持系统是指一种具有"即时学习"或"即求即应"学习功能的课件类型。它可以根据学生的需要随时提供所需的知识,无论是对个别化学习还是职业发展培训都有很重要的作用。

该类课件主要由知识库、交互学习训练支持系统、专家系统、在线帮助系统和用户界面等部分组成,这一热点和发展趋势要求课件开发者更加重视对知识结构组成的理解,并且充分发挥计算机交互学习的特点。

二 汉语知识和言语技能计算机辅助教学方法

计算机辅助汉语方法多种多样,并且在多个方面表现出了它的特点。从"教"的方面来看,教师在传授内容的时候,采用直观的形式,不仅快捷,而且有效。这种方法使得教师不再拘泥于常规的语言讲授等仅以语言传递信息的手段,从时间和效率上都更优化。从"学"的方面来看,可以充分利用并调动学生的多种感官,不仅有利于信息的接收,而且有利于信息的加工和记忆。从教材形式方面来看,语言知识的呈现是图文并茂,声像并茂的,教学内容更加形象、生动。从教学环境来看,创设自然、真实的语言环境,利于学生交际能力的培养。

教学方法的设计,应从教学内容和目标出发,根据技术条件和现实需要进行设计。例如,在设计一个汉字检索系统的时候,除了设计传统的按拼音检索和按部首检索外,还可以设计按部件检索、按整字的笔画数检索[①];检索出的汉字,不仅显示出字形、拼音,还可以给出汉字的读音;字形还可以按照结构划分,用不同的颜色标记;给出含有相同部件(如"亻")的其他汉字(如"们、休、做、作"等)。

(一) 汉语知识计算机辅助教学方法

1. 汉字教学

汉字教学是汉语教学的重要组成部分,对外汉字教学在读写认方面都存在特殊性。汉字教学要求学生掌握汉字的基本笔画和笔顺规则,掌握汉字的偏旁、部首和部件等概念以及汉字的基本结构,掌握汉字的读音,并了解常用汉字的意义和表义偏旁汉字组的特性以及形声字的特点等。

汉字是形音义的结合体。针对汉字难认、难读、难写的特点,可以利用多媒体技术开展汉字教学,即把汉字的特性和教学难点用相应的多媒体技术手段进行表达。多媒体技术的应用各有特点,如静态显示汉字笔画分解图,可以让学生通过观察,更好地理解和掌握汉字的笔顺规则;动态笔画和笔顺的演示,可以在学生的心理上形成一种心理演示,使学生对笔顺的记忆更加深刻;声像结合,调动学习者各感官协同作用,有助于全面掌握汉字的形音义,进而有助于对汉字的识记。此外,由于汉字的结构特性和汉字表音不直接的特点,留学生习得汉字需要更多视觉感知,因此对于母语为拼音文字的初学者学习来说,计算机辅助汉字教学可以帮助他们更好的将汉字的形音义结合起来,并形成视觉感知习惯。常用的教学形式有:展示汉字起源、造字法和演变过程;

---

① 通常的检索系统只设计按拼音和按部首两种方式。但是对于外国人,如果他既不知道读音,又不知道标准的检字部首,那么他将无法进入查字环节。按部件和整字的笔画数检索正是为突破此难关而设计的。

展示并书写汉字的基本笔画;演示汉字的笔顺规则;展示汉字的偏旁部首并讲解部首的位置和意义;分析汉字结构和汉字部件;辅助理解字义或解释字义;形声字特点与形声字辨析;形似笔画、部首和形近字辨析等。

2. 汉语语音教学

语音教学是第二语言教学的基础,是培养学生听说读写技能和社会交际能力的首要前提。语音教学的目的是让学习者掌握汉语语音的基础知识和汉语普通话正确的发音,为用口语进行交际打下基础。而汉语的语音有其特殊的地方,如翘舌音、音变和声调等。这既是汉语语音教学的难点,也是教学的重点。

语音教学手段,主要是示范和模仿为主,辅助以发音理论知识讲解。利用多媒体技术开展语音教学,就是把语音的特性和发音要点通过相应的多媒体技术手段予以表达。多媒体技术的应用各有特点,如通过静态或动态的方式,形象地展示发音部位、发音方法;用规则的表格形式和色彩提示,表示音节组合规律;通过一定量清晰、标准的范读音的语音输入,让学生感知汉语语音在连读变调、轻声和儿化方面的特点和规律;还可通过词例、释义,让学生了解这些特点对词义和词性的影响。我们还可以利用夸张的图示或慢放声音的方式,将视听印象放大来强化展示发音方法和技巧,辅助学生进行大量的模仿练习。

总之,在多媒体语音教学中,可以采用听觉和视觉相结合、发音和书写相结合的方式,调动学生的多种感官,帮助理解,加强记忆,学会发音。常用的教学形式有:展示发音器官示意图;用表格、公式和色彩等手段展示汉语音节结构的特点提供模仿发音图示;展示声调学习示意图;语音辨析练习;连读变调、轻声和儿化读音示范。

3. 汉语词汇教学

词汇教学是语言教学的重要组成部分,是第二语言教学中培养学生语言能力的基础环节。词汇教学一要解决释义问题,二要解决运用问题,而汉语词汇系统的基本特征是:词和语素的关系非常复杂,词汇系统非常庞大;除了词之外,还有很多熟语;词语连写是汉语书面语的显著特征。这对母语为拼音文字的学生认读汉语词语造成一定的困难。

对外汉语词汇教学的基本任务是培养外国学生识词、辨词、选词、用词的能力。利用多媒体技术开展词汇教学，就是要用多媒体技术手段解决汉语词汇释义和运用中的难点。具体来说，可以应用多媒体手段循序渐进地开展词语扩展练习；按词语的语义和语法类别，有针对性地进行词语释义，如对文化词语和汉语成语的释义，以直观化方式提高词语释义的效率；利用表格、色彩等区分和归类手段，开展同义词、近义词辨析，按义项或同语素分类教学，展示正反义词表和其他词语构词规律等；利用多媒体手段，通过图片、视频设置情境，还原真实的语境，帮助学生掌握和运用所学的词汇。

在多媒体词汇教学中，采用视觉和听觉相结合的方式，不仅可以帮助学生更好、更快地把握汉语词汇的形、音、义和用法特点，而且可以起到提示、启发、帮助理解、创设语言教学环境、增加兴趣、帮助记忆等作用。文字和图片的交互应用使教学的真实性大大提高，形象直观的视觉刺激，不仅有利于学生主观能动性的发挥，还有利于激发学生的想象思维，使其更好地完成学习任务。常用的教学形式有：词语扩展练习；以形象直观的方式开展词语释义；开展相同或相关类别的词族教学；中华文化词语和成语释义；通过列表等方式开展词语辨析；以列表等图示方式展示汉语词汇系统；以图片或视频的方式设置情境，创造运用所学词汇的语言环境。

4. 汉语语法教学

语法教学是汉语教学中最基本和最核心的任务之一。语法教学的任务是让外国学习者尽快掌握汉语语法系统的基本特征，获得汉语语法规则的系统知识和运用能力，从而获得运用汉语进行社会交际的能力。

现代汉语语法的基本特点表现在真正意义上的语法形态比较少、词序对语义表达具有重要作用、虚词是重要的语法手段、词法和句法具有高度的一致性等方面。多媒体技术应用于汉语语法教学，可以使用公式法、符号法、色彩、字体、字号、斜体、加粗、加下画线等代替句法结构的文字讲解；用短句、口语化句子，以及提纲式描述与解释代替大段的文字说明；用归纳法、演绎法、空白间隔等方法代替例句的罗列；用静态或动态的图像代替例句的简单列举，展示语义和语用含义，给学习创造一个身临其境的语言使用情景。心理学理论指出，适当的呈现(例如具有重要特性的视觉表象)可以促进语义编码。这种语义编码不但可以帮助理解，还可以提供回忆的线索，因此能促进学习的正迁移和学习效果的保持。

形象直观、易于理解的语法表达形式，可以把抽象的概念或规则具体化、感性化，便于学生在虚拟的语言环境下感知、理解、记忆、模仿。这样做，有利于提高学生对语法的理解效率，可以帮助学生尽快地掌握汉语语法，从而有利于提高学生的汉语交际能力。常用的教学形式有：自然地引出语法点；使用口语化和提纲式的语法解释；用表格、树图和公式等形式展示句法结构或句型变换；用静态的图像方式提示意义、用法和语用环境；用动态的方式综合体现句法、语义和语用条件。

(二) 汉语言语技能计算机辅助教学方法

1. 汉语听力教学

语言的听力能力主要是指对语言的听觉输入做出相应反应的能力，包括对不同语速、不同言语形式(独白、对话；单句、段落；安静环境、嘈杂环境)的反应能力。训练时一般要经过语音阶段、单句阶段、对话阶段、短文阶段和真实语料阶段。

听力教学集中训练学生通过听觉获得语言技能和语言知识的能力。很多学者认为，听力与其他三种技能(说、读、写)相比，是一种被动的语言行为。因此主张在教学中让学生通过接收大量的、重复的听力材料获得听力能力。听力课从内容上来说，可以作为综合课的复现、巩固和拓展。

多媒体技术应用于听力教学，可以丰富听力教学形式，使听力教学与实际的交际需要结合起来，更加有层次、有针对性地训练学生的听力技能。常用的教学形式包括听后句式表达和语法点展示；控制播放速度、停顿和重复；按不同的目标使用不同的媒体组合形式；创造声情并茂的朗读环境；听力自我训练，等等。

2. 汉语口语教学

语言的口语能力主要是指学生的口语交际能力，包括发音、模仿、跟读、使用短语和句子会话的能力。训练时要力求提高学生的开口率。

多媒体技术应用于口语教学,可以更好地将交际引入课堂,使语言课堂不再是机械操练语言模式的场所,而是更接近语言实际运用的场所。多媒体手段所创造的交际环境,使学生对语言知识和口语表达有更加直观的感受,从而帮助他们更好地理解语义含义、句法要求和语用的得体性;体会目的语的文化内涵,而且印象更加深刻;学会如何根据交际任务和环境条件选择恰当的表达方式。在媒体技术的引导下,教学过程也会变得生动、活泼、有趣。常用的教学形式有:看图说话,看图复述课文,利用文字、色彩和声音强调疑难、重点词语或句式,利用视频设置情境引导学生进行对话表演,等等。

3. 汉语阅读教学

阅读能力主要是由两个因素构成的,即理解能力和阅读速度;阅读技能可以分为泛读、精读、通读、跳读等方面。因此,阅读训练包括这样几方面内容:针对教材的阅读训练,提高阅读理解能力的训练,提高阅读速度的训练,分技能阅读训练。

一般的阅读课都是按教材进行的。针对教材的阅读训练步骤一般为:给出阅读提示,包括文体、时代背景、文化背景和作者简介;解释生词、语法点,并进行简单的练习;组织阅读时,先提问,然后限定时间阅读,逐段分析并讲解;对整篇文章进行总结。提高阅读理解能力的训练方法有:进行选择、判断、填空等各种练习;概述文章的主题;对文章的观点进行讨论等。提高阅读速度的训练方法有:通过开窗口、宝塔形呈现内容、隔开意群等方法不断地扩大每次阅读的单位;教给学生根据上下文、相邻词、构词法、已有语言知识猜测词意的本领;教给学生抓关键词、跳跃障碍的方法;教给学生划重点、加旁注的方法。

多媒体技术应用于阅读教学,有利于帮助学生把视觉、听觉信息与已有的知识背景结合起来,从而巩固已学的内容,建立和充实既有的汉语知识体系,最重要的是获取语言知识和语言能力。运用多媒体手段还可以改善以往阅读教学中枯燥、沉闷的情形,创新阅读教学形式。常用的教学形式有:通过共同的视觉刺激引导学生阅读的注意力;提示阅读材料的背景和语境;进行有效的课文讲解;进行阅读速度训练;利用网络选择最新的阅读材料;利用超链接[①]和互动技术自我训练阅读技能。

4. 汉语写作教学

汉语的写作课重在训练已经学习过汉语的基础语法、掌握了一定的汉语词汇的外国人,按照汉语的思维逻辑写出文字规范、合乎语法、合乎汉语表达方式、合乎汉语文体的篇章。因此,写作训练应当包括汉语书面语的基本格式、常见文体的类型、各种文体的基本结构等。具体来说,包括:注重汉语书面语表达方式的训练,使学生掌握书面语的篇章结构、衔接方式、表达格式、标点符号的用法;通过阅读和分析范文,掌握相应的表达形式;根据具体的、真实性的内容进行段落和篇章的写作练习。

写作训练的方法和技巧有很多。在基础训练阶段,可以用听写或听后写的方式。在应用文训练阶段,可以通过展示并分析范文的方式,训练学生表达的用词、语气和格式。在段落和篇章训练阶段,可以通过划分段落、给段落写主题,以及列提纲、扩写、续写、缩写、改写等方式训练学生了解段落类型、基本结构方式、常用结构词语、连贯方式和修辞手段,或训练其根据所给的情景、条件和内容完成一篇文章写作的能力。另外,看图写话,观看动画、电影、录像后进行写作,讲评、修改作文等,都是写作教学中常用的方法。

多媒体技术应用于写作教学,有层次、有目的、有针对性地开展从词到句、从句到段、从段到篇章的系统训练,可以使写作教学变得更加积极,并给学生更大的语言输出训练的空间。此外,由于写作课上常常会涉及大量的文字内容,运用多媒体手段可以节省教师板书的时间。常用的教学形式包括:为写作提供丰富的多媒体素材;为讲授写作方法和技巧提供方便;开展多种形式的写作辅导。

三 汉语计算机辅助教学的优越性和局限性

CAI既有优越性,又有局限性。只有了解它们的特点,才有可能充分发挥

[①] 超链接是指从网页中的一个目标指向另一个目标的链接关系。所链接的目标可以是另一个网页,也可以是相同网页上的不同位置,或一个电子邮件地址,或一个文件、一个多媒体对象(文字材料、声音、图片、动画或视频)。

它的作用。下面就以自学用 CCAI 为例,分析其优越性和局限性。

(一) 优越性

1. 直观性

例如,利用 CCAI 的汉字教学,可以在屏幕上看到汉字笔顺的动态演示。按照心理学的理论,动态演示形成的心理演示有助于记忆。

2. 个别化

学生不仅可以根据自己的需要选择教学内容和进度,还可以选择汉语解释或自己的母语解释,教师可以针对不同母语背景的学生提供指导或辅助材料,适时地反馈从语言学习的角度来说是非常必要的。

3. 保护性

为学生提供独立的学习环境,从而消除学生的心理障碍,这对他们的口语练习尤其有帮助;针对某个学生应答状况反映出的学习中的薄弱环节,教师可以在不为其他学生所知的情况下,有针对性地给学生补充教学内容或练习项目,维护学生的自尊心。

4. 自由性

学生可以不受时间、空间的限制,根据自身的需要边学边用,随学随用。

5. 公平性

计算机系统可以不厌其烦地对每一个学生进行某种训练并能给出客观的评价。

6. 指导性

计算机可全面、随时地记录和跟踪学生的学习状况和效果,为教师及时调整教学提供参考,便于积累经验并调整教学软件,为今后同类学生或同类问题提供更有针对性的指导和帮助。

(二) 局限性

1. 软件设计的局限性

实际上,大多数 CCAI 并不具有相同的适应性,即它们是按预先确定的有限方式来进行各种教学活动。学生学习的效果在很大程度上取决于技术人员对学习者和学习情况的预测能力,取决于设计方案和设计技术是否完全表达了这种预测。

遗憾的是,目前研究者对计算机语言知识和技能教学的表达方法缺乏系统的研究,对语言规律和语言教学规律的认识还不完全,如何有针对性地进行课件设计、克服缺少面授教学的局限性等问题尚待解决。相反,另一种情形是设计过于复杂,没能为学生学习提供一个清晰的学习脉络。

2. 学生对电子教学的不适应性

不适应性是指有些人患有技术恐惧症,他们面对计算机系统提供的各种操作感到无所适从,甚至把主要精力都放在了应对操作上,影响了正常的学习。课件设计应考虑到学生的不适应性问题,通过简化操作流程、改善界面等方式减少学生的距离感。相反,另一些学生缺乏自我约束能力,面对五花八门的可选信息,没有目标地浏览,也达不到预期的效果。

3. 缺少竞争和约束机制

面对计算机接受语言训练的学生,常常缺少面授教学和集体学习环境中相互促进的竞争和约束机制,一旦遇到困难或挫折便很容易停课或丧失信心。尤其是语言学习,问题更加突出。

4. 缺乏人格化品质

计算机虽然与学生有交互活动,但它缺乏人类教师特有的品质,如教师面授时的感情和语气等。长期面对计算机进行语言学习,缺少人际交流,学生有时容易感到单调乏味。特别是对于具体的语言表达形式,在课堂教学中,教师可以通过放宽一些语法限度,鼓励学生在一定的容错范围内继续表达,但在计算机辅助教学系统中就可能被判断为错误。

5. 制作周期长且成本高

汉语教学的特性不仅要求 CCAI 较多地使用多媒体形式,还要求其具有较高的技术指标,不仅要考虑人机对话的问题,还要考虑教师与学生、学生与学生之间的交流互动。与 CCAI 教学有关的汉语信息处理技术的使用成本和周期,也会影响 CCAI 的制作成本和周期。

计算机用来进行语言训练在某些时候、某种程度上是一种有效的工具,关键是能否设计出有针对性的课件,并且要克服缺少面授教学的各种局限性。就目前计算机技术水平来看,完全的自学难以使学生获得理想的语言能力,因此,课堂教学依然有着重要的作用,不可或缺。但利用个别化的计算机辅助教学加强有针对性的语言训练也是一种有效的互补方式。因此,这两种方式会在相当长的一段时间内,作为教学的不同形式而同时存在。

四 影响汉语计算机辅助教学的相关因素

事实上,CCAI 的效果不仅有赖于课件的质量,也会受到来自教师、学生以及教学环境等各方面多种因素的影响。因此,我们有必要对影响 CCAI 效果的各种因素进行考察和分析。首先是教师因素,包括教师使用 CCAI 的态度和能力、采用的教学方法;其次是学生因素,包括学生的学习动机、学习方法、使用计算机的能力等;还有环境因素,包括课件的质量、社会的需求和认可度、使用环境等。(如图 3—3 所示)只有将不利因素控制在最小范围,才能使 CCAI 系统更好地发挥它应有的作用。

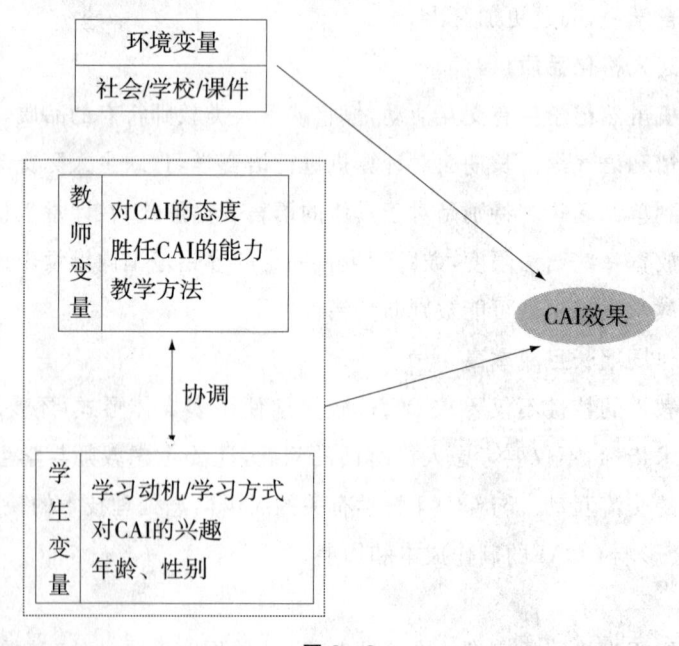

图 3—3

第三节　汉语计算机辅助教学课件设计与开发

一　课件设计的基本原则

课件设计是课件开发和应用的前提。课件设计如果不符合汉语教学的基本原理，盲目地开发，将不可能产生好的教学效果。

课件作为辅助教学工具，在某种程度上起到了教师的作用，因此，其"一言一行"和"一举一动"都应成为表率。CCAI课件的设计必须遵循如下三项基本原则：

（一）科学性

课件设计应与教材、教学理论、教学法和教学模式相一致，才能体现出它的科学性。课件的科学性包括两个层面的含义。

首先，教学内容的编排是为了达到某一层次的教学目标而设计和选择的，而且各个知识点之间应建立一定的关联，形成具有学科特色、符合学习需求的知识结构体系。教师要科学合理地运用教学策略，遵循为达到最佳教学效果而设计的教学思想，特别要考虑教学手段的运用，即如何充分利用计算机技术。

其次，内容要正确、规范。CCAI用多媒体信息来表现知识点的内容，可能包含多种媒体：文字、声音、图片、动画、录像等。无论是哪种媒体都有其特定的标准。比如，文字内容的标准包括：表述通顺流畅，所使用的语言及格式应参照国家出版业相关的标准和规范；拼音标注要符合《汉语拼音方案》和《汉语拼音正词法基本规则》；汉字书写应依据《现代汉语通用字笔顺规范》；汉语发音要符合普通话标准。

（二）教学性

教学性一方面是指软件系统具有教学功能，另一方面是指媒体素材的有效性。

教学软件中包括选择学习内容、计算机呈现信息或提出问题、学生接受信息并做出反应、计算机判断并提供反馈信息等基本过程。

CCAI中往往包含了一些声音、图片、动画、录像等媒体素材，它们在语言教学中会起到积极的作用，如增强教学内容的表现力和感染力，引起学生的学习兴趣和提高学生学习的积极性等。但语言教学中的媒体素材并不是越多越好，也并不是越复杂越好。媒体素材应是有效的，例如素材运用要恰当，不可滥用，以免喧宾夺主；运用素材的目的要明确，不能有二义性；素材的质量要符合教学要求，字体、音质、画质、录像要有一定的清晰度；文字解释要采取有效的方式，尽可能做到易读易懂（如对比的手法、表格的形式等），对初学者可以考虑使用母语进行解释；图标要直观，含义要明确，最好能提供在线帮助；解说速度应适中。

（三）交互性

交互性代表了传统媒体和现代媒体的根本区别，它是计算机辅助教学的重要特征。它的作用是使学习者能够融入计算机所提供的学习环境。交互的关键是引导学习者主动参与各种学习活动。

另外，设计中要使交互方式简洁、明确，不应给使用者在操作上带来困难。交互界面的常用形式有图形菜单、图标、按钮、窗口和热键等，是学生和计算机进行信息交换的通道。计算机辅助教学系统的设计不仅要具有交互性，而且还要使交互方式恰当。

交互性是当前教育技术领域的研究热点。目前已有专家学者提出交互性教学模式的概念，以此为焦点，深入探讨教学中的交互关系、交互模式、交互过程、交互环境、交互功能、交互设计、交互手段、交互作用，以及构建交互性教学的条件、交互性方式对教和学的影响等问题。[1]

---

[1] 交互性理论认为，非线性的信息交流方式给人们更多的选择和主动参与的机会，具有这种互动特征的媒介系统也更容易被使用者接受并给人以满足感。由于适应了学习者的需要，学习变得更主动，知识也变得更易于被掌握。Rafaeli and Sudweeks 和 McMillan and Downes 提出互动特征六项标准。Kathryn Farley（2007）将各种不同的数字化教学工具应用于教学，经过五年的实验，发现多媒体资源可以为学生提供多重选择，从教学的角度来看，实际上为不同学习风格的学生基于学习自主性和自我管理能力的前提下，提供了平等学习的机会，从而全面提高了学习效率。

二 课件的开发方式

CCAI 的开发,根据教师素质和课件规模,难度会有不同。

(一) 汉语教师掌握计算机专业知识

虽然计算机作为语言教学的一种媒介和辅助手段,已经引起了语言教学工作者的广泛兴趣。但是,语言教师往往对自己使用计算机的能力缺乏信心,把研制教学软件的希望寄托在计算机软件设计者身上,加上新技术发展迅速,刚刚学会的技术可能很快就会过时,人们总要面对层出不穷的技术培训,精通技术对汉语教师来讲有些勉为其难。

(二) 汉语教师与计算机专业人员相互合作

语言教学有其自身的特殊性,语言教学软件的质量在很大程度上取决于编制者对汉语教学的体验或实际教学经验,这一点是专业软件设计人员所缺乏的。因此,就出现了语言教师和软件设计者相互合作来研制教学软件的权宜之计,这种办法不可避免地会带来新的局限性,如合作中的理解和配合问题。

(三) 利用开发工具

利用容易掌握且使用广泛的软件工具是 CCAI 开发中普遍采用的方法。但事实上,大型的项目仍需要分工合作才能完成,需要精通各方面的专业人士的参与。

因此,建立一支具有丰富汉语教学经验的教学设计和软件设计队伍显得十分迫切,这同时也是现代教育技术专业培养人才的目标。[①]

三 课件开发的基本步骤

从软件工程的角度来看,任何一个好的软件都需要有一个从规划到设计,再经过不断修改和完善的过程。课件也不例外。一个教材配套课件的制作往往需要投入很多人力、物力和财力,在使用过程中也要根据反馈意见不断地完

---

① 当前,汉语教师普遍感到课件的需求与开发之间的矛盾。关于由谁来开发课件的问题有不同的见解,其中一种有望尽快得到很好解决的方式就是由出版社来承担。

善。课件开发的基本步骤有如下七个:

(一) 需求论证和总体设计

首先要调研,进行必要性与可行性论证。分析和确定课件实施所能达到的目标,提出符合教学需求的设计目标,对语言教学的课件设计特别要注意如何发挥多媒体技术的特点。

总体设计包括确定课件的类型和使用对象,以及具体内容和表现手法。如果作为光盘产品,还要进行经费和存储空间方面的预算。另外,在总体设计阶段还要事先制作雏形,以便反复研究并征求意见。

(二) 脚本设计和课件结构设计

一般来说,教材是教学活动的基本依据,也是课件设计的蓝本,只有把握好教材内容,深刻理解教材的知识结构和内容体系,才能有效地开展多媒体教学设计。因此,应仔细分析和研究教学内容,理解重点、难点问题,以便确定课件的内容结构及表现形式。

脚本设计是制作课件的重要环节,需要对教学内容、教学过程、结构布局、视听形象的表现、人机界面的形式、解说词的撰写、音响和配乐手段等进行周密的考虑和细致的安排。它的作用相当于影视剧本。多媒体课件的脚本创作通常分为两个步骤:第一步是文字稿本的创作,一般由教师编写而成。编写文字稿本时,应按照教学内容的内在联系和教学对象的学习规律,对有关画面和声音材料合理地安排和组织,以完善教学内容。第二步是编辑稿本的编写,这是在文字稿本的基础上进行再创作。它不是直接、简单地将文字稿本形象化,而是在通晓文字稿本的基础上作进一步的引申和发展,根据多媒体表现语言的特点反复进行构思。编辑稿本是制作课件的基础。

课件结构设计是对教学单元之间关系的控制设计和内容设计,也就是编辑稿本的具体化,在这一过程中应使用结构化程序设计的思想,即自顶向下,逐步求精。

(三) 素材采集和课件制作

根据脚本设计,首先应以数字化方式收集和制作所需的文字、音频、视频、图像等原始素材,并根据教学内容的特点体现教学过程;其次,要综合图、文、声、像的表现功能,进行数据集成,建立各种表现形式,设计交互功能。有时还包括设计安装程序或自动运行机制。

课件最核心的环节是制作合成。其主要任务是根据脚本的要求和意图实现教学设计,将各种多媒体素材编辑起来,制作成交互性强、操作灵活、视听效果好的课件。这是技术性较强的工作,非专业人员可以使用一些开发工具进行操作。

(四) 调试和维护

任何软件都要经过试用来检验其正确性与适应性。课件制作完成后,同样要经过多次调试、试用、修改,才能逐渐趋于完善和成熟。这是确保课件质量的最后一关,如果存在某些问题,应继续修改,直到满意为止。

运行维护是一项长期的工作,要不断根据出现的问题进行修改,还要根据技术的进步和环境的改善进行更新。

课件设计的过程实际上与软件设计的过程相似,但是它更注重对内容和目标的把握。根据以往的经验,教师应该直接参与课件的策划和设计,特别是课件中应表现出的教学技巧,更离不开教师的参与。课件的开发、管理、资源共享、合作、交流等问题也是不可忽略的。可以说,课件的制作是一个艰苦的创作过程,优秀的课件应该融科学性、艺术性和技术性于一体,这样才能最大限度地发挥课件的作用,增强教学效果,提高教学质量。

四　课件开发工具

正像"傻瓜相机"既可以基本满足人们的日常需要,又不需要专门的学习和训练就可以为大众所使用一样,为了解决应用程序的开发问题,国内外许多厂商和研究机构相继研制出了被称作"著作工具"的多媒体软件。它们的特点是,简洁易用,一般无需高级语言编程就可以制作出多媒体应用程序。因此,人们也称之为多媒体应用程序开发平台或开发工具。当然,著作工具也存在明显的不足,如运行速度比用程序语言开发的应用程序慢,灵活性受到限制。常见的著作工具有以下三种类型:(1)基于流程图的著作工具,如Authorware,这是普遍应用的一类。(2)基于卡片的著作工具,如Action。(3)基于语言的著作工具,如 ToolBook。

除了开发工具,普通教师容易掌握且使用广泛的软件还有 PowerPoint 和 Flash。其中,PowerPoint 可用来制作演示型课件,形成集文字、图形、图像、动画、声音和视频于一体的、可控制、可交互、图文并茂的多媒体课件。Flash 是一种二维动画制作软件,现在越来越多的教师用它来制作多媒体课件。它能将教学中抽象的、宏观的和微观的知识,以动画的形式表现出来,有助于学生对教学内容的理解和认识。

实际上,新技术每天都在涌现,只要善于发现并勇于尝试使用,这些新技术都会在教学应用中发挥作用。例如,一种被称为数字化讲故事的方式,就是把讲故事的艺术与声、图、文、像等技术结合起来,甚至发布在网页上。这种方式目前在欧美被广泛地应用于课堂教学。故事素材常取自于学生生活,可以要求学生按步骤动手完成,整合各种素材。苹果电脑可采用 iMovie 完成,PC 机可采用 Photostory 完成,web2.0 等模式的混搭工具可以支持在线制作与发布。

第四节 计算机辅助汉语测试

信息技术应用于教学测试的历史伴随着计算机的诞生而开始。早在 20 世纪 50 年代初,人们就开始利用计算机来统计考试的分数;20 世纪 60 年代,随着光电阅读机(光电扫描仪)的研制成功,手工输入数据的方式被逐步取代,准确率和工作效率都得到了大大提高;20 世纪 70 年代,人们不仅用计算机进行常规的统计、计算,还用它来深入分析测试数据及辅助试题编制;20 世纪 80 年代末,人们开始研究计算机化测试,自适应测试技术,使计算机可以准确测量学生的知识水平,考核学生的技能等;如今的计算机化测试前沿研究显示,一些国家和地区的考试机构已经把计算机广泛应用于测试的全过程,通过客观的测试,使施测更加接近于测试的目的,使测试结果更加可靠。

一 试题库的建立、管理和试卷自动生成

利用计算机进行语言测试为实现测试的标准化奠定了基础。测试的标准

化要求对大量的试题就其代表性、适用性和科学性进行客观分析,计算机在这方面大有可为。测试标准化的基础是建立有一定规模的按一定结构储存并标注了属性的数据库(试题库)。试题库管理软件的使用不仅可以调用库内数据生成试题或试卷,还具备对各种考试结果和具体试题进行分析,并根据分析结果修改或补充试题库的功能。计算机化语言测试还涉及自动阅卷、测试成绩归档和其他一些测试管理方面的相关配套项目。

建立试题库,可以是输入整套的试卷,也可以是请专业教师或测试员根据一定的要求和标准进行设计。有人提出,建立题库必须以整套题库存入的方式为主。另外,存入题库中的试题只有严格、明确地标记它们的属性,才能够在生成试卷的过程中产生作用。因为属性是在生成试卷时的重要参数。属性包括语言知识点名称、国别、母语、学时等级,以及难度、区分度、使用频率等。属性是生成试卷,以及使同等水平的考试保持等值的重要依据。生成试卷的过程就是按照某种需求或者要求从题库中选择试题的过程。按照题目类型、难度、数量(与考试时间有关)和一定的搭配比例,然后由计算机自动完成试题的选择和试卷的生成,当然有些时候也辅以人工干预或调整。

试题库的建立,不仅可以避免重复劳动、节省时间,还可以通过科学的计算和分析来保证试题本身的可靠性和有效性。

汉语教师在日常的工作中,会面临分班考试、小测验、学期考试等。利用共享题库,根据当前的任务把参数提供给系统,让系统自动生成试卷是人们渴望的,但目前还没有这样现成的资源。因此,汉语教师在日常工作中可以不断积累试题,纳入题库,关键是要记录下题目的属性。比如,一道测试某个语言点的题目,一定要记录下是针对谁的,学时等级如何,母语背景是什么。因为,也许这个语言点只有某种母语背景的学生才有可能错,那么对其他国别的学生进行测试就是无效的。

二 自动阅卷技术

自动阅卷有直接输入答案和光电扫描输入答案两种形式。

(一) 直接输入

学生在计算机上,通过键盘或鼠标将自己的答案输入到计算机,计算机据此判断并给出分数。

(二) 光电扫描

学生将自己的答案通过适当的方式标记在答题纸上,再通过光电扫描仪(或光电阅读机)进行识别。其中,答题纸的上部一般有学生的学号或考号,以及课程名等信息;选择答案是在题目前面的备选号码或字母处画一斜杠或将空心圆圈涂成实心圆圈。阅卷的过程是通过光电阅读机识别答题纸上的标记,从而判断学生的选择。这种方式有赖于学生标记的程度,一般对考试用笔和圈、涂的方式都有一定的要求。

自动阅卷可以快速得到每个学生的成绩。对于学期考试、水平测试或一些大型考试,一般还需要做相关数据分析,比如平均分、标准差、标准差系数,还可能需要进行显著性检验等。

客观性试题的阅卷比较容易在计算机上实现,而主观性的试题在阅卷时可能面临一定的困难,但也可以在一定程度上给出一个评分范围。例如,作文或造句测试题,在评判(阅卷)的时候可以以所用词汇数量、所用词汇的等级作为评分标准的参数和指标。

自动阅卷在汉语教学中有它的现实意义。比如,有些学生比较内向,不愿当众表达或操练,那么他可以在计算机上接受测试;有些语言能力(比如发音或声调)是通过反复训练获得的,学生可以利用计算机测试系统操练,既能自主练习,也能节省师资。当然,它的前提是有一个好的评测软件。

三 计算机化汉语测试

计算机化测试是通过存储和安装在计算机上的测试系统进行测试。它的好处是:

(1)系统针对每次考试或每个人的考试,可以迅速地从大规模的试题库中按难度和信度等参数要求生成试题;

(2) 具有随机生成或临时生成的特点,可以较好地避免舞弊现象;

(3) 不受时间、地点约束,可以随时随地进行;

(4) 由机器阅卷,可以做到客观、公正,消除主观性;

(5) 可以方便快速地给出测试结果。

计算机化测试可以作为日常教学工作的一个组成部分,也可以作为汉语水平能力的考试。正像 TOEFL 已经全面实行"机考"一样,汉语水平考试的计算机化也为时不远,是必然的方向。

实现渐进性测试或自适应测试技术,是计算机化测试的发展目标。这种测试的方法是,测试系统在起始的时候,无论考生的语言能力如何,都从同样的测试题目开始,然后根据考生答题情况继续进行测试,试题的难度可能会变得更大或更小,直到定位出考生能稳定做题的难度。如何能迅速准确地定位考生的能力,是这种考试的研究焦点,其关键在于建立科学的模型。

面对计算机化汉语测试,应该着手研究如何通过多媒体技术更有效、更真实地测试学习者的能力。伴随而来的是题型的变化,以及研究出用多媒体手段开展分项能力和综合能力测试的有效手段。它将带来汉语测试的一场变革。这项变革的意义是非凡的,它不仅可以摆脱过去单一主观性试题和客观性试题测试手段的局限,还可以与当前广泛应用的多媒体教学相衔接,从而更好地促进多媒体教学的开展。

第五节 汉语计算机辅助教学的发展趋势

汉语计算机辅助教学伴随着技术的发展而发展,表现出如下特点:

一 多媒体化和网络化

(一) 多媒体化

我们可以通过如下的心理学研究成果来了解多媒体技术在汉语教学中的作用。

心理学研究告诉我们:(1)人类是通过五种信息通道(眼、耳、鼻、舌、身五种感官)来完成对信息的获取的。(2)人类各种感觉器官的功能作用是各不相同的,其中通过视觉获得知识的比率占绝对的优势,其次是听觉、嗅觉、触觉和味觉。(3)对于同样的教学内容采用不同的教学方式,学生获得知识所能保持的记忆量(短时记忆、长时记忆)是不同的。视听并用比单用视觉、听觉的效果更好。(4)人在认识同一信息的情况下,直接看实物比看图片所用的时间少,看图片比用语言描述所用的时间少。特别是对于成人第二语言学习,由于他们已经具备了对客观事物的理解,但缺少将客观事物与第二语言对应起来的心理语言结构。因此,他们学习第二语言有其自身的规律。由于人们对直观图形、图像的理解要优于对文字的理解,在教学中我们可以利用形象直观的图形图像作为一个桥梁,使他们尽快地建立起母语和目的语之间的联系,这正是我们开展多媒体汉语教学的目的。

多媒体技术应用于汉语教学,可以充分调动学生的五种感官,特别是视、听协同并用,可以获得最佳的教学效果。它的作用可以归纳为:调动学习的积极性、符合认知特点、提高学习效率。总之,多媒体教学,实现了声、图、文、像并用,顺应了语言教学的需求,也就是说,在CCAI中运用多媒体技术是一种客观需要。

(二)网络化

随着网络通信技术的应用,多种远距离教学方式相继出现,众多汉语教学专业网站开通(如网络孔子学院),共同拓展了汉语教学的空间。

此外,网络资源所构建的汉语教学平台,使得教师和学生都可以共享丰富多彩、各式各样的教学和学习资源;可以使教师之间、学生之间、师生之间相互交流、相互学习;可以不受时空限制。

二 智能化和虚拟现实化

(一)智能化

学生都渴望计算机像一位知识渊博、经验丰富的教师一样,在他需要的时候及时给予帮助。从智能化的角度来说,就是希望CAI系统具有可以模拟、延伸和扩展教师的功能,这涉及人工智能的理论、方法和技术。

人工智能(Artificial Intelligence,简称 AI)是计算机学科的一个分支,20世纪 70 年代以来被称为世界三大尖端技术[1]之一,也被认为是 21 世纪三大尖端技术[2]之一。如果汉语计算机辅助教学系统采用自然语言对话的方式来进行教学,通过学生与教学系统之间进行相互问答来培养学生的理解能力和运用能力,那么,计算机就应该能对各种提问和回答进行自动分析,因而也就必须采用汉语自然语言处理技术。如果要进一步开发智能型汉语计算机辅助教学系统(Intelligent Chinese Computer-Assisted Instruction,简称 ICCAI),那么,采用汉语自然语言处理技术就显得更加重要了。而要想使汉语 CCAI 能够与教学经验丰富的汉语教师相媲美,就语言教学而言,智能化的实现有赖于我们对教学规律的总结和归纳,有赖于我们对学生学习过程和学习规律的认识,关键在于汉语教学专家系统的设计和外国人汉语学习模型的建立。

目前已经有一些计算机辅助教学系统报告了其功能,虽然具体效果不得而知,但它反映出教学和学习的需求,这些点点滴滴的智能化特色,正在逐步构筑外国人汉语学习模型。

相应的计算机辅助教学系统应该是一个全面、完善、有针对性地自足系统,拥有基于网络的语言在线(保证及时)支持系统。具体来说,具备诊断和评价学生的语言能力(听、说、读、写)等功能;还要有根据学生的需要按学习风格、学习者年龄、学习等级等因素提供学习策略指导等功能;并具有提供参考资料及其音频和视频链接、词语或句型可使用的不同语境、回答问题对错的解释等足够的细节反馈功能。只有这样,才能更好地适应学生的需要,形成一个高效的学习模式,达到学习效益最大化和最优化。

(二) 虚拟现实化

在诸多媒体对 21 世纪技术发展的预测中,几乎都提到了虚拟现实技术的发展和应用。虚拟现实(Virtual Reality,简称 VR)是一种通过电脑、传感器、

---

[1] 空间技术、能源技术和人工智能技术。
[2] 基因工程、纳米科学和人工智能。

显示器、自动控制和人工智能等技术创造出来的可以对视觉、听觉、嗅觉、触觉等感知器官产生刺激的环境。从物理的角度来说，这种环境并非真实地存在，即它不是真实现实（True Reality），但它却能给人以身临其境的、完全的或者某种程度上的真实感觉。

虚拟现实技术已经在航天航空、军事、医疗、游戏、竞技体育、旅游、教育和训练等领域得到了研究开发。随着计算机技术的发展和语音识别、姿态动作识别等技术的成熟，虚拟现实技术将日臻完善。

对于语言教学，特别是第二语言教学来说，虚拟现实技术将会是一个非常有效的工具。因为虚拟现实很容易做到学习、训练、探索的目的性和娱乐性的统一，对人们产生强大的吸引力。虚拟现实技术的这些特点，恰恰是形成第二语言学习环境所需要的。它可以弥补目前第二语言教学环境的种种缺憾，大大提高教学的效果。它可以成为课堂教学的补充和扩展、营造社会语言环境、产生新的语言教学方式。此外，还可以建立以学习者为对象的虚拟社团、沙龙以及论坛等，并且逐步提高他们利用中文网络资源促进汉语学习的能力。

三　多层次多样化

在信息科学技术突飞猛进的今天，黑板、教科书等传统的教学媒体已无法满足现代化教学的需要，因此需要信息承载能力更强的媒体辅助教学。而随后出现的投影仪、录像机、录音机等媒体，虽然在相当一段时间内对教学起到了很大的改善作用，但是由于这些媒体本身存在一定的缺陷，例如录像缺乏交互性功能，而投影通常只能传达静态的、固定的信息，因此仍需技术革新来突破教学中的这些难题。

近年来，超媒体技术越来越多地应用到了教学中。超媒体，顾名思义是一种媒体形式，它是超文本概念的延伸，超媒体与超文本都是依靠超级链接来组织信息结构的。相较之超文本，超媒体除了文本链接以外还涉及图形、图像、声音、动画、影片片段等，可以说是名副其实的"多"媒体。超媒体有着非线性、易扩展等特点。在课堂上，超媒体可以将课件流程的控制权交给学生，让学生更加自主地进行知识的拓展学习，这样，学生可以根据自身的需要来选择学习的内容,实现个别化学习,并在学习过程中促进学生自我学习风格的塑造,培养学生创造性学习的能力。同时,超媒体能够多维度、多层次地展现教学内容,增强学生对学习内容的整体感知,提高学生的积极主动性和学习兴趣。此外,超媒体的应用,也大大提高了固有教学资源的利用率,减少了教师反复整理教学资源的工作量。

思考和练习

1. 什么是计算机辅助教学?什么是课件?
2. 简述计算机辅助教学系统的工作原理和教学作用。
3. 哪些语言学习理论与计算机辅助教学系统设计有关,有怎样的关系?
4. 设计一例计算机辅助汉语教学的例子,重在体现个别化教学和智能化反馈功能,并简述其原理。
5. 你认为计算机辅助汉语教学系统设计的关键是什么?为什么?
6. 课件开发的步骤是怎样的?你认为关键的是哪个步骤,为什么?
7. 你认为理想的汉语教学课件开发工具是怎样的?
8. 你怎样看待计算机化汉语测试?目前哪些方面可以实现,哪些方面不能或难以实现,为什么?
9. 谈谈当前又出现了哪些可用于对外汉语教学的新兴技术或设备,分析其在汉语教学中的作用。

第四章　计算机多媒体技术与对外汉语教学

信息技术的进步加快了现代教育的发展进程，促进了语言教学的发展。无论在教学设备及其利用，还是在配套的教学资源和软件等方面，都体现出了信息技术的积极作用。尤其是当今日益发展和成熟的现代声像技术和计算机多媒体技术以及两者的综合，已经成为现代教育技术的重要组成部分。①

第一节　声像技术及其在汉语教学中的作用

一　声像技术概述

声像技术是近代声学与电影、电视技术的综合，它通过声音和画面作用于人的听觉和视觉，表达概念、事物的本质，或人的情感等。现代声像技术的特点是融入了计算机技术、交互技术、可视化技术和虚拟现实技术。

（一）声像技术的教学分类

声像技术包括幻灯、录音、投影、电影、电视、录像、激光视盘、计算机中的音频和视频技术等。声像技术的分类有多种，如：

（1）按信号的物理特征，可以分为模拟信号和数字信号。

（2）按媒体的存在形态，可以分为硬件和软件。

---

①　声像技术泛指通过音、画表达事物内在含义的方法和设备。而多媒体技术是当今信息技术发展最为活跃的新一代电子技术。两者是不同领域的术语，多媒体技术包括了更广泛的概念和应用。

(3)按交互特性,可以分为可交互的和不可交互的。

(4)按教育功能,可以分为视觉媒体、听觉媒体、视听媒体。

(5)按教学系统的综合性,可以分为语言实验室系统、计算机多媒体教学系统和教育电视系统。

(二)声像技术的教学特点

声像技术在教学中的作用主要表现为形象形声性、再现性、高效性和普适性等。它可以改变过去由教师单纯讲授的教学形式,可以创设灵活多样的教学方法。

1. 形象形声性

声像教学媒体以图像和声音的形式传递教学信息,能使教学内容更接近客观事物的本质,利于激发学生的兴趣,并加速学生对事物感知和理解的过程。声像教学媒体充分利用形象和形声的特点,视听并用,可以增强学习效果。

2. 再现性

声像教学媒体可以再现语言交际所需要的场景,表现事物的本质和变化,可用于中华文化知识学习,并可通过技术手段突出或强调教学重点。需要注意的是,以音频信号和其载体组成的声音教学媒体也具有再现性,如录音带和广播等。

3. 高效性

声像技术的应用,具有便捷、快速、功能齐全的特点,并且使教学信息量增大,传播速度加快,视听并举,多种感官并用,提高了学生接收知识的效率,也有利于记忆的保持。

4. 普适性

声像技术的运用对于具有不同语言背景和不同学习层次的学习者,具有广泛的适用性。

二 声像技术在语言教学中的应用

(一)声像技术对语言教学理论的影响

回顾教育技术的发展历史,我们可以清楚地看到,教育领域应用科技手段经历了 20 世纪 30 年代之前以照相、幻灯、无声电影等技术应用为标志的视觉教育阶段，20 世纪 30 至 50 年代以无线电广播、有声电影、录音机等技术应用为标志的视听教育阶段，直至 20 世纪 50 至 70 年代以电视技术广泛使用的视听传播阶段，最终进入 20 世纪 70 年代以计算机为标志的现代教育技术阶段。毫无疑问，声像技术的发展，为教育奠定了物质基础，并在不同的时期影响着语言教学理论和教学方法。

1928 年，韦伯在《图像在教育中的价值》一文中强调视觉在教学中的重要作用。他认为教学中采用图片、幻灯和照相技术等手段，可以提供具体和有效的学习经验，这些具体的教学经验可以帮助学生从生动、直观的认识，向抽象思维的方向发展，符合人类认识事物的发展过程。[①] 19 世纪 30 年代，摄像技术问世，此后电视技术、电视广播不断发展，成为 20 世纪人类最伟大的发明之一，也是声像技术的重要内容。与此同时，埃德加·戴尔（Edgar Dale）1946 年在《教学中的视听方法》中提出了著名的"经验之塔（Cone of Experience）"理论。该理论认为，位于"经验之塔"中层的抽象经验，其获得方式包含了电影和电视、幻灯和照片、录音和广播类教学手段，它们可以使教学内容更为直观、具体、生动形象，有利于理解，并形成概念、认识，最终掌握规律，符合人类认知发展的规律。视听教学强调视觉教材的使用要与课程有机结合，而不过分强调技术的作用。

（二）声像技术对语言教学实践的影响

可以说，应用先进的教育理论和先进的科学技术顺应了现代教育的发展趋势，孕育、催生了各种外语教学新方法，外语教学方法伴随着声像技术的发展而不断发展。

例如，在直接法中强调利用动作、表情和图画等直观手段解释词义和句子；听说法中广泛使用录音机、语言实验室和视听设备，帮助学生通过模仿和机械操练来强化自身的反应，帮助学生记忆；情景法、视听法中，为了避免学生语言学习脱离语境而孤立学习句型的弊端，提出应充分利用幻灯机、录音机、

---

① 这一时期，照相技术趋于成熟，但尚未遍及应用于教育领域。

电影等视听设备组织听说操练,强调通过情景操练句型,向学生提供有意义的话语和语境,努力做到形式和意义相结合,强调培养学生有效使用语言的能力。[①] 因为情境的创设有助于学生对语言的理解,同时激发学生的学习兴趣。事实上,自然法、实践法,以及认知法、交际法和任务型教学法,都在不同程度和不同方面需要声像技术的支持。

对外汉语教学起步较晚,但也经历了利用声像技术的时代,在理论和实践方面都曾进行过有益的探索,诞生了一些较有影响的教材和产品。

第二节 语言实验室的类型和特点

早期的语言实验室仅仅是利用听觉媒体的特征,以语音实验室为主。随着电子技术、计算机技术和教学理念的发展,语言实验室正由早期的语音实验室向着视听说等多种功能交互的方向发展,形成了听音型、听说型、听说对比型、视听型、视听说型、视听对比型等多种语言实验室系统。后期语言实验室大多是由视听设备、计算机和网络等多种媒体构成的辅助语言教学的场所。

从语言实验室在汉语教学中的应用历史来看,主要是与汉语听力课有关。[②]

一 语言实验室的类型

(一) 听音型

听音型(Audio Passive,简称AP型)语言实验室是由教师控制台上的录音

[①] 根据刘珣《对外汉语教学引论》,"情景法(Situational Language Teaching)是本世纪二三十年代产生于英国的一种以口语能力的培养为基础、强调通过有意义的情景进行目的语基本结构操练的教学法。"(第242页)"视听法(Audio-Visual Method)是50年代产生于法国的一种第二语言教学法,它强调在一定的情景中听觉(录音)感知与视觉(图片影视)感知相结合的教学方法。"(第251页)

一般认为,情境法(Situational Method)也是视听法,针对听说法脱离语境,孤立地练习句型,影响培养学生有效使用语言能力的问题,充分利用幻灯机、录音机、投影机、电影和录像等视听教具,让学生边看边听边说,身临其境地学习外语,把看到的情景和听到的声音自然地联系起来,强调通过情景操练句型,在教学中只允许使用目的语。

[②] 如今已经演变为多媒体教室,强调的是媒体技术更丰富、功能更多、使用更便捷,以及在汉语教学中的普及应用。参见本章第三节。

机、电唱机、耳机、话筒和学生座位上设置的耳机组成的。听音型语言实验室操作十分简单，即教师通过控制台上的传声器进行讲授，也可以通过收音机播放录音材料，学生通过耳机，在不受其他干扰的情况下接收信息。

听音型语言实验室适用于语言的听力训练，但是由于受环境限制，学生只能被动地收听教师控制台输出的内容，教师也不能更好地对学生进行个别指导。

(二) 听说型

听说型(Audio Active，简称 AA 型)语言实验室在教师控制台上增加了耳机，学生座位上增加了话筒，座位与座位之间装有隔音玻璃板。这种语言实验室最突出的优点是具有交互性，教师和学生可以方便地进行语言交流，即学生可以与教师对话，还可主动跟读或回答问题，教师可以通过控制台监听个别或一组学生的学习情况，并录下学生的发音练习。

听说型语言实验室可以在集体教学的同时实施个别教学，适用于听音、听写，进行个别化语音、语调、句型、会话、口头翻译等多种能力的训练。

(三) 听说对比型

听说对比型(Audio Active Comparative，简称 AAC 型)语言实验室在教师控制台上增加了双人练习、小组练习等组合练习的功能；在学生隔音座位上增设了双通道录音机。学生可以录下自己的跟读或对话内容，并与标准读音进行比较；教师可以根据教学要求，有目的地组织学生进行分组练习。听说对比型语言实验室能强化听说训练，增加语言练习的强度，比较适合个别化教学，有助于实现因材施教。

(四) 视听型

视听型(Audio Passive Visual，简称 APV 型)语言实验室除装有听说型的设备外，还配有投影器、幻灯机、电影放映机、放像机、监视器及银幕等设备，教学中增加了视觉成分。但是与听说型类似，学生只能被动地听和看，不能主动参与，教师也无法随时掌握学生的学习情况。

(五) 视听说型

视听说型(Audio Active Visual，简称 AAV 型)语言实验室在视听型的基础上增加了学生用话筒,使学生既能听、能看,又能说,大大提高了学生视听学习的主动性。

(六)视听说对比型

视听说对比型(Audio Active Comparative Visual,简称 AACV 型)语言实验室在视听说型的基础上又在学生座位上增加了录音装置,使其能听、能看、能说,还增加了语音记录和比较功能。

二 语言实验室的功能

与以前的普通教室教学相比,利用语言实验室可以实现更多的教学功能。

(一)控制功能

教师可以通过控制台的各种控制按键发出信号,对语言实验室设备进行各种功能控制,以保证教学过程的有序进行。

(二)显示功能

在教师控制台和学生座位上都设有工作状态显示灯,如呼叫显示操作、指令显示、音量控制显示等,有些语言实验室还设有监视器可显示视频图像。

(三)复制和编辑功能

复制和编辑功能可以用来复制、编辑教学所需的练习、考试用录音资料等,方便教学。

(四)交互功能

大多数语言实验室中都具有交互性设备,有利于开展双向教学与学习,即可以保证教师与学生之间方便地交流,同时也方便教师对教学情况进行有效的控制。

(五)自动检测功能

高级语言实验室具有自动检测系统,在屏幕上能直观地显示出整个系统的运行状况,一旦发生操作错误或设备故障,就会在屏幕上显示出来。目的是随时保障教学的顺利进行。

(六)教学效果分析和评定功能

教师可以在教学中对学生进行教学效果的分级评定,学生回答问题是否正确,均可在屏幕上显示出来,控制台上配置的打印机也能迅速地打出学生的学习成绩,可视具体情况及时反馈给学生。

三　语言实验室在汉语教学中的作用

语言实验室在教学中体现出良好的教学效果,受到了普遍欢迎。其优点十分明显:

(1) 创造了良好的语言学习环境,有利于提高学生学习的兴趣。

(2) 既可进行集体教学,又可以进行个别化教学。教师可以根据学生语言水平的不同,选用不同难度(等级)的教材;通过监听学生学习,有针对性地进行个别通话辅导,实现因材施教。

(3) 有助于提高教学效率。语言实验室的个别化教学功能可有效地克服教师对个别学生指导时其他学生处于消极被动的旁听状态,使所有的学生在整个教学过程中都处于积极主动的状态。

(4) 为学生提供良好的自学环境。学生除了接受教师的直接指导外,还可以进行自我比较学习,即学生可以自己反复听,反复训练,消除心理负担,提高学习的积极性和主动性。

(5) 促进教师自身的发展。语言实验室的多种功能和交互作用,能促进教师更新其教学思想,改进教学方法。

但是,语言实验室除了它的这些优越性外,也不可避免地具有一些局限性。例如:座位的隔断,使得师生之间的视觉联系也受到影响,阻碍了教师形体语言的发挥,如眼神、动作、情绪等对学生的积极影响;反过来,教师也难以察觉学生的表情和学习情绪等;听说对比型和视听说对比型中,还受到语音识别技术水平的限制;要求师生具备熟练的操作技术,否则不能充分发挥系统功能,达到预期的教学效果;针对语言实验室环境还需要教师有较强的控制课堂的能力,对教师技能提出了新的要求。教育技术应用于课堂,不能仅仅满足于用PPT展示教学内容,课堂技术的兴起,交互式电子教室、具有先进教学软件支撑的语言实验室,将开启一个新时代语言学习环境。

第三节 多媒体技术及其在汉语教学中的作用

多媒体技术进入语言教学,使语言教学手段发生了变化。从本质上说,它是在教学活动和教学过程中所采用的,为教师服务并帮助学生提高学习效率的方式。它的目的在于训练学生的语言能力,并向学生传授语言知识。多媒体教学目前普遍在多媒体教室进行。

多媒体教室是将各种教学媒体汇集在一起并有机结合的室内教学环境,也称多功能教室。根据教学应用的方式,又可分为多媒体演示教室和多媒体网络教室。

一 多媒体演示教室及其教学作用

(一)基本组成

多媒体演示教室又称为多媒体综合教室或普通型多功能教室。基本组成包括三大部分:

1. 多媒体显示系统

多媒体显示系统由高亮度、高解析度的多媒体投影机和屏幕构成,可以实现对各种图文信息的大屏幕显示。

2. A/V 系统

A/V 系统由教师用多媒体计算机、DVD、VCD、实物(视频)展示台、功放和音箱等设备构成,可以实现对各种图文信息(包括各种软件及 DVD/CD 盘、录像带、实物、声音)的播放功能,实现播音和现场扩声,配合大屏幕投影系统提供优良的视听效果。

3. 集成控制系统

集成控制系统可帮助教师对教室内多种媒体和设备进行集中控制,并把操作与控制集中设置在讲台上的一块面板上。常用的集成控制系统有按键开关式和触摸屏式两种控制方式。集成控制系统的特点是操作简便,能发挥各种设备的功能。其功能包括：开机、关机、输入切换；控制屏幕的上升、停止和下降；控制 DVD 和 VCR 的播放、暂停、停止；控制实物展示台放大和缩小；控制音量大小的调节；实现音视频、VGA[①] 信号的自动控制和切换。

  一个完善的多媒体演示教室还包括：网络设备，如网卡、网线和交换机；摄录像装置，如在教室装配两至三台可转动观测的录像设备，用于摄录师生的教学活动过程；信息反馈分析装置，如可以让学生通过座位旁的按键对教师提问做出选择性回答，使教师实时了解每个学生的学习状况；其他辅助装置，如书写白板或电子白板等。

（二）教学特点

多媒体演示教室的特点主要有如下三个方面。

1. 演示多媒体课件

它能将教学内容直观、形象地呈现出来，同时作用于学生的多个感官。

2. 较强的播放和控制功能

播放各种多媒体视频、音频信息，并通过计算机控制实现多媒体的优化组合。如根据教学需要，通过录像、实物投影、光盘等，随时呈现教学内容及其相关信息；播放各种音频信息，如 CD、录音带、唱片等。

3. 交互性和可操作性

多媒体演示教室提供多种人机交互方式，改变了传统的教学模式。首先，学生在多媒体演示教室中的学习模式并非是被动接受的，利用计算机，学生可以获得习得过程中的选择权，实现教师与学生个别化的双向沟通和互动；其次，利用计算机和网络设备，教师可以在教学过程中更加简便和完整地收集到学生对教学的反馈信息，并根据学生的反馈及时调整教学进度和内容，有效地保障教学的顺利开展。真正的互动，其作用在于告知，而不是说服；使用者拥有更多的控制权和更强的主动性；交流是双向的，而非单向的。

  互动是沟通的条件，交互性概念的运用将人们的注意力集中在社会性的交流和沟通上，互动方式可促进学习者的主动思考，互动媒体可以促进人们的

[①] 一种视频传输标准，具有分辨率高、显示速率快、颜色丰富等优点。

交流,有利于促进语言学习。

(三) 教学作用

1. 什么是多媒体课件

我们知道,课件(Courseware)是指用来存储、传递、交换、解释、处理教学信息,并对它们进行选择、评价和控制的教学程序(软件)。① 使用了多媒体技术的课件就称为多媒体课件(Multimedia Courseware)。多媒体课件的运用是一种教学手段,其目的在于辅助教师的教学以及促进学生的学习。

2. 多媒体课件的特点

汉语教学多媒体课件通过视觉语言、听觉语言,以及各种形象直观的手段,为学生的理解创造了条件,为语言的使用创造了虚拟的环境,同时能够节省教师的板书和讲解时间。多媒体课件作为一种独特的表达语言知识和培养语言技能的形式,将抽象或具象的概念和信息,通过设计者的分析,转化为视觉元素和听觉元素,并将这些元素进行组织和编排,目的是使学生通过视觉和听觉的感知,在头脑中把这些视觉因素重新还原为特定的概念和信息。②

3. 多媒体课件在课堂教学中的作用

对外汉语课堂教学经历了几十年的发展,逐渐形成了自己的教学模式。但对课堂教学的探索,目前还不能说形成了科学化的、多元化的教学模式研究。比如,常规的汉语课堂教学,无论是语言知识教学,还是语言技能教学,尤其是口语教学,在如何体现直观性、形象性,如何提高学生的开口率,以及如何体现交际性原则方面,都缺少必要的课堂教学手段;另一方面,从认知心理学的角度看,在一定的环境里,在科学、系统的刺激和训练下,学习效果会更好,而传统的课堂教学无法满足这样的教学需求。

多媒体技术应用于课堂教学,实际上是在原来已经构成的教学系统中增

---

① 相关内容请参见第四章。

② 因此,分析、转化、组织和编排就成为多媒体课件设计的创造过程,"还原"是多媒体课件设计的目的,即传达信息。从这个角度说,多媒体课件设计应具有可视性和可感知性,能起到表达和沟通的作用。其中的分析要正确,转化要为大众所接受,组织和编排要科学。参见郑艳群《汉语多媒体教学课件设计》,北京语言大学出版社 2009 年版。

加了新的元素,即多媒体课件,由此所形成的新的教学模式我们称之为多媒体课堂教学。

(1) 多媒体教室的基本配置

多媒体课堂教学是在多媒体教室中进行的。教师通过无线遥控鼠标或电子教鞭或屏幕遥控器①,控制课件的运行和屏幕的显示。除屏幕外,还有黑板或白板供教师临时板书必要的教学内容。

(2) 多媒体课堂教学的特点

多媒体汉语课堂教学主要有下面几个特点:节省板书时间,客观地增加了学生练习的时间;增强直观性,易于理解,从而加大课堂教学的容量;体现交际性原则,有利于培养语言交际能力;从规范的角度看,有利于保障教学质量和效果;调动学生的视觉记忆;增强互动;有利于资源共享。对于讲解、串讲、操练等课堂教学活动,多媒体技术的应用都有它的作用。

(3) 存在的问题

近年来,人们探讨多媒体技术如何改变了传统课堂教学,以及媒体的选择和运用技术。然而,多媒体汉语课堂教学刚刚起步,还有很多问题有待解决。例如:对这种教学形式的认识问题、教室环境和设备的改进、教师技术培训的目标、课件的设计和使用、实验和评估问题等。另外,多媒体环境下的课堂教学模式显然是以教师为中心的,课件的编排也都是以教师的教学主导思想为中心,如何把握技术使用的度和量,如何调动学生的主动性,都是需要认真思考的。

二 多媒体网络教室及其教学作用

所谓多媒体网络教室就是配置了多媒体教学网络系统的教室。它配备了一个专用的多媒体计算机网络平台,通过计算机局域网,将声音、图形、图像、动画及文字等各种多媒体信息以实时控制的方式引入到教学过程中。多媒体网络教室的形式多样,但结构与功能基本相同。

---

① 另有一种叫作"交互式白板"的设备。

（一）基本组成

与多媒体演示教室相比，多媒体网络教室还配置有学生用多媒体计算机，且学生机之间、学生机与教师机之间相互联网，并安装了多媒体网络教室管理软件。这样的网络教室可以看作是一个小型的局域网环境。教师机的配置一般比学生机的配置相对要高一些。

（二）教学特点

多媒体网络教室的特点主要有三个方面：

1. 开展多媒体教学。这是多媒体网络教室最基本的功能。

2. 实现学生自主学习。学生既可以单独控制教学课件的播放进程，也可以自我选择教学视听资料进行观看和收听。

3. 实现对教学和学习的监测。教师使用计算机技术进行管理，可以将学生的人数、学生提问次数、回答问题正确与否等有关数据进行统计，以便教师随时掌握教学效果并调整自己的教学方案。

多媒体网络教室是先进的计算机技术、多媒体技术、网络技术和现代教学方法相结合的产物。多媒体网络教室能够充分发挥计算机的交互性和网络的即时性，使教师和学生能够自主地交流和沟通，充分发挥教师的主导作用和学生的主体作用。

（三）教学作用

多媒体网络教室具有多媒体广播教学、远程控制与辅导、教学示范、即时测验、讨论与交流、利用电子教鞭及白板等功能，教师可以灵活地根据不同教学内容的特点采用不同的教学模式，目的是有效地促进学生认知结构的形成与发展。

1. 多媒体广播教学

教师通常可以利用多媒体广播教学的功能辅助教学，将教师机的计算机屏幕画面和语音等多媒体信息实时传送给学生。如创设相关的教学情境，引入讲课内容。广播的内容既可以使用多媒体课件，也可以直接播放声音或视频资料。

另外，还可以配合如下的功能，达到特殊的教学效果：

(1) 锁定和解锁。教师在讲课时,可以使用鼠标或键盘锁定功能限制学生使用计算机,防止学生因操作计算机或随意浏览其他内容而影响听课。

(2) 使用黑屏。当教师在讲述中,无须学生看屏幕时,可以通过"黑屏肃静"锁定学生机,防止学生因看屏幕分神而影响听讲,使学生能够集中精力听教师的授课。

(3) 控制屏幕传送区域。向学生传输屏幕上的信息时,可以指定全屏或某个区域。

(4) 控制广播对象。可以控制教师机上的屏幕画面和语音等多媒体信息,限定实时传送给全体学生、某群组或某个学生,即实现分组教学。

(5) 实现实时视频。可以同步向学生机播放摄像头或采集卡采集的实时图像,并能够同时将实时语音传送给学生。

(6) 作为网络影院。可以向学生机播放 DVD、VCD、DVCD 等各种格式的视频文件。

(7) 录制和回放。教师可以将操作和讲解过程录制成文件(也可同步录制声音),在教学中直接进行回放。

2. 远程控制与辅导

教师可以利用远程控制与辅导功能,监视或监听学生的学习状况,并给予相应的辅导。

另外,还可以配合如下的功能,达到特殊的教学效果:

(1) 监视监听。在学生练习或操作过程中,教师可以不离开自己的座位,利用本机实时监视每个学生的计算机屏幕以了解其进度,或监听学生的发音和口语,通过观察学生的学习情况,进行有针对性的指导。

(2) 语音对讲或可视对讲。教师可以与任意指定的学生进行实时双向交流,而其他学生不会受到干扰。可以只通过语音交谈,解答问题或纠正发音;也可以通过可视对讲,帮助纠正口形等。这样的方式会让学生感到更加真实、亲切。在这一过程中,还可以选择是否允许其他学生旁听以起示范作用。

(3) 选择监视方式。教师可以在本机上连续监看所有学生机屏幕,也可以选定某些学生机作为监视对象,还可以设置为自动循环,以便随时发现问题,及时处理。

(4)遥控辅导。当学生操作出现问题时,教师可以远程控制学生机的键盘和鼠标,通过远程遥控的方式辅导学生完成学习操作。

(5)文件分发。教师可以将教学资料或作业文件发送到学生机上,发送时可指定发送对象为某个学生、某些学生或全体学生。

(6)学生可以发送请求消息。学生可以通过发送消息与教师进行交流,或请求答疑;教师也可以根据实际情况设定学生使用消息发送功能为"允许"或"禁止"。

(7)远程管理。教师可以根据网络教室的实际情况和教学需要,对本系统的相关参数进行设置,如调整学生机的音量,使学生之间不会受到相互干扰。

3. 教学示范

示范可以是由学生发出的,也可以是由教师发出的。示范的作用在于学生可以亲自感受,或者近距离观察,达到特殊的教学效果。

(1)学生演示。让某个学生不离开座位就可以将他的操作过程和结果以多媒体广播的方式向其他学生示范(示范内容可以是屏幕画面,也可以是声音)。这种方式可以增加学生的参与,提高学习的积极性。

(2)教师转播示范。教师远程控制某个学生机,并将操作过程以多媒体广播的方式转播给其他学生(可以是屏幕画面,也可以是声音),即作为范例传输到其他学生机上。

4. 提交作业和即时测验

(1)提交作业。学生可以通过这项功能将作业文件发送到教师机的选定目录下,等待教师批阅。

(2)即时测验。教师对学生进行课堂测验,当学生提交答案后,系统可以立即统计出学生提交的先后顺序、正确与否、各项测验结果等。

5. 讨论与交流

教师讲解结束之后,学生将带着问题进入教师设置的学习环境中,去寻找解决问题的方法。为促进学生使用目的语交流,可以采用分组学习的方法。

既可以根据学生的兴趣、爱好,由学生自由组合,也可以由教师根据学生的实际水平进行分组。分组之后,教师可以利用讨论与交流功能组织学生积极开展讨论,并通过讨论与交流,建构知识,获得技能。

另外,还可以配合如下的功能,达到特殊的教学效果:

(1) 通过多媒体方式讨论与交流。每个小组的学生都可以通过文字、语音、电子白板进行交流;小组内允许多个学生同时交谈;教师可以随时加入任意小组,并参与讨论。

(2) 电子举手。学生使用电子举手功能可以随时呼叫教师进行提问(教师机上会显示信息条),等待教师回答或查看该学生的状况;电子举手还可以用于小组讨论中申请发言或交流心得,以便使交谈更有秩序、更有效。

(3) 电子抢答。教师可以在电子抢答组中使用电子论坛或在电子白板上给出抢答题目,组织学生进行抢答,抢答过程受教师的控制和组织。教师应注意控制和协调。

(4) 多边互动。允许多个学生之间、学生与教师之间进行语音、文字、绘图等方式的交流。

(5) 汇报总结。各小组由组长把讨论得出的结果用学生演示的功能向教师和其他学生进行汇报,也可以用电子白板与其他小组交流,还可以通过信息发送的形式与教师交流。教师应指出其中的不足,并对典型的问题进行评论,对学生的积极参与给予鼓励,并对整体情况进行总结。

(6) 电子论坛。教师可以选择一个或多个学生进行编组,就共同关心的话题进行讨论,通过文字、语音、电子白板进行交流,不在该讨论组的学生则不受干扰。

6. 教学演示

(1) 利用电子教鞭。教师可以随时借助电子教鞭对任何应用软件、课件等进行注释和讲解,包括圈画字词、加箭头、用特殊的颜色、指示等多种注释方式;达到辅助讲解和强调重点的效果。

(2) 使用电子白板。教师可以利用电子白板,边操作边注解,达到强调重点和进行注解等目的。

三 数字化语言实验室的管理和维护

经历了技术的发展,现代的语言实验室多数是由视听设备、计算机和网络等多种媒体构成的数字化、全方位辅助语言教学的场所,即数字化语言实验室。其在日常教学中最普遍的应用形式是多媒体教室。

为了保证多媒体网络教室的正常使用[①],保证教学的顺利开展,必须采取一些切实可行的技术措施,加强多媒体网络教室的管理与设备维护。

(一) 多媒体网络教室的管理

随着对外汉语教学手段的改革,信息技术在汉语教学中的应用逐渐普及,尤其是普遍使用多媒体网络教室。而一旦出现系统软件不能正常运行,则会严重影响到教学的正常进行,因此必须加强管理,可以采取以下几项措施。

1. 制订管理与使用制度

健全的制度是保证多媒体网络教室安全、稳定、顺利运行的先决条件。为此,应该制定《教师使用多媒体网络教室管理规定》《多媒体网络教室安全管理制度》等规章制度,并形成规范的设备使用、维护和检修记录。使用人员要做到各项操作规范化,管理人员要做到日常管理制度化和职责明确化。

(1) 教师使用多媒体网络教室的管理规定应包括如下内容:参加必要的技术培训,掌握系统的操作方法和使用程序,听从管理人员的管理,提前了解教室的各种软硬件环境,对不熟悉的问题应及时向技术人员咨询,出现故障应尽快取得专业技术人员的帮助。

(2) 多媒体网络教室的安全管理制度应包括如下内容:密切关注各个多媒体网络教室的状况,及时发现和排除可能的安全隐患,搞好日常维护工作,经常检修,及时处理使用过程中出现的各种故障,填写记录表。

(3) 制定卫生管理制度,既要通风、整洁,创造良好的教学环境,又要提醒学生严禁在室内吸烟和吃零食。

---

① 现代的语言实验室大多是由视听设备、计算机和网络等组成的。在教学实践中,数字化语言实验室的最常见形式就是我们通常所说的多媒体网络教室。

2. 提供日常技术管理服务

多媒体网络教室的技术服务是教师使用多媒体网络设备从事教学的必要保证。因此，一定要建立使用登记簿，认真填写设备使用情况、使用时间、上课科目等，以便技术服务人员定期检查并进行设备维护。

在日常管理中，还应广泛听取教师意见，及时了解存在的问题，并采取相应措施，解决技术问题或更换设备，使各项设备处于正常状态，保证日常使用。

（二）多媒体网络教室的维护

良好的多媒体网络教室维护制度不仅可以保障教学的正常进行，还可以延长各项设备的使用寿命。对多媒体教室的维护主要包括对计算机的维护和建立设备故障维修记录制度等。

1. 软件措施

多媒体计算机是多媒体网络教室的核心设备，应该进行重点维护。如：

（1）安装使用正版的杀病毒软件，如金山毒霸、瑞星、卡巴斯基等，开机启动病毒实时监控系统，使计算机系统形成对病毒的防护层。

（2）设立防火墙，为系统重要数据写保护；及时安装补丁程序来升级系统，防止感染引导性病毒。

（3）安装系统维护软件（如鲁大师、优化大师），定时清除插件，进行垃圾文件清理，修复系统漏洞等工作，以提高电脑运行速度，保证系统稳定。

2. 设备管理措施

教师在使用多媒体网络教室的过程中，经常会因误操作或技术不熟练而产生各种问题。首先，应建立设备故障维护记录制度。要求教师把出现的各种故障都记录下来，然后由专人汇总、整理，除了及时维修和解决以外，还要把故障排除方法通过适当的培训方式传授给教师，保证教学的顺利进行。

总之，多媒体网络教室的管理和维护是一项复杂的工作。对多媒体网络教室的管理，应以保证设备安全、方便教师使用、充分发挥网络教室的功能作用为出发点，实行科学的管理；对多媒体网络教室的维护，应仔细、慎重，及时解决问题，避免影响教师的正常教学，确保教学的常规秩序。只有处理好每一个环节，才能使多媒体网络教室能正常运转。

第四节　多媒体汉语课堂教学方法

教学手段的改革必然带来教学方法的变化。在多媒体技术越来越多地应用于对外汉语课堂教学的背景下,研究多媒体汉语课堂教学方法具有重要的现实意义。

"教学方法是教学手段运用的过程中所表现出来的方法。"(张良田,1999)我们知道,同样的教学手段,被不同的教师使用,其教学效果是不一样的。教学手段使用的目的是为了完成教学任务、提高教学效率。传统的汉语课堂教学手段包括讲解或解说、读课文、写板书、模拟声音或动作、展示模型或图片等,也包括用录音机播放声音、用录像机播放录像。(崔永华、杨寄洲,1997;刘珣,2002;杨惠元,1996;周健,1998)以下我们就来介绍一下多媒体条件下的汉语课堂教学方法。

一　选择适宜的教学资源

多媒体教室可以分为两类:一类是只有教师机、没有学生机的教室,我们把在这样的教室中开展教学的方式称为"1+0"模式;另一类是在既有教师机、又有学生机的教室中开展的教学方式,我们把它称为"1+n"模式。选用哪种模式,一要看具体条件,二要看课型。例如,对于汉语口语课,用"1+0"模式比较好;对于阅读课,两种模式都可以,这取决于教学方法。课堂教学采用"1+0"模式,注重的是集体气氛,以及人与人之间的互动关系,听、说课上大多采用这样的模式;采用"1+n"模式,注重的是个别化教学,以及人机之间的互动关系,软硬件条件具备的话,可以用于读、写课程。[①]

[①] 这种分类与前述多媒体演示教室和多媒体网络教室并不矛盾,只是角度不同。运用多媒体课件开展汉语课堂教学,首先要解决的就是教学资源问题。教学资源包括硬件资源,如教室、设备等;还包括软件资源,如系统软件、教学软件(课件)等。在此我们关注的主要是软件资源中面向教师的课件,而不是硬件资源和系统,因为学校拥有多媒体教室、投影仪、计算机和相应的系统软件,已成为一种普遍现象。

（一）资源类型

用于汉语课堂教学的多媒体课件可以分为三类：素材型、资料型和课程型。

1. 素材型

该类课件只包含教学中必要的多媒体素材，它是素材的简单排列或集成。即课件中只包含了教师本课要用到的若干图片、声音、录像片断等，不体现完整、系统和复杂的教学思想，也不呈现出具体的教学过程。这种课件在设计和制作上的要求不高，技术也不复杂，容易实现。

例如，为了操练"正在＋VP＋呢"这个句型，只要准备若干"正在打电话"、"正在看电视"、"正在跑步"、"正在做饭"等图片即可。其目的是为教学的需要展示语言场景，或有助于说明语言现象；或通过在计算机上播放录音、录像等来代替传统录音机、录像机的放音、放像功能，起补充或替代作用。

2. 资料型

该类课件是截取自某个成品的教学软件或教学录音、录像等资料或利用其中的一部分制作而成的教学课件。

例如，多媒体汉字字典中可能包含了汉字的历史、基本笔画和笔顺规则、基本结构和造字法举例、可用四种方式检索的 HSK 甲级字多媒体信息等，在课堂上我们可以只演示某几个汉字完整的、多媒体形式的形音义信息，或演示汉字的基本笔画和笔顺规则部分，或演示如何通过拼音、部首、笔画数、部件等方式检索汉字的多媒体信息。它的特点是科学，严谨，相对独立。

3. 课程型

该类课件包含了比较全面的、完整的课堂教学内容和教学过程等信息。它不仅教学内容全面，而且教学过程详细、完整。

例如，课程型的某教材多媒体课件包含了从复习、生词显示、词语例释、课文显示、语法讲解、练习等各个环节，并且还包括每个教学环节中所需的板书等。利用这种课程型的课件教学，从内容上看，可以体现一定的教学思想，基本不需要再板书其他内容，除非发生教学计划外的随机事件，需要临时、少量地书写拼音、汉字、词语等；从结构上看，教学的步骤虽然是基本固定的，教师仍有很多可以灵活运用的方面,并非意味着教师上课就像放映员一样地演示课件;从效果上看,由于它帮助教师周全地考虑了教学内容的组织编排,科学地运用它,不但可以保证和监督教学质量,而且可以减少教师上课时书写、解释、模拟或展示的各项工作,使教师的精力集中在组织和引导学生的学习方面。对口语教学来说,可以节省板书和讲解的时间,从而提高学生的开口率。

(二)资源获取

对于某个课程来说,如果能够通过合法的途径获得相应的课件,那是再好不过的事情。

首先,可通过正式渠道购买的方式,这无论从课件内容和质量上,还是从知识产权的保护以及合法性上都是比较理想的。但目前看来,这种方式并不普遍,其原因是多方面的,如体现多媒体特性的教案和多媒体课件设计制作所需的资金和技术力量不足、知识产权保护措施和共享条件不利。其次,可以通过网络资源或教师间的交流获得。这样获得的课件,一般属非正式出版物,其中的科学性、正确性、完整性和安全性都难以保证。第三,教师自行设计制作,其好处在于可以按照教师自己的思路和设想去做,能够体现个性风格,当然体现的效果有赖于教师的设计和制作水平,它的不足在于费时费力,并且其中所需图片、声音、动画、视频等媒体的获得依然难以摆脱版权的问题,不便于推广。

(三)资源加工

资源的加工工具包括设计课件的工具和加工素材的工具。前者又分基础性工具及专业性工具,后者包括图片、动画、声音、录像等的处理软件。

可以看出,汉语课堂教学中的多媒体教学手段,是在承袭传统教学手段并结合现代科学技术发展的基础上产生的,它既与传统教学手段并存,也能与之相配合又为传统教学手段服务,并能帮助传统教学手段更好地发挥作用。多媒体教学资源是开展多媒体教学的基础,课件的选择应本着适宜的原则:第一,与教学内容、对象和学时等级相适宜,否则,形式与内容或要求相脱节,再好的课件也不会产生什么效果;第二,与现有的使用条件相适宜,因为,没有相应的硬件和系统软件的支持,课件的许多功能将难以发挥;第三,与教师的素质相适宜,如果课件的设计过于复杂,超过了教师所具有的使用能力,那么最终将影响到教学效果。

二 把握使用的基本原则

多媒体教学手段的使用,应当与教学内容的讲解相配合,与学生的学习需要相配合,与教学的目的相一致,并把握相应原则。

(一) 适时原则

教学过程中的适时原则包括适时地显示或播放和适时地进行教学提示。

1. 适时显示或播放

多媒体教学手段具有形象直观、综合表达、辅助替代、激发兴趣等特点,可以对学生的理解与掌握提供切实的帮助。尽管如此,多媒体教学手段在使用中也并非多多益善、时时可用,而是要依据教学的目的和需要受到运用时间上的限制。它应在教学过程中的适当时候使用,如在学生发生困难的时候,在教师想要迅速让学生理解的时候。

例如,在文化教学中可以通过为古诗配画的手段来帮助外国人理解,在讲到"床前明月光,疑是地上霜。举头望明月,低头思故乡"时,先出画面比后出画面好,因为配画主要是为了帮助学生理解古诗的意境。又如,中高年级的写作课中,当学生理解题意有困难或无话可说的时候,再展示一幅或多幅画面以帮助和促进学生的想象就是比较恰当的做法;再如,当学生不知道"旗袍"、"糖葫芦"为何物时,立即出现一个画面比用言语或手势描述更有效。因此,设计教学的时候,要计划好在课堂教学的什么时刻显示或播放什么内容。

2. 适时提示

运用多媒体教学手段,可以使用课件显示教学内容,但显示有时并不一定能完全体现出事物的特征,播放有时并不一定能保持一致的接收角度,教师也不可能把所有要讲解的字、词、句都显示出来。因此,还需要用语言适时地进行现场提示,包括介绍、讲解或解说、比较、强调等,目的是通过这样的补充手段让学生看清楚、看明白。

例如,一幅打电话的图片,可以用于"打电话问讯",也可以用于"打电话约某人去某处做某事",在具体应用时,就应适时提示。适时提示,对学生领会意义、把握语用条件、建立形音义的关联、掌握汉语学习的规律与方法均有好处;适时提示,着眼于对当前具体内容的提示,使教学更具体、更有针对性,能够直接对学生当前的学习产生作用;适时提示,便于学生从感知、理解与接受,过渡到巩固、迁移、运用和提高;适时提示,既体现了语言教学中教师的作用,也体现了多媒体教学手段对传统教学手段的继承和发扬。

(二) 适量原则

适量原则指在一定的时候,显示或链接内容的多少要适量,且所显示内容或播放所持续的时间要适量。

1. 内容适量

教学内容的多少是教学方法的外在表现,同时也是教学本身的内在需要。内容显示并不是越多越好,也不是越少越好,而是要适量。因为,显示过多可能导致重点不突出,且影响注意力。若显示过少,则无法满足学生的知识需求量,影响教学进度。因此,要尽量做到讲到哪里,就显示到哪里;讲多少,就显示多少。

例如,把两段课文及相关解释同时显示出来,那么当教师讲解第一段的时候,学生可能在看第二段;又如,课堂教学的课件中为每个生词都配上录音,通过点按热区或按钮才能听到生词发音的做法也是不必要的,除非教师发音不准。反之,某一时刻显示或链接的信息过少,实际上就会产生很多冗余操作;或就课件的总体来说,所包含的内容过少,教学中大部分时候仍然需要传统的板书或口头解说、身体模拟、实物展示等手段,而把多媒体教学手段当作一种时尚或摆设,也是不可取的。

就汉语教学来说,显示典型的汉语字、词、句的作用尤为重要。因为,汉字是形、音、义的结合体,汉语中又有很多同音的字、词,有时教师口说,然后请学生复述,但学生未见字形、词形时很可能只顾机械模仿,并不明白真正的意义。而在传统的教学中,教师不可能把每个字、词、句都写在黑板上,那么,利用多媒体教学手段可以方便、快速地显示字、词、句的特点,就可以弥补传统教学手段的不足。但是,如果把教师的每一句话都显示出来,甚至是一些教学用语,如将"请看下面的例句"等字样都显示出来,也许在自学课件中是必须的,但在教师用的课堂教学课件中出现,则属于过量行为。

2. 时间适量

媒体显示或播放的时间长短与教学目的有关。显示文、图或播放音、像的目的是让学生借助直观形象的媒体形式理解教材中抽象、间接的语言文字内容,或观看、聆听那些见所未见、闻所未闻的情景或实况,如中国的名胜古迹和文化习俗等。

显示或播放的时间长短与学生的反应有关。适当地停留有利于学生深入思考,也便于让学生看清楚、听清楚,使成年人能够与自身已有的知识或经验建立起联系,并借助联想和想象,形成知觉,最终实现对目的语的理解与掌握。显示或播放不是越久越好,也有时间上量的限度,应以学生是否理解为准则。时间过长,学生的兴奋心理会产生疲劳,导致注意力转移。学生的新鲜感没有了,多媒体教学手段的兴趣激发作用就会消失,教学任务将难以顺利完成。因此,要根据具体情况决定录音、录像播放的快慢、次数,以及文字、图片、动画显示所持续的时间长短,要适可而止。例如,在讲解方位词时可能需要显示校园地图,这时应多停留一段时间,使学生看清校园环境再开始练习,即使是他们比较熟悉的地方;又如,讲解生词"亲热"时可能显示一对男女亲密约会的场景和举止,学生一看就明白,不必停留太长的时间。

显示时间的长短还有赖于教室的环境。如光线的强弱、学生座位的布局等,应结合实际情况,并观察学生的反应,尽可能地使他们的内心活动始终不偏离教学的内容和目的。

(三) 综合运用原则

1. 综合运用多媒体技术

语言的记录和表达需要多媒体技术的支持。语言记录和表达的这种多媒体性,决定了语言教学手段应该是多种媒体形式的,即单一的教学手段只能用于解决具体的问题或个别的教学内容和环节,不能解决教学过程的全部问题。要完整地解决教学活动过程的所有问题,必须综合运用多媒体技术中的声、图、文、像，也必须综合运用多媒体教学手段与传统教学手段。事实上，多姿多彩的教学活动正说明了教学手段总是综合运用的。同样，多媒体教学手段只有在与其他教学手段相组合、相配合的运用过程中，才能显示出它的优越性。

2. 综合运用多媒体教学手段与传统教学手段

传统教学手段有它自身的特点，在语言教学中可以起到很重要的作用，多媒体教学并不排除传统的教学手段。例如，课堂教学课件中显示的内容一般是教学的重点、难点或疑点，这些内容只有配合教师的讲解才能更好地使学生理解。另外，显示或播放需要通过讲解打基础、作铺垫，也需要讲解帮助分析，进一步实现理解。综合运用多媒体教学手段和传统教学手段表现在形式上，即有时用说、读等手段，有时用显示或播放等手段；表现在过程上，即这些手段是不断重复交叉地综合运用，有时说后再显示、播放，有时显示、播放后再说，还有边讲边显示、边显示边读，等等。

（四）操作方略

1. 选择简便适用的操作工具

在课堂上使用多媒体课件时的操作，绝大多数情况下可以通过点按鼠标完成。目前市场上可以方便地购买到无线（遥控）鼠标和无线（遥控）键盘；有条件的话，还可以配备电子教鞭，它不仅具备鼠标的功能，而且还有红外指示器或书写功能，可以随时指示屏幕上所讲解内容的位置，并用不同颜色的触笔书写勾画教学内容。这时应注意屏幕上的指示符（形如箭头或"I"，有时也称为敦促符）应尽量在屏幕上的相对位置不动，且停留在屏幕上合适的区域（如屏幕的左下部位），一来不要让鼠标的指示符挡住了屏幕上的教学内容；二来，如果有返回按钮的话，大多设置在屏幕的右下，不把指示符放在此处，是为了避免误按（误操作）。也可以试着找到键盘上相应的按钮进行操作，常用的有"回车（Enter 或 ←）"、"上一页（PgUp）"、"下一页（PgDn）"、"↑"、"↓"。

2. 科学和规范地操作

使用多媒体教学手段，离不开对设备的操作。要想驾驭课件，使之更好地为教学服务，首先要解决操作问题。除了从设计方面考虑降低操作的复杂性外，还必须做到操作科学、规范。以用 PowerPoint 设计制作的课件为例，如果是顺序执行,就点按鼠标左键,或鼠标滑轮适当向下旋,或按键盘上的"PgDn"或"↓"键;回退上一幻灯片时操作相反,但最好不要通过按鼠标右键然后选择"上一张"实现,因为这样不仅操作复杂,而且弹出的画面会分散学生的注意力;如果程序是按分支执行的,那么设计时一般使用了超链接技术,执行的过程就需要点击相应的热区或按钮,应注意操作的准确性。科学、规范的操作是教学顺利进行的基本保障。因此,越是技术不熟练者,越要注意科学、规范地操作。只有这样,才能进一步做到操作熟练、协调,指令及时、正确。

3. 在适当的位置操作

在"1+0"模式中,教室前有一个工作台,放置计算机等设备。工作台可能在教室的前方正中,也可能在教室前方的左侧或右侧;教室中的投影屏幕可能居中也可能居侧面。教师应选择既便于操作,又不遮挡学生看屏幕的视线的适当位置进行操作。如果有无线设备,走动或操作时的位置会更加自由一些。

三 掌握新型的备课方式和处理随机事件的能力

多媒体汉语教学方法,不仅有自身独特的教学设计和教学过程,而且对汉语教师的教学能力提出了新的要求。随着技术条件的发展与完善,汉语教师面临的任务是如何采用新设备和掌握新技术,从而更好地发挥多媒体教学手段的功能和作用。

(一) 了解教学环境并学习相应知识

教师在使用多媒体课件之前,需要了解教学环境,包括设备性能和操作知识、媒体特性和课件设计制作知识。

1. 了解设备性能和操作知识

了解设备性能知识,指教师在采用多媒体教学手段教学时,需了解所利用的教学设备性能方面的知识,即各种教学设备的特性和功能。无论是数字投影仪、电脑,还是各种可能用到的小配件(无线鼠标、激光笔、电子教鞭、触摸屏)等,均有各自的性能。了解这些设备性能方面的知识,才能使这些设备真正地发挥作用。

设备操作知识,指教师如何操作设备的开关或按钮,以使教学设备正常发挥作用。这是一种技术性的操作，需要教师了解教学设备上可能用到的开关或按钮的用途与功能，以及发布运行指令的顺序。有些设备的操作可以由专人负责，但是有些操作技能是教师必须掌握的，如教师要用软盘、U盘、光盘、移动硬盘等存储课件或教学材料，应该了解其性质、特征，以及连接、保存、携带等方面的知识，应避高温、磁场和碰撞。

2. 了解媒体特性和课件设计知识

媒体特性知识，指教师采用多媒体教学手段教学时，需了解声、图、文、像等各种媒体与语言知识的关系，以及媒体与语言技能的关系。教师要了解什么时候、对什么样的教学内容使用哪种媒体形式，以及如何利用；还必须了解使用时的常用方式，如播放、重播、修改、删除、快播、慢放等。

课件设计制作知识，指教师具备能够自行设计、制作课件的知识，至少具备可以按自己的目标重新调整或编排课件的知识。因为，即使面对一个成型的教学课件，有时教师也需要做一些调整。

（二）熟悉并预演课件

1. 熟悉教学的基本步骤

教学前的准备，实际上是一种策划工作，它会直接影响多媒体教学的效果。有下面几个基本步骤：

（1）了解课件的特性。

因为根据不同的资源类型，会有不同的教学对策。如果是课程型课件，就要着重考虑显示时间上的把握；如果是素材型课件，就要着重考虑在教学过程的哪个环节展示；如果是资料型课件，就要把握所需部分在存储介质上的相对位置。

（2）掌握课件运用中的操作方法。

如果事先熟悉，就能做到心中有数，应对自如。

（3）进行整体、全面的预演。

预演时，应判断课件运用的有效程度、想象学生的感受和应对策略。有了这种预先的准备，教师在现场教学中，就能够做到有的放矢地在课堂实际中根据具体情况处理相应的问题。这是备课的重要组成部分。

（4）对课件做必要的调整。

任何成型的课件都不可能是普遍适用的，教师可以根据具体情况对课件做必要的调整。包括增加、删除、修改，如变换显示顺序、截去或增加某个段落等。调整后，一要注意保存，二要再预演，特别是关注那些修改调整之处的操作变化。

2. 准备必要的提示卡片

多媒体教学手段对语言教师来说，需要一定的适应和熟悉过程。在这个过程中，要特别注意经验的积累。何时有特殊的操作、何时有必要的提示，包括操作的技巧和热区、按钮的位置等，都可以作为一个教学心得或注意事项，写几张提示性的小卡片，记录操作的关键点，或说明屏幕显示中一个小标志的含义。

3. 准备按传统方式授课的方案

与教师利用黑板、粉笔的教学相比，多媒体教学的运行风险更大，因为，任何技术故障都有可能导致教学中断。这种极其依赖技术条件而开展的教学形式可以说是空前的，其影响因素包括硬件运行状况和教师的操作技能。为了预防万一，教师应该做好两手准备，即当出现意外情况、多媒体教学暂时无法进行的时候，依然能自如地使用传统的授课方式授课。

（三）学会处理常见随机事件

多媒体汉语课堂教学中，教学涉及的因素多了，操作复杂了，必然会出现更多的随机事件，而汉语教师本身又属于弱技术相关群体，这一矛盾在多媒体汉语课堂教学中自然会更加突出，学会应对这些随机事件也是汉语教师的一种素质。当然，有些随机事件是可预料的，有些则是不可预料的。

1. 可预料事件的处理方法

可预料事件包括：来自教师操作方面的问题，这类问题可以在熟练运用中得到改进；来自课件设计方面的问题，应加强对课件结构和内容设计方面的校对、修改工作；来自其他辅助设备方面的，如需要临时的解释或补充说明，应保证小黑板或白板、水笔能正常使用；来自存储设备的问题，如课件或教学资源是否有备份文件可用。

2. 不可预料事件的处理方法

不可预料的事件可能有：机械故障、遭遇计算机病毒使课件不能正常运行、突然停电。对这些问题的处理，有赖于经常性的保养和维护，最好有专人负责处理相关事宜，并逐步完善后勤保障体系。

3. 处理随机事件的基本原则

处理随机事件有四项基本原则：第一，如果可以花较少时间能够处理的，且是教师自己能够处理的，那么就尽快处理；第二，如果花中等时间可以处理的，且是教师自己能够处理的，那么就先布置学生讨论或思考、练习，然后尽快处理；第三，如果是教师自己难以处理的，就按传统方式继续上课；第四，请后勤人员可以立即处理的，且后勤人员能快速赶到时，就立即处理，否则下课后再说。

当然，如果教师具备相应的知识和技能，可以自行处理是最理想的状态。

4. 处理随机事件的禁忌

处理随机事件有三条禁忌：第一，忌教师长时间在课堂上调整程序或修理设备而怠慢学生；第二，忌请其他人员在教室长时间维护而分散或影响学生的注意力；第三，忌未能准备传统授课教案而导致教学无法继续进行。

教学活动既体现出它的科学性，又体现出它的艺术性。每个教师都有他自身的授课风格和特点，这种多样性同样表现在多媒体汉语课堂教学中。即多媒体汉语课堂教学并无固定的模式，只要适合课程内容，只要教师能力和精力所及，只要是在教学中有效的方法，就值得肯定。多媒体教学手段的运用必将创造出更精彩的课堂教学艺术形式。

为了保障多媒体汉语教学的顺利开展，学校的相关机构应努力提供适合汉语教学需要的教室、设施和数字化教学资源。另外，还要根据汉语教师的特点，编写必要的操作说明和配套的教学资源使用手册，使多媒体汉语课堂教学顺利开展并取得成效。

无论从资源方面，还是从教师素质和技能方面，多媒体汉语课堂教学都有别于其他学科的教学活动，有其特殊性和复杂性。定期组织交流、研讨和培训,对于促进学科的建设和发展,共享并充分利用人力和物力资源,都是非常必要的措施。

第五节 汉语教材和词典中多媒体技术的应用

一 汉语教材中图片的示意功能和示意方法

随着出版技术的发展,汉语教材中应用图片的情形越来越多。汉语教材中应用图片,在形象的示意中蕴涵了人们的使用意图,在不同层面、不同程度上发挥着它特有的教学功能。了解图片的这些特性,无论是对教材编制,还是对教学应用,都是非常必要的。

过去我们对教材的探讨多集中在文字内容和体例编排上,而图片是除文字之外唯一可以印刷的另一种媒体形式,它的特殊价值值得我们关注。事实上,图片在汉语教学中的应用已经受到学者们的重视。黄立(1997)认为,"图片是基础汉语教材中不可缺少的组成部分",图片的使用是增强教材趣味性的一种手段,另外,"有了图片,既能更好地避免使用学生的母语,又能快捷有效地让学生理解和运用教材中的语言结构。"卢百可等(1999)就图片在汉语课堂教学中的效果进行了实验调查,探讨"如何在有限的时间内,充分调动每一个学生的积极性,使之投入到课堂练习中来,在模拟自然交际的情况下,提高学生用目的语交际的能力"。他们的实验结果表明,"以图片为基础的课堂交际练习可以作为课堂学习很有效的一部分。"崔永华等(1997)的《对外汉语课堂教学技巧》和周健(1998)的《汉语课堂教学技巧与游戏》中也有很多应用图片开展教学的实例。图片作为一种教学媒体,具有形象直观、帮助记忆、提高兴趣、使用方便等功能和特点。

(一)教材中应用图片的状况

在汉语教材中,不同时期、不同等级、不同内容构成、不同课型应用图片的状况是不同的,教材中表现出的图片种类也有所不同。分析图片应用的历程和现状,发现问题,有利于我们今后更好地把握图片的设计原则,以使图片在教学中真正发挥它应有的作用。

1. 从教材的发展历史看

通过对现有纸版本教材的初步考察我们不难发现,最早的汉语教材《汉语教科书》①中,虽然只在语音部分使用了图片(如口腔侧面示意图),但它确立了图片在汉语教材中应用的地位,即在汉语的难点教学中使用形象化的方法辅助说明。其后出版的较有代表性的汉语教材,如《基础汉语课本》②及《实用汉语课本》③都继承并发扬了这一传统;不但如此,在课文和练习中运用图片的情形也相继出现,起到辅助说明教学内容、丰富练习的形式或活跃版面的作用,后续的教材大多延续了这一做法。

纵观汉语教材的发展历程,在上个世纪 90 年代以前出版的教材中,应用图片的数量较少,应用的范围也较窄,大多是为课文配图。近几年,教材中应用图片的情形在应用的数量和范围方面都有了较大的飞跃,并且产生了一些以图片为主的汉语教材,如《路》④中图片的应用相当多、相当广;《一起来说》⑤则完全是一种图片教材。这充分说明图片在汉语教学中有它的应用价值和应用需求。

2. 从教材的等级看

从教材的等级来看,初、中级汉语教材应用图片的情形较多,而高年级汉语教材中应用图片的情形相对较少。这体现出四个方面的问题:(1)从使用者的角度,基础汉语教学对图片的需求大于高级汉语教学对图片的需求,原因在于初级阶段的学生语言能力有限,教学过程中需要语言之外的更有效方式;(2)从编写者的角度,初级阶段的内容相对都是具体的,比较容易用图片示意来代替文字说明;(3)图片说明与文字说明相比,在教学中既直观,又省时,能

---

① 北京大学外国留学生中国语文专修班编,1958 年。
② 北京语言学院编,1980 年版。
③ 刘珣主编,商务印书馆 1981 年版。
④ 赵金铭等著,北京语言大学出版社 2002 年版。
⑤ 卢百可著,北京语言大学出版社 1999 年版。

降低学习者的学习压力;(4)由于人们的主观认识问题和研究所限,高级阶段应用图片的许多方面或形式还有待发掘。

另外,儿童汉语教材中使用图片较成人教材中使用图片的情形更普遍,这其中一个很重要的方面是为了增加儿童学习的趣味性。

3. 从教材内容的构成看

从教材内容的构成看,课文和练习中应用图片最早,也比较普遍;成人教材中的生词部分应用图片较少,儿童汉语教材中词汇配图的情形比较多,但不是全部,且配图者大部分属具象化的实词,尤以名词居多;语法注释部分有时用公式、表格的表示方法,用图片辅助的方法在近几年的汉语教材中比较常见,如《汉语教程》[①];语音和汉字部分有时安排在初级教材的前面,有时独立成书,无论是哪一种,现在使用图片的情形都普遍增加,但用途比较固定,如用图片示意发音器官和发音部位、汉字结构和汉字的笔顺,也有一些以图片为主的汉字教材,如《汉字津梁》[②]。

4. 从教材的课程类型看

这里所谈教材是按课型划分的,如综合课教材(精读课教材)、听力课教材、口语课教材、阅读课教材、写作课教材、文化课教材。这些教材中使用图片的差异并不显著,综合(精读)、口语和文化类教材的配图比听力、阅读、写作等教材更普遍。

事实上,图片在分技能教学中的作用是有差别的。如在听力教学中,图片可以用来提示重点、难点或叙述的情景,可以用来分层次地训练听力技能;在口语教学中,图片可以用来激发学生的说话欲望;在阅读教学中,图片可以用来提示阅读材料的背景和语境;在写作教学中,从看图完成句子,到看图进行相关话题的写作,都可以成为写作训练的方式。

5. 从教材中应用图片的种类看

图片是"用来说明某一事物的图画、照片、拓片等的统称"。[③] 现有教材中

[①] 杨寄洲主编,北京语言大学出版社1999年版。
[②] 施正宇著,北京大学出版社1998年版。
[③] 《现代汉语词典》,商务印书馆2001年版。

的图片形式是多种多样的,如简笔画、漫画、素描、照片、拓片,甚至电脑绘画等。另外,在色彩上也有黑白和彩色之分,当然,彩色图片对于纸张的要求更高,教材的成本也会随之升高;在人物形象上有卡通、真实的和艺术的之分,很多年轻人喜欢卡通形象,但在我们所做的调查中也有相当部分学生喜欢照片中的真人真景,理由是更接近真实的交际和使用环境。

对于汉语教学来讲,这些图片种类从功能上并没有什么差别;也不要求有很高的艺术性,即并非画家的作品一定就是最能满足教学要求的,也许画家的作品会在教材的价格定位和使用效果方面产生副作用,关键在于如何体现教学思想和教学需要。

6. 教材中应用图片存在的问题

通过对现有纸版本教材进行初步的考察,我们也发现一些问题:(1)图文不符;(2)包含冗余信息或缺少必要信息;(3)制作粗糙或过分艺术化;(4)牵强附会;(5)违背常规或引发文化冲突;(6)系统性差,等等。

图片的应用是为教学服务的。当图片所表达的内容和形式不能与大众的心理认识产生共鸣时,"图"便失去了它的教学作用,因此也就谈不上教学效果。既浪费了版面,也浪费了学习时间,还会产生干扰作用,这是应该避免的。

7. 教材图片设计的三项原则

从汉语教材中应用图片的情况看,目前存在不少问题,已经影响到实际使用。解决的办法是抓出版环节,应在教材的编制过程中增加图片设计环节,这也许是以往我们不曾重视的方面,但我们必须清醒地认识到,设计是制作的前提和保障。

汉语教材中图片的设计需要懂得教学的人员指导和参与,并要满足下面三项原则:(1)一致性,即图片所表达的内容应与教学内容相一致,或最大限度地接近;(2)突出性,即教学的内容或主题必须在图片中得到突出的表现,可以通过占据主要位置、利用醒目的色彩、使用特殊的标记、削弱无关对象等手段;(3)相容性,即要考虑图片是否与使用者的年龄和文化背景相容,只有图片类型与年龄和文化背景等相容时,才会在学习者的心理上产生共鸣,并发挥其应有的教学效果。

（二）图片的示意功能和示意方法

面向成人的汉语教材，图片与文字联合，可以起到提示、启发、帮助理解、创设语言教学环境、增加兴趣等作用。

教材中的图片不是随意使用的，应该保证能对教学效率的提高起到积极的作用。美国的教育心理学家加涅（2001）在《学习的条件和教学论》中有许多关于图片教学作用的论述：(1)图片的使用极大地扩展了非语言教学媒体的范围。采用这些形式，就能够将具体的实物和事件呈现给学习者，但如果采用真实事物或事件就可能是昂贵的、困难的，甚至是不可能的。(2)当图片和示意图与印刷的课文结合使用时，过分的言语主义可能带来的弊端大部分能够得以克服，它能在相当短的时间内传输大量的教学内容。(3)口头的或书面的语言极少能单独用于完成所有的教学功能。一般情况下，言语交流要伴随实物或图片、示意图等形式的实物表征。(4)在教学中运用图片，是因为它们是学习者能够借以获得视觉表象的手段，而视觉表象又被认为是一类非常重要的记忆编码和存储形式。(5)假定正在学习的是一个解决问题的认知策略，那么这个策略能够应用的各种问题情境都可以用图片的形式来呈现。上述观点为我们研究图片在语言教学中的作用奠定了理论基础。

图片在汉语教学中有其特殊的示意功能和示意方法。图片的应用使语言教学的真实性大大提高。这是因为图片能直接作用于学生的视觉器官，不仅有利于学生主观能动性的发挥，还有利于激活学生的想象思维，增加他们的感性认识，从而更好地完成教学任务。了解图片的这些特性，无论是对教材编制，还是对教学应用，都是非常必要的。以下我们从教材的教学内容构成出发，对图片的示意功能和示意方法一一进行分析，包括语音教学、汉字教学、生词教学、语法注释、课文教学和练习等。

1. 语音教学

汉语的语音有其特殊的地方，如卷舌音和声调。这既是汉语语音教学中的难点，也是教学中的重点。语音教学的手段，一是通过示范和模仿，二是通过对发音部位和发音方法的了解。模仿的过程中，唇形是看得见的，其他很多发音部位是看不见的，而且如"舌位"等属于专业词汇，教师用外语解释有一定的困难;对于初学汉语的人,用汉语解释显然是不切实际的。利用图片可以起到形象、直观的辅助教学作用,便于理解,与文字相比更易把握发音要领;借助图片让学生听音辨音后再进行模仿,可以增强模仿的准确性。

图片在语音教学中还有如下的作用:(1)展示声母表、韵母表、声调示意图、拼音表等。(2)用图片示意发音器官和发音部位,乃至发音过程和发音方法。(3)传统教学中用手掌示范或模拟发音器官的手形,都可以在教材中用图片来示意;另外,用吹纸法演示送气与不送气发音技巧的方法,也可以在教材中用图片示意。(4)教声调时,可以利用声调示意图示意声调的不同和高低变化,如给出五度声调示意图、调值图,使学生更好地掌握汉语四声。(5)可以适当地将语音形式及词汇意义联系起来,在练习发音时用图片示意,使音和义有效结合,直接把发音和事物相联系,如练习"a"的发音时,配医生给病人看嗓子的图片;练习"mā"的发音时,配"妈妈"的图片。(6)利用相近或相似声母的发音示意图等,让学生区分相近或相似的语音。

2. 汉字教学

汉字教学中辅以图片,有利于加强汉字教学的趣味性;加强学生对汉字字形、字音、字义联系的认识;正确掌握汉字的书写。

具体地说,汉字教学中图片有如下的作用:(1)示意汉字的起源、演变、造字法等,可以增加学生学习汉字的兴趣,特别是在汉字教学的启蒙阶段,图片的作用是文字难以替代的,如李乐毅的《汉字演变五百例》。[①](2)用图片示意汉字笔画、笔顺,不仅直观、生动,还可以增强学生的感性认识,有助于学生对汉字笔画、笔顺的认识和记忆。(3)用图片及色彩示意汉字的偏旁部首、部件和结构,有助于学生进一步理解和认识汉字,如郑艳群等的《多媒体汉字字典》。[②](4)用图片示意字义或表义部件的义。如图片月亮可以用来解释"月";列出含有"三点水"的汉字,指出"三点水"大多与水有关。(5)形近字辨析。用标示了部件或笔画颜色的形近字图片开展形近字对比,通过比较,可以

---

① 北京语言大学出版社 2002 年版。
② 郑艳群、黄建平、赵雪梅、程娟研制《多媒体汉字字典》,北京语言文化大学出版社 1999 年版。

更好地帮助学生辨析，避免错误的发生。

3. 生词教学

针对词汇教学，胡鸿等(1999)提出"图片认读法"、刘珣(2000)提出"直接法"。"图片认读法"和"直接法"的思路实际上是一致的，即借助表达具体事物的图片开展词汇教学，从而建立目的语词汇与具体事物或概念的直接联系。通常一些表示具体事物、动作和状态的词，如普通名词、处所词、动作动词和一部分状态形容词等都可以用图片来表达。直观性是词汇教学的一个重要原则，图片用于词语释义是最常用且比较有效的教学方法。

除了用图片释义外，图片在词汇教学中还有如下作用：(1)用图片开展词族教学。将某一类语义特征的词语集中起来，在特定的环境、场景、范围内，用图片示意并标记出相应的词语，如在图片"厨房"中标记出"锅""碗""筷""盘""勺"等，这样有利于构建目的语词汇系统，也有利于记忆。目前有一些专门的词汇图片词典，如《朗文英华图片词典》[①]和《高级英汉百科图解词典》[②]等，都是很好的参照。(2)开展词语扩展练习。可以让学生根据教材中的图片说出联想到的汉语词汇，帮助学生将具有某相同属性的词语联系在一起，既巩固所学，又帮助运用。如由一幅婚礼照片，学生可以联想到许多与恋爱、婚姻、家庭等有关的词语。(3)近义词、反义词教学。用图片可以释义近义词或反义词，通过对比开展近义词、反义词辨析。如图示"有点儿(慢)""很(慢)"；"冷""热"。(4)用图片开展文化词语教学。如"古筝""饺子"等文化词语非常适合而且有必要用图片解释，《中华文化图解词典》[③]就是一个很好的例子，它收录了13300个汉语文化词语，并且都配有图片。(5)用连环图片开展成语教学。(6)用列表的方式开展语素教学。

4. 课文教学

课文中配图一般是用来辅助说明文字内容。图片反映的是课文的主要内容，或示意语言交际的场景。图片有突出主题、调动学生积极性、活跃版面和

[①] 罗森塔尔等编，上海译文出版社1994年版。
[②] 加拿大QA国际图书出版公司2005年版。
[③] 奥水优等编，上海外语教育出版社2002年版。

减少视觉疲劳的作用。

如果按图片在课文中出现的位置不同,我们可以把它分为三种情形:在开头、在中间、在结尾。图片出现的位置不同,作用也稍有不同:(1)图片出现在课文的开头的情形最常见,一般在标题下,这时主要起提示课文主要内容、设定语言环境的作用,与课文题目或主题相辅相成,使学生一开始就能对课文或本课的教学点有所了解,并予以关注。(2)图片出现在课文的中间,图片的内容可能与这篇课文的主要内容有关,也可能只与课文中邻近的某一部分甚至某个细节有关,还有的时候是为了配合讲解某个重点内容或教学点,或按照"图随文走"的排版规则安排,起到活跃版面的作用。(3)图片出现在课文的结尾,则图片所展现的内容多是对全篇的一个总结性或概括性提示,起到为学生组织课文内容和回忆提供线索的作用。

5. 语法或注释

语法或注释部分也需要图片的辅助。图片所具有的形象、直观作用,可以把抽象的概念或规则具体化、感性化,便于学生在虚拟的语言环境下感知、理解、记忆、模仿。如在方位词教学中,展示示意地图,然后边指(地图上的某地点)、边讲、边练;在讲解"从……到……(表地点)"时,展示一幅图片,上面有一条路,路的一端是学校,另一端是商店,路上有骑车的、走路的,那么在这样的图片的帮助下,教师就很容易教会学生正确使用这个语法点,并且可以在这样的场景下进一步练习"从学校到商店要多长时间""从学校到商店骑车要多长时间"等。

情景在语言教学中具有重要的作用,从引入语法点,到讲解语法点,常常可以通过设置特定的情景完成。用图片示意情景比较方便、经济、有效,同时也是比较常用的方法,如可以用图片辅助趋向补语的讲解。大部分情况下,图片用来示意语义和语用条件,句式的讲解则比较适宜用公式、表格或框图的方法。

6. 练习

语言的应用是在具体的环境中完成的,因此,语言的练习或训练也应该在具体环境中完成,无论是真实的,还是虚拟的。教材中的练习设计,由于受条件所限,只能通过虚拟的环境完成。利用图片可以示意出虚拟环境,为了突出训练点,还可以将图片中需要强调的对象圈画或标记出来。

教材中所设计的练习,目的是通过反复训练巩固所学内容,或帮助学生进行模拟性的应用练习。图片可能是提示发音的口形图,也可能是在一个放大的字上,让学生填红模字,还有看图写词、看图完成句子、看图写作等,都是非常有实用价值的练习方式。

(三)教材图片应用的有关问题

1. 把握图片的使用方法

对一幅图片的认知和理解,因不同的人、不同的时候、不同的背景,其认知和理解的结果是不同的。使用教材中的图片,应注意用颜色、加线、加框,附加注释文字、符号等方法给予限定;教师在教学中应进行有效的引导和提示,以免学生的联想产生偏差,致使图片产生副作用。

2. 加强图片的应用研究

图片不仅可以应用于教材,还可以更多地应用于多媒体课堂教学和网络教学以及光盘制作,在语言要素教学和语言技能教学中发挥着重要的作用。图片与动画和录像相比,同等水平下的制作费用较低,应用更广、更方便;作为形象化教学媒体的典型代表,它的设计制作和应用,对动画和录像有重要的启示作用。因此,应加强图片设计制作和应用方面的研究,包括与教学对象、教学内容、教学条件的关系。

3. 提高教材中图片的质量

由于汉语教师大多为文科出身,又由于计算机多媒体技术发展迅速,汉语教师掌握图片的电脑制作技术并非易事,这对实际的教学产生了影响;另一方面,对外汉语教学资源库的建设有其特殊的困难,尚未走向应用。目前,在实际的教学中,有的教师把教材中的图片扫描或拍照下来,还有的教师再做一些加工处理,这是一种简单易行且行之有效的应用方法。因此,教材中的图片无论是设计水平,还是制作质量都应该达到一定的水准,方便教师直接使用。如能在教材出版发行的同时,又面向教师配套发送电子版图片,那么,对使用多媒体技术开展课堂教学的教师来讲,这将是一个福音。

二 汉语学习词典中图片的示意功能和示意方法

(一) 插图词典

尽管对于词典配插图的认识问题历来存在着不同的看法,但事实是:无论中外,为学习词典配插图的方式越来越普遍,插图的数量和质量也在不断提高。

近年来,在世界词典编纂潮流的影响下,汉语学习词典在体例、排版和印刷方面都有了很大变化,为学习词典配插图就是其中一项显著的变化。在近年来众多汉语学习词典中,鲁健骥、吕文华主编的《商务馆学汉语词典》(以下简称《商务馆》)[1]无论在插图的数量和质量方面,还是插图所涉及的词语类型方面,都属于一次历史性的创新。下面,我们就以此为例进行分析。

1. 插图的作用

(1) 插图释义包含丰富的知识。

《商务馆》插图中的内容包含了比释义更丰富的知识,如"二胡""国画",这些是文字难以描述清楚或没有必要占用篇幅进行详尽解释的,但同时对于理解主题是必要的。通过这种生动、具体的强视觉效果的呈现,既可以使学生对相关信息有更全面、完整的了解,又可以在节省版面的同时提高理解效率。

可以看出,是否有图,其效果是完全不同的。

(2) 插图释义具有较强的感染力。

《商务馆》的插图具有较强的感染力,如"顶碗表演""(献)哈达""天坛"等,或描绘了独特的艺术,表现了特有的风情;或展示风景名胜,能使学习者欣赏并向往,与此同时激发起学习者对汉语学习的热情和对中国文化的渴求。

可以看出,词典中的插图起到了帮助理解和增强记忆的作用。学习者借助插图的帮助,可以将生疏、抽象的学习内容具体化、形象化,或与已有的知识联系起来,进而将学习内容转化为记忆深刻的知识存入大脑。而这种形象的、与已有知识相链接的记忆方法,正是加涅教育心理学所强调的。

---

[1] 商务印书馆 2006 年版。

2. 插图释义的特点

"插图辅助"释义模式作为"纯文字"释义模式的补充和延伸,以其直观形象的图画、真实自然的色调,为汉语学习词典增添了生机和活力,也为汉语学习词典的发展展现了新面貌、新趋势。表现在如下四个方面。

(1) 使用直观的释义模式。

相对于外语释义、元语言释义、例句或示例释义等释义模式,图示释义模式是最为直观的。因为对于成人学习外语来说,他们已有相当多的生活常识和相应的背景知识,这是我们应该很好利用的有利条件,但以往常常被忽略了。因此,学习词典无需在这些常见事物的功能、用途方面饶舌。有报道称,在阅读的时候,与文字相比,图片的冲击力为85%。也就是说,如果有图片的话,图片比文字对读者有更强的吸引力。该词典应用了如下两种直观释义模式。

①常见事物,没有过多的解释,只有别称和插图,一看就能明白。

例如,《商务馆》中的"冰箱",释义为"电冰箱",然后直接给出插图。与把"电冰箱"释义为"一种电器,用来冷藏食品或其他东西,简称冰箱"相比,看图更直观,一看就能明白。类似的还有"电脑"。

②常见事物或行为,与定义式解释相比,看插图更直观。

我们可以在表处所的名词、表食物中的水果或蔬菜名词、表动物类名词、表用具类名词的释义中,以及一些动词的释义中看到这一模式的运用。

例如,《商务馆》中的"厕所",释义为"供人大小便的地方",这实际上是众所周知的,关键的问题是人们看到怎样的建筑物或标志就可以认定它为厕所,或者想去"供人大小便的地方"时能说出(或写出)"厕所"。这时,一幅有明显标记的建筑物插图比任何文字解释都更为直观。类似的处所名词还有"亭子"、"医院"等。

又如,表食物中的水果或蔬菜类名词的释义使用了插图。如"草莓"释义为"一种植物,果实红色,表面有黄色的小点儿,味道酸甜,是水果",旁边有插图,相信学生会直接看图,类似的还有"菠萝""葱""葱头"等。

另外,还有表动物类名词的释义使用了插图。如"刺猬",释义为"一种动物,全身长刺,受惊时缩成一团,夜里活动,吃老鼠、蛇等,对农业有好处",对于语言学习词典来讲,外观描述、活动特点、益处其实没有必要做过多解释,插图是最直观、最喜闻乐见的形式,类似的还有"斑马"。

用具类名词"铲子",释义为"一种工具,一头为近似方形的厚铁片,一头有长把儿、用来取土等细碎的东西,小的铲子可以作炒菜用具",也是多余的,类似还有"扳子(活扳子)""板凳儿"。

词典中也涉及一些动词,如"拔草",释义为"抽出;把东西从地里或别的东西里拉出:拔草",这些文字解释显然都不如看插图更直观。

从以上两种情形可以看出,对于那些在不同语言和文化中都存在的概念、对于成人,可以通过插图的形式直接对应到现实中的事物或现象,没有必要给出定义式的语言释义。这时,学习词典中的插图可以完全起到释义作用。

(2)强调词语的搭配或使用信息。

随着人们对学习词典认识的发展,某些传统的观念越来越显现出它的片面性。如何根据语言学和语言教学的理论,使词、语法和语境共同作用,从而达到理解并完成交际任务的目的,如何更好地体现词典的工具性和学习性,同时也能很好地体现语言的本质和特点,我们认为,词典插图在这些方面起到了积极的作用,这种编纂方式将词语、语法规则、语境使用作为一个有机联系的、形象的、易理解的整体方式进行输入,为语言学习创造了有利条件。

汉语学习词典中的插图从以下几个方面显示了词语的搭配或使用特征,为学生掌握和运用词语提供了一个很好的、印象深刻的范本。

①给出与名词搭配的动词并配插图。

这些名词和搭配的动词,从常用到不常用,有很高的使用价值。例如,"电话"下给出"(打)电话"和插图,不仅可以使学生将电话与真实的物件联系起来,还强调了通过电话与别人联系时所使用的常用动词"打",类似的还有"担子";"筏子"下给出了"(撑)筏子"和插图,让学生既认识了筏子,又了解了让筏子动起来的动作方式的名称"撑",类似的还有"哈达"。

②给出了丰富的动词用法并配插图。

学习词典可以从多个角度给出典型、高频和常用的动词格式,并配插图。

由于成人在学习中常常运用类推的方法,相信在插图的形象提示下,这种类推方式能够得以顺利地进行。但是,插图不在于越多越好,插图词典区别于图解词典,它不可能把该词所有的语法特征都展示出来,那么就应该展示最能体现该词本质特征的用例。相反,如果释义复杂,例句少且没有形象的表达方式,对学生的学习将是非常不利的。《商务馆》的做法是,"擦"下给出了"擦(擦黑板)"和插图,相信学生看了以后可以容易地类推出"擦桌子""擦脸",类似的还有"抱"下给出了"抱(抱孩子)"和插图;"漫"下给出"漫出水池"和插图,"扒"下给出"扒开稻草"和插图;"拌"下给出"绊(绊倒)"和插图,"戳"下给出"戳(戳破)"和插图;"挡"下给出"挡在路中间"和插图,"摞"下给出"摞在一起"和插图,等等。这些短语词涉及动宾式、动趋式、动结式、动介式。

③给出名词量词搭配信息。

汉语有着丰富的量词,汉语量词有其独特的作用和用法,特别是一些专门的个体量词常常是汉语学习中的难点。依靠量词词典专门学习量词是一种做法,但在学习名词的时候,适时地给出与之搭配的常用量词也是一种积极的做法。《商务馆》在"拐"的解释中给出了"一副拐"和插图,让学生既理解了"拐"所对应的实物,又轻而易举地让学生了解了"拐"的常用量词"副",比起看释义"副(量)'用于成双成对的东西'"要直观得多。类似的还有,"捆"(量)下给出了"一捆柴"和插图、"篮"(量)下给出了"一篮鲜花"和插图。

(3) 通过恰当且必要的线索。

通过恰当且必要的线索,可以达到完整释义的效果。学习词典的编纂在释义方面有一定的标准,不仅要做到简单明确,还要提供准确、完整的释义。事实上,每一条释义内容或插图内容都是为了表达一个具体的概念,并且要把这些概念所隐藏的内涵尽可能地显性化、突出化,为学习者的理解提供更直接的帮助。通过形象化的提示,使学习者利用已有的背景知识,联系目的语例词或短语所指,为理解创造充分的条件和基础。

《商务馆》中的一些插图正是利用了恰当且必要的线索,起到了完整释义的效果。如"木偶"的插图中有木偶线作为提示,否则人们可能会认为是卡通或其他玩具;又如"点蜡烛"的插图中有手及手"引着火"的动作;"献哈达"的插图中,根据释义"一种长条的丝巾,中国藏(zàng)族和部分蒙(měng)古族人用来献给尊敬的人,或对人表示祝贺",有典型人物(藏族妇女)、动作"献"、哈达等必要元素;"溅了一身泥水"的插图中,根据"溅"的释义"泥、水、油等因为受冲击向四面散开",包含了"泥、水、油""受冲击""向四面散开"等要素,且以常见事物"汽车路过水面,溅起水,洒在身上"为典型事例。

(4) 使用高效的插图技巧。

使用高效的插图技巧,可以提高插图释义的效率。学习词典插图不是简单的绘图,它既要充分利用宝贵的版面资源,又要突出表现当前的主要教学任务,确实不是件容易的事。充分利用各种插图技巧,可以大大提高插图释义的效率。

由于词典篇幅有限,而绘图又会占据较多的版面,因此,如果能够在一幅插图中表达多个对象或概念,是一种高效的插图技巧。

在有限的版面使学生能很好地掌握种和类的概念,或者通过插图提示词语的语义属性、上下位关系,就需要在一幅插图中展现同一义类下的多个有代表性的个体。

很多事物或行为都不是孤立的,比如紧密联系在一起的概念或事物,动作的行为涉及施事和受事两个方面,因此,插图中的个体或对象往往不是孤立地表现,这时就需要用到指示的手法,明确指示出当前要表达的元素。相反,如果释义中提供了冗余信息,又没有使用突出或指示等技巧,则会阻碍使用者理解和使用。

《商务馆》在插图制作中注意到了这样的问题,从以下三个方面做了努力:

一是相关事物联合释义起到一图多解的效果。

例如,"插头"的插图中,一幅图内同时对"插头"和"插座"两个词语进行了释义,并且体现了它们的相互关系和作用;类似的还有,"腿"的插图中不仅有大腿,还有与之相连接的小腿,"牙膏"的插图中包含有"牙膏"和"牙刷"。

二是给出了多种常见类型。

例如,"瓜"的插图中有三种常见的瓜的类型,便于学生对种或类有一定的认识,也便于学生举一反三;类似的还有"(古代的)钱币"的插图中给出了三种古钱币;"青椒"的插图中,既有绿色的,也有红色的;"图章"的插图中,给出了两个不同外观的图章,且还给出了刻面;"玩具"的插图中给出了4种不同类型的玩具,有典型性,也有代表性。

三是有辅助元素衬托且用"当前指示"起消歧作用。

例如,"鞍子"的插图中,有马这一必要的辅助元素,且用指示线指示出当前的具体物件"鞍子",既运用了紧密相关环境,又消除了歧义;又如"手"的插图中,不仅指示了手,还指示出了手腕子、手心、手指、手背;类似的还有,"耳朵"、"肩"、"臀"、"膝盖"和"手(腕子)",都是在展示躯体的相应部位后,运用了指示手法指示出当前要表达的对象;还有,"刀刃"是刀的组成部分,因此在刀的插图中指示出相应的部位最能说明问题;"袖子"的插图中有整件衣服衬托;"褥子"有床衬托,很好地显示出它的应用场所,并用指示手法加以指示;"桅杆"是帆船上的用品,因此"桅杆"的插图中一定有帆船做衬托;"橡皮"的插图中有铅笔衬托;"项链"的插图中有头部和颈部衬托;"眼泪"的插图中有脸部和脸部细节衬托;腰有整个身体衬托;等等。

(二) 图解词典

1. 图解词典及其特点

图解词典是指词典解释中,大部分或绝大部分以图片的形式出现。它的特点是形象直观。通过这样的方式,一方面加强对词语的感性认识,帮助理解和记忆,同时也扩大知识面;另一方面,可以增强学习和查阅词典的趣味。既可以是面向儿童的,也可以是面向成人的。从编排上有不同的体系(如可以按照语义体系),不一定按照传统的音序等方式(如汉语为拼音和笔画方式),但好的图解词典,除按特定的体系编排外,应该还配有传统方式的索引(如汉语为拼音或笔画索引)。

但实际上,能做到完全准确释义的图解词典是不存在的。比如抽象名词就难以用图解的方式实现。另外,图解的水平也是一个制约词典释义的关键因素。

2. 汉语图解词典的面貌

目前,比较典型的汉语图解词典是吴月梅主编的《汉语图解词典》。[①] 它

[①] 商务印书馆 2008 年版。

的主要特点是通过相关话题介绍传统文化,并与当代中国人生活紧密联系。

(三)以图示意的常见问题及解决途径

1. 存在的问题

词典插图中存在的一些问题,一方面是目前未能对插图的作用和释义方法进行系统的研究;另一方面是在使用插图的时候没有贯彻统一的标准。以《商务馆》为例,主要有以下几种情形。

(1)表达不清楚、不准确、不典型或者有误。具体有如下四种情形:

①绘画风格导致释义不清楚。《商务馆》的绘画风格可以说是写意的,相当一部分近似漫画的形式。正是由于这个特点,使得插图在某些事物的表达中表现得不那么清楚,或者说某些事物的表达不适宜用这样的绘画风格。例如"包子""柠檬"的插图中,对事物关键特征的表达显得不太清楚,容易引起混淆;又如"漏"下给出的"米袋漏了"的插图中,米袋乍看上去以为是某动物的头,旁边竖起两个犄角。

②要点不突出或不准确而导致近义混淆。插图属于一种释义方法,释义的时候也同样要考虑到与近义词的区别,否则就会产生新的问题。如"捧",释义为"双手略弯曲向上(有时并不一起)托住(东西)",目前的插图对前半部分释义展现得不明显,看上去易与"托"混淆;还有"中餐"表现的是"中国人在吃饭",而不是"吃的东西为中式"。

③插图例词或插图中的个例不典型或不常见。《商务馆》的插图中,有时是为一些非常用例词或非常用搭配用例配插图。例如"灌"下选择为"灌暖瓶"配插图,不如选择更常用的"灌水";"老虎"下选择为"布老虎"配插图,不如直接为"老虎"配插图;"瓷器"的插图中应补充常用的"碗、杯子"等,否则学生会以为只有那样的摆设是"瓷器"。

④关键信息错误引起误解。《商务馆》插图中出现了一些诱导性错误。例如"刺"的释义为"用尖的东西扎",其下为"刺了一剑"所配的插图中表现的是武术中回抽的动作,是刺前的一个环节,表现出的力量不是向外的。而实际上,刺的过程中应该有往前、往外用力的表现,所以插图中应注意强调用力的方向,就武术中的刺来讲,身体应该向前弓,手中所持的剑应向外用力并伸出。

(2) 缺少必要信息或包含冗余信息。

很多事物的存在是与其他事物的存在密切相关或不可分割的，插图释义有必要提供这些密切相关或不可分割的部分，所以我们常常看到插图中出现一些辅助元素。但是，如果插图中提供的辅助元素无关使用者准确理解或使用词义，甚至对意义理解有分散、混淆、阻碍等副作用，那么这些辅助元素就是多余的、不可取的。《商务馆》中的插图存在上述问题。

例如，"匾额"的释义为"一般挂在门上或房间的正上方"，但插图未表现出"在门上或房间的正上方"，目前看起来也可以认为是放在桌上的摆设；又如，"请柬"的释义为"邀请客人的通知"，但插图未把后面的意思表达出来，对于不认识这两个字或不理解它的意思的人，仍然不知道"请柬"是做什么用的。这种情形就属于缺少必要信息。

又如，"扶着护栏"的插图中表达了左手抹额头和出汗的动作，其实是多余的，这样做会把读者的注意力分散了。其实，一般人上下楼梯都有可能扶着护栏，而不一定是劳累或身体虚弱者下楼的时候才扶着护栏（且出汗、抹额头）。这种情形就属于包含冗余信息。

(3) 文化色彩或古义过浓。

苏培成（2003）在谈到汉语学习词典的特点时，明确提出了汉语学习词典的五个特点，其中包括：以满足学习者的学习需要为出发点，强化学习功能；以今为主，以古为辅；蔡永强（2006）也提出词典内容应具有"时代性"特点，反映当代中国生活内容。因此，在学习词典中要注重对语言交际起作用和有影响的文化因素。《商务馆》中的选例或插图中的内容有时有文化色彩或古义过浓的现象。

例如，"掰"下为"掰月饼"配插图，这时如果不是为了表现或宣传月饼，不如选"掰饼干"，且目前插图中的月饼不太像，更像蛋糕，这里重点要强调的是"掰"："两只手用力把东西分开"。

又如，"拜年"的释义为"新年的时候，向人表示祝贺"，插图中的人物没有必要采用古装形式，可以表现现代春节人们相互拜年的景象；又如"婚礼"的插图中，应反映当代社会的常见景象。

2. 提高以图示意的两个途径

对于插图在学习词典中的作用需要有正确的认识,不能只考虑词典篇幅因素;另外,还要考虑到读图时代青年人的阅读习惯和外语教学的趋势。英语学习词典在这方面已经做了有益的尝试,一些插图词典可以让学习者从头到尾当作语言教科书使用,既增强了趣味性,又提高了学习效率,值得借鉴。就目前汉语学习词典中配插图的状况来看,需要注意下面两个方面的问题。

(1) 加强学习词典配插图的理论研究和应用研究。

为学习词典配插图,目前还处在发展时期。为了满足和适应学习词典配插图的需要,应加强相关研究。理论方面,如学习词典中的插图与语言教学的关系、插图的表现方式及其与语言知识本质的关系(体现语言的本质和特色);应用方面,如插图的风格、色彩、类型、版式和编排等。具体来讲可以从以下几个方面着手:第一,拓展插图涉及的词例类型,为其他词类或语法信息配插图。如形容词、方位词等,目前所表达的范畴类型比较有限。第二,尽可能多地体现搭配或使用信息。如给出相应名词、动词、量词。第三,挖掘学习词典配插图的要领。如要注意所选用例的可拓展性,体现事物的主要特征,探讨表达方法与语义类别的关系等。

(2) 编纂人员与美工人员联合攻关。

从词典编纂的操作过程来讲,美工人员要尽可能地了解相关学科知识,与编纂人员加强沟通和交流。目前,《商务馆》的插图从选例,到图画本身和插图旁边的正文,以及插图的分布、插图技巧运用等方面都表现出较强的随意性,就连文字标记格式也常常不一致。编纂人员与美工人员联合攻关是必由之路。

三 汉语电子词典的面貌和特点

电子词典是指以电子形式存储的词典。包括:(1)电子产品(商品化)的形式,即通常人们所说的电子词典;(2)网络资源的形式,即通常人们所说的在线词典(有的可以下载,有的不能下载)。我们称这两种形式为"电子版"和"网络版"。

电子词典与纸质词典有本质的不同。比如在语言知识表现形式和表达方式方面,不仅突破了纸版本文字为主的传统媒体方式,在检索和知识组织方式上也应该有很大变化。

(一)汉语电子化词典的面貌

1. 著名字典词典均有电子版或网络版

目前,我们可以看到各种类型的字典、词典(特别是成语词典)以及专题教学软件形式(如拼音、汉字教学软件)的词典,花样繁多。如《新华字典》①《现代汉语词典》②《汉语大词典》③等著名的字典和词典都有电子版或网络版(本书不考虑其合法与否)。但是,大部分字典和词典除了增加一些字、词发音外,基本上是纸版本的电子化。真正的电子化词典不应该仅仅是简单地将传统词典中的内容转换为数字格式。

2. 表达内容类型多、规模大

各字典、词典所表达的内容类型非常多。从普通的字(词)的拼音、词性和释义,异体字、近义词、反义词、配例和用法,到部首、笔画数、各种外文释义、图片、成语出处、歇后语、谚语、俗语,直到常用度、五笔码、区位码,项目总计有20多个。有的词典包含了多种文字的释义,如《成语大全》④包含了英译、日译、法译、德译。

电子化表达的规模一般也较纸版大⑤,而且仍在向更大规模扩展。电子化词典可能含有相当数量的汉字、词语、成语、释义项、同义词、反义词、异体字、图片以及字词读音等。

(二)普遍采用多媒体表达方式

一般的电子词典,在表达内容方面采用的多媒体技术主要表现在汉字或

---

① 网址 http://mydown.yesky.com/tests/199/199315/html.

② 网址 http://www.mydown.con/soft/258/258187.html.

③ 《汉语大词典》(2.0)光盘版[ISO]网址 http://www.china1000.net/downinfo/25070.html.

④ 《成语大全》(V6.9)网址 http://www.dudu.com/jiaoyujiaoxue/wenkegongju/cheng_yu_da_quan_702.shtml

⑤ 如《汉语宝典》(2006),网址 http://www.onlinedown.net/soft/2949.htm,包含一部汉语字典、一本成语词典、一本汉语大词典、一部同义词典、一部反义词典、先秦至近代的所有诗词、一本谜语大本、一本对联集锦、千余篇儿童文学、一本古文辞典、一本中学生作文选、14000个歇后语、1900个俗语、1300个谚语、数百个对联故事、1000部儿童文学、中学到大学的文言文全文解释以及"二十五史"、"资治通鉴"、"续资治通鉴"、"四大名著"、"三十六计"等经典历史书籍等。

词语发音、汉字笔画和笔顺的动态书写、用图片释义、用颜色区分,等等。但近年来的一个趋势是使用多媒体技术所涉及的内容更加广泛。如浏览的时候增加了背景音乐并有多种选择或自我设定[1],这些方式有利于减轻学习的紧张气氛;释义分层次,有简略、详细和英语三种[2],也可设定对这三种方式组合后输出;释义有多种语言并均可由机器朗读,一般都需要依靠计算机语音合成技术[3];有些还设计了配合教学的练习,如成语接龙、猜灯谜[4]等。

(三) 检索方式丰富

对于一部字典或词典,检索方式是其重要的方面。汉语电子化词典检索方式设计的趋势是越多越有利于使用者,但前提是方便易用,无需特殊的知识或技能。

一般来说,传统方式查找字或词时繁琐且效率低,可以说电子词典在检索方面的效率比较高。当然,这有赖于检索设计和技术实现。电子词典的检索方式不仅包含了传统字典、词典的检索方式,还增加了一些其他的检索方式。所增加的各种方式,要么是从使用者水平、等级考虑,要么是从计算机技术处理的优势考虑。比如,考虑到外国人学习汉语的实际需要,特设按笔画数检索和按部件检索汉字的方式[5],提供字词使用的常用度和汉字按结构检索(ChineseStar 3.0);考虑到计算机技术处理的优势,设置顺序浏览、屏幕取词[6]、反查功能[7]、按成语出处检索[8]、按词语的某个语素查找等,还有一些模糊查

---

[1] 据《电子成语词典》(3.9)的说明,网址 http://www.onlinedown.net/soft/13097.htm。
[2] 据《超级汉字字典》(2006 1.0)的说明,网址 http://www.onlinedown.net/soft/20344.htm。
[3] 各公司的语音合成技术可能存在差异,汉语与英语的语音合成技术水平也有差别。因此,有的软件或电子词典在采用配音时,特别强调是真人朗读,特指流利程度高。
[4] 参见《易达成语高手》(2.0),网址 http://www.onlinedown.net/soft/31231.htm;《汉语大辞典》(5.70 普及版);ChineseStar (汉语之星 3.0 build 3.26),网址 http://www.onlinedown.net/soft/38153.htm。
[5] 参见《多媒体汉字字典》,北京语言文化大学出版社 1999 年版。
[6] 如果遇到不认识的汉字或词语,只要把鼠标指向该汉字或词语就可以获得它的拼音、解释。参见《汉字拼音》(2.0),网址 http://www.onlinedown.net/soft/20932.htm。
[7] 根据释义中的关键词反向查找汉字或词语的检索方式。参见《汉语成语词典》(1.5),网址 http://www.onlinedown.net/soft/23774.htm;《电子成语词典》(3.9)。
[8] 参见《汉语成语词典》(1.5),如查找《诗经》中的成语。

找功能,如支持通配符"?"和"＊"①;使用了与计算机相关的其他辅助设备,如手写输入②;但有些根据计算机技术处理的优势而设置的检索功能对普通使用者来说是没有必要的,如区位码③。有的词典设计的检索方式多达18种④。

(四) 知识组织方式更优

电子词典的信息显示由于不受版面的局限,使得结构化的知识组织得以实现,而这种结构化的知识组织形式是按层级和逻辑关系编排的,通过链接技术⑤实现自动跳转,有利于学习者系统地掌握知识,有利于日后的记忆和提取。但遗憾的是,目前这类知识编排还不太多。⑥ 另外,新颖的界面选择功能,可以给人赏心悦目的学习环境。

(五) 设有辅助学习功能

目前有很多电子词典开辟了扩充功能,使得用户可以自己对词典进行维护,包括新增、修改、删除等。在使用过程中,用户不仅可以随意翻看内容,还可以在翻看过程中将当前内容保存成书签,在下次使用时从书签位置即可继续翻阅,或打印、保存。

另外,一些电子词典还设置了辅助学习功能。如"单词记忆""听说跟读""复读""资料阅读"等。

关于电子词典的类型、功能和结构、界面和交互方式、编纂原则、开发方式等,是传统词典学与计算机科学相结合的产物,是快速发展中的计算词典学研究的主要内容。⑦

---

① "?"和"＊"代表任意单字和多字,通过对通配符"?"和"＊"的组合使用,可以指定任意词语、任意位置进行检索(按词首、词中、词尾的查询也包含在此)。参见《易达成语高手》(2.0)。
② 即通过手写输入板输入要查找的汉字。参见 ChineseStar(汉语之星 3.0 build 3.26)。
③ 计算机内码,一般来说只对计算机专业人员有用。参见 ChineseStar(汉语之星 3.0 build 3.26)。
④ 据《成语大全》(V6.9)的说明。
⑤ 参见第七章第七节超文本、超媒体和超链接部分。
⑥ 参见《汉语宝典》(2006),全部内容均以目录树的形式显示,一目了然。
⑦ 参见章宜华《计算词典学与新型词典》,上海辞书出版社 2004 年版。

第六节　其他信息技术和设备在汉语教学中的应用

除了通常的技术和设备外,还有一些信息技术和设备也可以应用于汉语教学,将有助于汉语教学方式的扩展并在教学训练中发挥作用。

一　汉语教学中文信息平台的基本要求

对外汉语教学的发展有赖于信息技术水平的提高,它与信息技术有着天然的密切联系。然而,以计算机为核心的现代科技,在开始的时候并不能直接地为汉语教学服务。因为现代科技的本质是信息的数字化操作,对于语言文字而言,拼音文字从一开始,就能很好地与现代科技相适应;但是,对于具有庞大字符集合的方块汉字来说,面临着一个瓶颈问题,即如何让计算机处理汉语、汉字。这个问题曾经被认为是"世纪难题",计算机界和语言文字学界为解决这个难题,对汉语、汉字进行了规模空前的深入统计、分析、整理、研究和探索,取得了许多成果。到 20 世纪 90 年代中期,中文信息处理技术趋于成熟,个人计算机性能也更加强大,"瓶颈"问题基本上得到了解决。许多从事对外汉语教学和研究工作的人员也积极参与这个过程,他们不但为中文信息处理技术的发展做出了贡献,同时也开启了在对外汉语教学和研究中应用现代科技的先河。[①]

计算机用于对外汉语教学与研究,最基本的条件是应具有中文信息处理环境,也就是人们常说的中文信息平台。中文信息平台是指具有对汉字进行编码、处理、传输的能力并且具有中文输入、输出界面的操作系统。多文种平台,是指能同时处理两种或两种以上语文的操作系统。

中文信息平台极为重要的指标是支持什么样的汉字编码标准,编码系统混淆必定会产生乱码。汉字编码本质上是把无序的、开放的汉字集合变成相对封闭的有序集合,以数字化形态实现汉字信息的处理、存储和传输。英文字

[①] 参见赵金铭《对外汉语教学概论》第九章,商务印书馆 2009 年版。

母因为数量少,所以很容易用计算机中的一个字节(BYTE,8位二进制数)来表示其编码,但是中文字符量很大,所以其编码通常用两个或两个以上的字节来表示。1981年国家标准局公布的《信息交换用汉字编码字符集·基本集》收录了6763个汉字和682个非汉字图形字符,这个字符集应用于对外汉语教学没有太大的问题,目前的大量对外汉语教学软件和电子资料基本上都建立在这个基础之上。其后陆续出台的几个国际标准,包含了27000多个汉字,为汉语教学、双语处理提供了方便。

目前,许多中文信息平台都具有很好的中文支持功能,可以满足对外汉语教学的需要。汉语教师经常遇到的拼音标准和繁简转换等问题都可以通过应用软件和网络免费在线工具得到基本解决。

二 汉语拼音输入技术的应用

在计算机上输入汉字,是汉语信息处理的第一步,也是汉语学习者使用文字进行交互的基本技能。如何把汉字输入计算机,是汉语自然语言处理和使用汉字交互的首要问题。目前,我国的汉字输入法大致可以分为键盘输入、虚拟键盘输入[1]、模式识别输入[2]和多渠道输入[3]等方式。

其中,键盘输入法包括整字输入法、编码输入法、拼音—汉字转换法。由于学习拼音—汉字转换不需要附加特别的知识,它已经成为汉字键盘输入首选的输入法。面向外国人的汉字输入法教学一般都使用这种方法。

利用"拼音—汉字转换法"可以训练学生正确掌握汉语拼音的能力。比如,我们可以设计这样的练习,在屏幕上显示出汉语的字词,让学生通过汉语拼音输入方式输入,那么当学生输入的拼音不正确的时候(例如,有些学生分不清前鼻音和后鼻音),计算机屏幕上就不会出现相应的汉字;还可以让学生

---

[1] 虚拟键盘输入法是在屏幕上显示一个键盘图形,并且标示出每个键位所代表的汉字或者符号,通过点击鼠标进行输入操作。这个输入方法在输入特殊的符号(例如带调号的汉语拼音符号)时非常有效。

[2] 模式识别输入法包括印刷体光学输入法(Optical Character Recognition,简称OCR)。

[3] 汉字输入方法的趋势是各种输入方式(键盘、语言识别、手写等)的综合使用,形成一种自由的人机交互界面,即多渠道输入法。

听正确的发音,然后通过拼音的形式输入汉字,由计算机系统来判断正误(这时可以忽略同音同形字词)。

三 语音识别与合成技术的应用

(一)语音识别技术的教学应用

1. 语音输入与识别的基本原理

语音输入法是将语音通过与计算机相连的话筒或转录线输入到计算机中,然后再由计算机提取语音特征,并与机器中预先存放的特征集匹配判别的一种技术。

考察语音识别系统的性能,需要从识别的正确率、响应时间等方面进行。

2. 语音识别技术的类型

在识别的过程中,按使用者的适应情况,可以分为认人识别(又称特定人语音识别)和非认人识别(又称非特定人语音识别)两类。

如果按识别对象,可以分为孤立词识别、连接词识别、连续语音识别等识别方式。

3. 语音识别技术在语言教学中的应用

利用"声音输入"可以训练或纠正学生的发音。人们希望语音识别技术用于判断汉语读音的准确性、声调的正确性,乃至词语、句子的正确性。此外,人们还希望语音识别技术能够有一定的模糊度,即首先能"听懂"外国人的说话,然后告知发音是否准确,以及声调和语调是否正确。

4. 语音辅助教学软件举例

(1) Tell Me More

该软件由法国多媒体出版公司 Aurolog 开发,其中文版不提供网上订购服务。

软件(限 CD-ROM,PC Windows 上运行,目前还没有网络版)[1]包括发音

---

[1] 参见 http://www.tellmemorestore.com/TELL-ME-MORE-Chinese-Software-p/5-006-1.htm。

和对话两个部分，可用于发音和听力练习。在"发音"部分中，可以就词语和句子进行发音练习；在"对话"部分，可以进行互动练习。系统可以对学习者说出的句子中的发音和声调进行检查。目前德语和法语有网络版，且不存在PC/Mac兼容问题，因此有教师用此软件检测学生的学习进度。

（2）My Chinese Tutor

该软件是由台湾大学和艾尔科技公司共同研发的基于网络的软件包（限于Windows Internet Explorer，苹果机不兼容）。公司开发最初是为中国人学英语用的，命名为My English Tutor（MyET）。系统包括三个主要部分：消极练习、会话和自测。①

汉语语音教学有其特殊性和教学难点。我们期待着实用有效的汉语语音偏误诊断与纠正训练软件问世。

（二）语音合成技术的教学应用

语音合成技术是指用人工的方法来模拟人说话的一种技术，它需要通过语音合成器来实现。语音合成器是语音输出设备的核心，由计算机和语音合成软件组成，其性能直接影响到输出语音的质量。语音合成技术的关键在于提高合成质量，达到特定目的的实用标准。②就汉语教学而言，汉语语音合成要结合汉语的特点，研究出高清晰度和高自然度的合成系统。

例如，对于学习汉语的学生来说，如果输入或用鼠标选中了汉语的一个字、一个词语、一个句子、一段话后，计算机能够通过语音合成技术发出标准的读音，供学生们听音或模仿，对学习汉语是很有帮助的。

据悉，英语的语音识别和语音合成技术、英语的远程口语测试系统已经商品化并投入使用，可以客观、准确、快速地评价口语水平。

---

① 参见 http://www.myet.com/MyETWeb/SubPage.aspx?CultureName=zh-TW&fn=AboutLLabs.htm 及 http://cn.myet.com/MyETWeb/SubPage.aspx?fn=recruit.html。

② 电话号码查询也许对流利度没有更高要求，但汉语教学就不同了，否则学生以为原本如此，因此需要流利的中文文本自动朗读系统。

四 汉字手写板技术的应用

手写输入法分为联机手写输入法和脱机手写输入法两种。

(一) 联机手写输入技术的教学应用

联机手写输入法是由人工实时地把汉字输入到计算机,利用书写板把汉字的笔画变为电信号,输入计算机的是笔尖移动轨迹,因而被计算机处理的是一维的线条串,这些线条串含有笔画数目、笔画走向、笔顺和书写速度等信息。

利用"联机手写输入法"可以训练学生正确地掌握汉字的笔画和笔顺。非汉字圈国家的学生学习汉字是一大难点。汉字有很多,教师在课堂上的讲授只能是有限的一部分。通过联机识别能判断学生书写汉字时的笔画和笔顺是否正确,如果不正确的话,计算机就识别不出所写的汉字并给予提示。更进一步地,如果整个汉字最终书写正确,而其中的笔画或笔顺不正确,也能给予相应的提示信息。

(二) 脱机手写输入技术的教学应用

脱机手写输入法把已经手写好的汉字通过光电扫描仪等输入设备转换成原始的图像信号,经过处理,再进行特性的抽取和分类。目前可识别书写较为工整的汉字的识别系统已经进入商品化阶段。

五 手持移动设备的应用

移动设备是指能够在移动过程中使用的便携式设备,通常具有体积小、重量轻、方便携带、功能多等特点。常用的手持移动设备如手机、电子阅读器、MP4、PDA、iPad[①] 等信息设备。

(一) 手机的教学应用[②]

手机作为人们日常普遍使用的移动通信工具,也可以在汉语教学中发挥作用。

[①] 它是 PC 新产品。作为阅读工具将会引发出版业和教育形式的变革,值得关注。

[②] 有学者据此应用提出微内容学习、微型学习等概念。通过这种方式满足学习者短小、松散、实用的学习要求,也是终身化学习需求的非正式学习方式。

例如，可以利用手机短信便捷、自由、经济的优势，锻炼学生使用汉语拼音的能力。学生用拼音输入法编辑的短信越多，对汉语拼音的使用机会就越多，一些拼音规则在不断的强化下，就能够被学生熟练掌握。教师可以鼓励学生用手机短信问问题，这样既能便捷高效地解决汉语学习中遇到的问题，又可以训练学生认读方面的技能。

另外，教师可以根据学生的具体情况，为学生定制彩信服务，定期向学生发布学习信息，提供学习材料等。例如，旅日华人刘康于2007年在日本创办了首个手机汉语学习网站《你好中国》，通过这样的移动学习网站向在日本的汉语学习者提供手机定制业务。针对手机用户的特点，《你好中国》网站采用问答的形式，每个中文问题下面有四个答案供选择。丰富的内容和便利的学习方式，受到了手机用户的广泛好评，很快被日本另两家手机公司(au 和 softbank)批准登录为官方网站。据《日本侨报》报道，《你好中国》受到越来越多的日本朋友的欢迎，已拥有众多用户。

随着技术的发展，智能手机会成为学习者的伴读教师，通过移动互联网开展移动式网络教学。

(二) 电子阅读器的教学应用

电子阅读器是用来装载并显示电子书[①]供读者阅读的电子设备，是一种数字阅读器。使用电子阅读器，可以采取"预装＋下载＋订阅"的模式。具有体积小、重量轻、携带方便、存储内容多等特点。

随着电子阅读器的普及，很多汉语教材都推出了电子版，方便汉语学习者使用。越来越多的汉语学习刊物，如《学汉语》等也推出了电子刊物。

一个电子阅读器就像一个小型的移动图书馆或资源中心，丰富的电子书资源可以为学习提供新的方式和手段。当然，这有赖于持久地建设和发展强大的数字化汉语教学资源，满足多元化的学习需求。

[①] 电子书本来的含义是数字化的书籍。电子书可以在计算机、手机等移动设备和平板电脑上阅读，也可以通过专用设备阅读。常用的电子书格式是".txt"".umd"".chm"".html"。

思考和练习

1. 谈谈声像技术的出现和应用对语言教学理论和实践产生了怎样的影响。

2. 结合实例,阐述多媒体课件在汉语教学中的作用。

3. 试举例说明汉语教学中为什么要使用多媒体技术。

4. 设计一个多媒体汉语知识教学的例子,说明多媒体技术在其中的教学作用。

5. 设计一个多媒体汉语言语技能教学的例子,说明多媒体技术在其中的教学作用。

6. 举例说明如何把握多媒体课堂教学中的适时、适量和综合使用的原则。

7. 汉语教材配图原则有哪些?请找出若干例汉语教材中不恰当或错误的图片,并说明原因。

8. 考察近年来汉语教材和词典中版式的变化(例如字体、字号、色彩、标记和布局等),分析它们对汉语学习有怎样的好处。

9. 以某个汉语教学光盘为例,考察其多媒体技术的应用情况,分析优点和不足。

第五章 计算机网络环境下的对外汉语教学

网络技术是当今发展迅速、应用广泛的一种通信技术。网络技术不仅实现了资源共享和人与人之间便利的交流，而且不受时空限制的特性为发展远程教学创造了前所未有的条件。网络环境下的汉语远程教学有其自身独特的形式和特点。[①]

第一节 现代远程教育概述

一 现代远程教育的基本概念

（一）远程教育的性质和特点

远程教育是应人们的学习和受教育需求而产生的一种教育形式。远程教育的突出特点在于它可以突破时空的限制，提供更多的自由、便利、高效率、低成本的学习机会。

（二）远程教育的发展历程

远程教育发展至今大致经历了三个阶段。早期的远程教育采用函授的形式，师生处于一种准永久性的分离状态，后来逐步发展到以广播电视为主的形

---

① 计算机网络的类型有很多。如按地理位置分为局域网、广域网等；按传输介质分为有线网、光纤网、无线网等；按通信方式分为点对点式、广播式等；按使用目的分为共享资源网、数据处理网、数据传输网等。

式。随着卫星通信和国际互联网等远程通信技术的普及和应用,以及它们在教学中的优越性不断为人们所认识,许多学科相继开展了基于计算机技术、多媒体技术和现代通信技术三者相结合的现代远程教育,以适应信息化社会多层次、多方位的教育需求。

(三) 现代远程教育定义

联合国教科文组织 2002 年出版的《教师培训指导手册》对远程教育所下的定义是:一种教学过程,其中绝大部分的教学由在空间和时间上都远离学生的教师进行。[①] 远程教学和远程学习是远程教育的主要内容。现在我们所说的现代远程教学,是以学生为中心,运用现代传播媒体技术来传递和反馈教学信息的一种教育形式。

值得注意的是,远程教育是一个随着时代和技术的发展而不断得到修正的概念。[②]

在人类迈向信息化社会的进程中,教育领域发生了诸多变化。许多学校除了研究新的教学方法以外,还构建了数字化图书馆、数字化校园,出现了没有围墙的学校。可见通过网络等通信技术,学校的职能得到了扩充,使人们足不出户也能掌握学科知识和技能。目前流行的网络教育是远程教育的一种主

[①] 著名的远程教育专家基更等都曾对远程教育下过定义。基更(1983)对远程教育做了如下的定义:"远程教育是教育致力开拓的一个领域,在这个领域里,在整个学习期间,学生和教师处于准永久性分离状态;学生和学习集体也在整个学习期间处于准永久性分离状态;技术媒体代替了常规的、口头讲授的、以集体学习为基础的教育的人际交流(这样与自学计划区别开来);学生和教师进行双向交流是可能的(这样与其他教育技术形式区别开来)。它相当于一个工业化的教育过程。"(参见德斯蒙德•基更著,丁新等译《远距离教育基础》,中央电大出版社 1997 年版。)

丁兴富(2001)对远程教育做了如下的定义:"远程教育学是教育学的一门相对独立的新兴分支学科,它研究远程教育这一新兴教育形态的现象、规律和本质,探讨作为手段或方式的远程教育在人类教育和培训体系中的地位、作用、原理、方法和特点的学问。远程教育学的研究对象是远程教育,即将远程教育这一社会历史现象的各个方面作为研究客体,探讨这类新型教育形态的发生和发展的内在规律及其丰富的表现形式。"(参见丁兴富《远程教育学》,北京师范大学出版社 2001 年版。)

[②] 例如,"准永久性分离状态"并非是绝对的,有时也配合面授辅导或答疑;教学对象也并非只是受时空限制的人群,而是指所有具有学习需求的人。另外,不同地区或不同时期,概念界定也会有所差别,例如,英国著名的开放大学被认为是远程教学;澳大利亚一段时期内,远程教学特指对偏远地区的教学,等等。

要形式。如今的现代远程教育兼容了面授、函授和自学等传统教育形式。

二 现代远程教育的类型和特点

远程教育并不是一种新型的教育形式,但它已经随着科学技术和社会的发展变化而逐步演变出多种不同的形式。现代远程教育是在计算机技术、多媒体技术、通信技术等高新技术基础上诞生和发展起来的。

(一) 现代远程教育的类型

现代远程教育的基本类型有多种分类角度。

1. 按实现技术划分

可以分成四种类型,即利用万维网(WWW)技术的网络系统、利用窄频带的视频会议系统、利用宽频带的实时群播系统、利用交互式视频点播系统(Video on Demand,简称 VOD)。

另外,按照信息传输通道还可分为两种类型。一类是"天网",即利用卫星地面站,通过卫星传输教学信息,这种方式比较适合实时的单向视频传输;另一类是"地网",即通过互联网或各类专用线路传送教学信息。

2. 按内容的传送形式划分

可以分为三种类型,即网页课程型、实时群播型、虚拟教室型。[①]

3. 按信息的传输时效划分

可以分为两种类型,即同步传输方式(synchronous delivery)和异步传输方式(asynchronous delivery)。

4. 按学习模式划分

可以分为两种类型,即个别化模式和班组模式。个别化模式以学生自主学习为主[②],远程教育院校为学生提供个别化的学习自助服务,是一种以学生为中心的远程学习模式。班组学习模式以学生集体学习为主,强调师生人际

---

① 虚拟教室可以使一位老师同时教授或辅导不同地点的多位学生,也可使学生通过这个系统与分散在各地的其他学生做良性的互动学习。

② 自主学习和个别化学习,从形式上看是相同的。但是,自主学习强调学生的主观能动性,而个别化学习强调的是区别于教师教授的个人行为。

交互或基于电子通信技术的双向交互，通常是一种以教师为中心的远程教学模式，如课堂直播、双向视频会议等。

5. 按教学载体分类

可以分成三种类型，即函授教学中的书本资料、无线电广播和电视节目或课程、计算机网络教学资源。

6. 按感觉通道分类

可以划分为四种类型，即以印刷媒体为主要信息源的阅读型远程教育模式、以无线电广播为主要信息源的听觉型远程教育模式、以广播电视和卫星电视及闭路电视为主要信息源的视听型远程教育模式、以多媒体计算机网络为主要信息源的视听交互型教学模式。

7. 按办学和管理分类

可以分为两种类型，即独立的远程教育机构和常规院校中的远程教育部门。

实际上也可以看作是以班组为单位的集体学习方式和个别化学习方式两类。以班组为单位的集体教学方式建立在同步通信的基础上，教师与学生实时交流；个别化学习方式建立在非同步通信基础上，学生可以选择在适当的时候和地点进行学习。两类方式既与教育资源的传输和发送模式有关，也与网络通信条件有关。例如，中国的广播电视教育采用班组为单位的集体学习方式，教学节目主要通过卫星电视、直播课堂、双向视频会议系统传送、集体接收，院校、机构或社区学习中心拥有良好的网络条件，并设立助学或辅导机构；英国的开放大学采用以家庭为基地的个别化学习模式，多种媒体学习资源包通过邮政系统发送到家庭，家庭拥有良好的上网条件。

（二）现代远程教育的特点

1. 超时空性

这是远程教育的本质属性。学习者不再受到地理位置和上课时间等因素的制约，任何人都有机会接受教育，获取所需要的信息，这是现有的广播电视教学系统远没有达到的全球化目标。学生接收教学信息，既可以根据教学需要采用实时的交互（及时反馈的）方式，也可以使用非实时的交互（非及时反馈的)方式。所谓非实时就是指学生对教学信息的访问不局限于某个时间,在某一个相当长的时间段内(只要该教学信息不被删除),对它都能进行自由、有效的访问。

2. 共享性

这是远程教育的基本属性。网络与其他通信媒体相比,最大的优势就在于信息共享。学习者可以根据自己的实际情况,任意选择教学资源中的任何课程,并可以从任意章节开始学习。教学资源不再为少数人占有,任何人都可以通过互联网共享各类优秀的网站上的资源。资源共享既可以使学生最大限度地拥有优质的教学资源,利于他们开阔视野,也可以帮助学生选择适合他的教学资源。

3. 交互性

网络远距离教学与广播电视系统的远程教育相比,交互性是它的主要优势。例如,对于善听者,他可以更多地使用音频教学材料,这一特性给予学生更多自由选择的机会。同时,通过人—机互动、人—人互动(包括学生间、师生间),提供了语言使用的机会和场所,这一特性,为语言学习者创造出利用目的语交流的语言环境和氛围,有助于提高学习者的积极性和主动性。

当然,为便于使用并达到教学效果,还应该具有便捷的检索系统和教学反馈系统,特别是在学生遇到困难的时候,给学生提示和帮助。

4. 更新快且表达方式多样

与传统的书本和光盘等载体形式相比,网络资源的具体内容可以得到及时的更新,而使用方式也可以根据学习者的需求得到及时的更新,其低成本和短周期的优势是以往任何形式都无法比拟的。网络资源的表达方式也较书本形式更加多样,较光盘形式而言,不受容量(空间)的限制。

例如,就汉语新闻课而言,根据新闻的时效性,可以完全使用教师自主编排、发布于网络的教材。美国西点军校正是以这种方式开展教学的,并通过网络把握预习、提交作业、复习和扩大泛读等环节,取得了很好的教学效果。[①]

[①] 参见刘富华《美国西点军校汉语教学思考》,载《世界汉语教学学会通讯》2010年第1期。

广义上讲,教育是围绕增长人们的知识和技能、影响人们的社会态度所进行的一切活动;狭义上讲,教育是按照一定的目标和要求,有目的、有计划、有组织地对受教育者所进行的培养活动。以下我们将采用狭义的教育概念,即通常所说的教学,是指由教师的教和学生的学所组成的一种有关人的培养的活动。

第二节 汉语远程教学的基本情况

一 现代汉语远程教学的发展现状

20世纪90年代后期是汉语远程教学发展的重要的转折点。由于万维网(WWW)的出现,网上教学越来越方便。许多与汉语教学相关的院校或机构都制作了专门的网页,介绍有关汉语教学的情况,包括课程设置、学位要求和师资情况等。一些汉语教师也开始制作网络课件,各种练习和学习资料相继在网上出现,如汉字、拼音、词汇、语法、阅读、测试等多媒体学习材料,有的学校和机构还开设了专门的网站。近些年来,利用远程电视会议形式开展的地区性汉语远程教学也取得了一定的成效。远程教学形式各有所长,随着硬件技术和软件技术的不断发展,其具体形式也会有所增加或改变。汉语远程教学从交互方式来看,可以使用语音、文字、视频;从交互性质来看,可以是实时的,也可能是非实时的;从时效性来看,可以是同步的,也可以是异步的。不同的课程和不同的教学环节对技术的依赖程度是不同的。

目前,世界各地许多学校、机构、团体,都已经开展了或正在准备开展汉语远程教学。远程教育逐渐受到重视。

从目前技术和实践方面分析,汉语教学有如下特点:从网络资源来看,静态内容较多;从网络技术应用来看,交互过程以非实时形式居多;从听说读写技能教学网络课件来看,阅读和写作教学的类型居多,这些资源或课程的内容主要集中在知识性的、静态的、交互性需求较弱的方面。我们相信,随着宽带网技术的发展,音像等动态的内容将得到更多、更快的发展;同时,应大力发展以网络作为语言交际的平台，并通过远程的方式，努力创造学习者与母语者的交谈机会。

姚道中[1]指出："由于市场的需求，商业化的网络语言学校正在快速增加。"与传统学校相比，网络语言学校无需教室，开办的成本自然就低，并且可以针对学生个人的学习需求设置或设计课程，学生与教师通过网络开展一对一上课。2003年，日本早稻田大学不但成功开设了网络口语会话训练的教学方式，还专门为此编写了相应的教材。这些新局势和由此而产生的新问题，都是我们应该关注并加以研究的。

二 现代汉语远程教学与学习的特点

目前开展的汉语远程教学活动主要有两大类，即个体化和以网页为主的网络型教学，群体性和以交互为主的远程电视会议型教学。

（一）个体化和以网页为主的网络型教学

个体化学习模式是基于建构主义学习理论的学习模式。网络型远程教学（网络教学）是指以网络技术为主的远程教学。

1. 利用网络资源学习

最典型的就是以网页为主的网络课件学习。利用网络环境设计的教学课件称为网络课件。网络课件挂接在网页上，网页一般有原始性的和服务性的两种。[2] 原始性的汉语教学网页是针对教学需要而设计的网上汉语课程，有的针对听说读写技能，或是汉语字典词典；服务性的网页是与各种汉语教学主页相连接的一种主页，主要是为使用者提供方便。课件中可能包含文字、声音、图片、动画、视频等媒体信息，但动画、音频、视频等媒体信息传输起来相对慢一些。[3] 有些课件既包含了学习资料，也包含了相应的练习和测试。有的

---

[1] 参见姚道中《美国汉语教学的走势》，载《世界汉语教学学会通讯》2009年第2期。
[2] 基于远程登录和文件传输服务。
[3] 有人曾做过调查，发现韩国汉语教学网站上的影音资料非常丰富，分析认为这得益于良好的网络环境，因为"作为IT强国，韩国的信息化程度已经达到了世界首位"。（参见李善姬《韩国汉语E-learning的现状及未来发展方向》，北京语言大学2009年硕士学位论文）

学校甚至把完整的汉语教材或课程制作成网络课件,学生在网页功能的提示下,通过与系统交互来学习汉语。系统一般具有判断练习正误的功能,学生也可以将练习结果发送给教师,教师批改后再返回给学生。

电脑网络技术发展迅速,几年以前的网页多以非动态为主,现在动态网页越来越多,而且更新速度很快。但动态网页也有局限性,它的局限性在于多媒体信息传输量大时(如音视频资料链接),容易造成网络阻塞或等待时间过长;学习者的能力不同,在网络中漫游的时候可能会迷航,或因操作不熟练造成时间的浪费。

我们还必须清醒地认识到,仅将学习材料搬到网上并不意味着实现了远程教学。迄今为止,真正、完全地在网上进行汉语教学或者提供汉语网络教学,并且能认可学分和授予学位的学校非常少。网络教学能否培养出具有一定水平语言运用能力的学生,有赖于相关技术的解决和教学理论的继续发展。

2. 通过电子邮件交流

通过电子邮件交流,指的是教师可以向学生发放教材、作业,并进行个别辅导;学生也可用电子邮件的方式向教师提交作业或报告,与同学或朋友交流。

这种方式对于有一定基础的学生比较适合。他们通过电子邮件将做完的作业发送给教师,教师批改后用电子邮件回复。学生之间也可以通过电子邮件自由地用汉语进行交流。学生可以把文字作业发送给教师,也可以将自己说的汉语录音后发送给教师。然而教师的工作量却比较大,因为教师随时会收到学生的电子邮件,而原则上教师必须及时给予回复。由于语音文件所占空间比较大,有些地区传送起来相对慢一些。

3. 使用网络电话

利用网络电话教学主要是通过网络电话对学生进行口语辅导。辅导的时间为每星期几次,每次多长时间一般是固定的。学习时,教师和学生同时上网,利用网络电话进行口语练习。这个方法虽然可行,但是缺点在于教师和学生是一对一练习,不能推而广之地应用到一个教师对多个学生的情况。目前网络上的语音交谈(voice chat)可以克服这一缺点,但是还有一些技术上的问题没有得到完全解决。

4. 使用网络视频交谈

与网络电话相比,网络视频交谈特指有影像的形式。它既可以是有声的,也可以是无声的,根据语言训练的内容选择使用。无论是谈话,还是辩论,都会有参与的真实感。其言语输出是有感而发,而不是单纯地完成事先规定的任务。

例如,利用因特网进行的双向视频笔谈式交流(定时聊天、网上聊天),是在同一时间内,让处于远程的两个人在电脑屏幕上一边看着对方的表情变化,一边用文字进行交流。交流是实时的,但不是用语音,而是使用键盘通过文字进行交流。这种方式对于具有中高级汉语水平的学生比较适合,因为初学者的语言能力有限,能够在网上讨论的内容和范围也比较有限,而中高级水平的学生识字数和词汇量都比较大,语法运用也相对熟练,可以使用笔谈的方式轻松地与教师交流。这种方式可以实时地看到对方的表情,因此,与非实时的、只用文字交流的方式(如电子邮件)相比,更具直观性;比既传送声音,又传送图像的方式(如电视会议)速度快、费用低,是深受同学们喜爱的一种形式。学生可以用汉语谈个人兴趣、专业等,双方在迅速交换话语时,容易互相交流感情,提高学习汉语的兴趣。事后,教师可以让学生将谈话内容用存储工具保存后交给老师,或用电子邮件发送给教师批改。

现在流行的 Skype 工具是一个很好的网络交谈工具,可以视频笔谈,也可以视频语音交谈。

5. 利用电子布告栏

电子布告栏,即人们通常所说的 BBS(Bulletin Board Service 的简称)。告示板、论坛、聊天室及 Blog 平台等,都属于这类形式。学生可以用汉字把问题写在 BBS 上,或对 BBS 上别人的问题进行讨论、回答,再写回到 BBS 上;教师可以随时对学生写在 BBS 上的汉语加以修改,这也是一种学习汉语的方式。从交流对象的人数看,可以是一对一、一对多、多对多;从交流的角色看,可以是学生与学生,也可以是学生与教师。

这种方式不受时间限制,学生们可以在不暴露真实姓名和身份的条件下自由自在地用汉语进行交流。这样的方式可以扩展为一个相互讨论的空间,学生们可以在网上开一个使用汉语汉字交流的网络会议。

其中 Blog 平台多被用于训练阅读技能。有的 Blog 平台还附有影音资料。

以上我们简述了五种网络型教学的基本形式。理论上讲,网络信息传递是双向的,因为网络中的任何用户既可以是信息的接收者,也可以是信息的发布者。在教学进程中,学生可以通过网络接收教师传来的教学信息,并将反馈信息即时传回给教师;教师根据学生的反馈信息,对他们的学习作进一步的指导。但实际上,网络型汉语教学最大的不足仍在于缺乏语言教学所需的基本成分——有效的交互。在传统课堂里,学生可以看到教师的表情、手势等,但在网上如果没有清晰的音像,就会阻碍这种沟通,有人把它称为"疏离感"。但毕竟网络为汉语学习者提供了一个语言实践和交流的场所,为学习者建立归属感,是以往任何技术手段都难以实现的,在提高学习兴趣和促进持续性学习方面有一定的作用。

(二)群体性和以交互为主的远程电视会议型教学

远程电视会议型教学,是借助通信技术实时传送远端的声音和图像,谈话人好像处在一个虚拟的教室当中。汉语远程电视会议型教学的基本形式有如下三种。

1. 远程直播

远程直播是指一个主讲教师在授课的同时,在远端的一个或多个教学点可以通过相应的接收设备同时看到上课的实况。将远程直播应用到汉语教学中,实现了资源共享,使汉语师资缺乏的地区仍然能够享受优秀汉语教师的授课,也使得一个汉语教师可以同时为更多的学生授课。同时,授课的内容也可以保存下来,供学生随时点播。这会对提高汉语教学的质量、扩大汉语教学的规模起到积极作用。

各教学点一般配备辅导教师进行辅导,帮助发放学习材料,帮助学生进行分组会话练习等。各教学点的学生都可以向主讲教师提问,但存在人数多而机会少的问题。

2. 远程会话训练

远程会话训练是由一名教师以远程的方式同时面对少数几名学生授课（学生之间也可能处于远程的方式）。远程会话训练比较适用于远程汉语口语教学，它非常接近于面授教学，只不过师生是在荧屏上见面的。教师和学生可以实时看到其他人的影像，同时听到他们的声音。远程电视会议型的会话训练不是以教师、课堂和书本为中心，而是以学生为中心进行教学，教师可以为学生设计一个汉语语言环境，让学生进行会话练习，也可以让学生自主选择感兴趣的话题，用汉语组织谈话内容，在放松的心情下训练口语。因此，在教材编写、教材使用等方面应随着学习主体的变化而变化。

另一种变体形式是学生与学生之间进行，有一名学生担任采访者，另外的学生扮演受访者，开展会话练习。

3. 远程电视讨论

利用远程电视会议系统可以使处于远端的多个会场的人同时参加一个会议，讨论一个共同的问题。为了达到语言训练的目的，各分会场选取的人数不宜太多，否则没有什么练习说话的机会。这种方式通常可以在汉语口语小班教学或留学生汉语辩论赛中使用，几个分会场的汉语学习者通过远程电视展开会话、辩论、研讨等，在这个过程中彼此能够在大屏幕上看到参加者的反应，听到他们的声音，这种教学方式在汉语会话方面的效果较为明显。远程电视讨论尽管费用高，但是带有较强的直观性（面对面）和实时性（同一时间），因此颇受欢迎。开展这样的活动除了要解决费用问题外，远程讨论的各方还要约定统一的时间、商定讨论的主题、解决相互间因时差带来的不便等问题，所以目前能够开展远程电视讨论或经常开展远程电视讨论的学校并不多。

另一种变体是少数人（至少两人）与少数人之间开展点对点的口语技能训练，可以三组或四组间同时开展，其中每组轮流担任访问者，以采访的形式进行。

电视会议型的特点是：实时性强，互动程度高。但另一方面，设备和传播成本也比较高。网络型与远程电视会议型两种方式的选用,要从经济性、有效性和方便性三个方面来考虑。①

成功的远程教学,离不开国际间的友好合作。在现阶段,进一步开展网络型教学,积极参与远程电视会议型教学是可行的方案,并且是今后全面开展国际远程教育的准备阶段。开展远程教育合作的双方应具备一定的物质保障和教学环境保障。②

三 开展汉语远程教学的相关因素

(一) 通信技术和汉语信息处理技术

高速宽带网、移动终端和接入卫星线路等IT基础建设的不断完善和加强,电脑网络技术的日臻完善,使汉语远程教学成本更低、效率更高、使用更方便、应用更广泛。例如,通过动态视频交流可以增强真实感,因此这项技术将取代以文字交流为主的工具。

在汉语信息处理技术方面,非特定人的汉字手写体识别技术已经有了长足的发展,为实现远程汉字教学奠定了基础;许多著名的电脑公司正在积极研制和开发汉语语音识别和合成技术(远程英语口语测试系统已投入使用),使远程汉语口语教学和远程汉语口语测试有望实现。③

(二) 语言教学理论和现代教育技术理论

语言教学理论在远程教学模式下将有所发展和延伸,以实现在远程的环境条件下更有效地实施语言教学的目标。

有关现代教育技术对教学理论、教学方法影响的研究会越来越多,越来越

---

① 有的机构还采取短期集中的面授型汉语训练、汉语地区短期语言实习和中国文化讲座等方式。

② 主要的两个方面是:一、物质条件。课程安排方面是否有较多可选的科目,双方的相对时差是否不至于影响到某一方的作息,是否拥有网络联接环境以接入所需的硬件设备和软件,这些都是基本的物质条件。二、教学环境。具有热爱远程教学事业并对此有信心的教师,有相应的教务或后勤保障人员,有可以成为或已经成为被正式认定学分的科目,这些都是必要的教学环境条件。

③ 汉语远程测试是汉语远程教学的一个组成部分。不通过测试就不能准确掌握学生的学习情况。其中最重要,也是最困难的测试当属口语测试。为此,我们期待身份认证系统成熟之日的到来,同时期待着远程汉语口语测试系统的研制成功。

深入,这对我们今后如何依据教学理论和教学方法来应用现代教育技术,指导汉语远程教学具有重要意义。

(三) 教师对现代教育技术的认识和相关技能

语言教学长期以来被人们认为是不需要现代科技支持的,属于弱技术相关学科,汉语教学的相关技术和成果又相对滞后,造成汉语教师操作和使用现代科技的总体技能水平不高,积极性也不高,加上目前一些相关技术问题和政策问题没有得到很好的解决,制约了汉语远程教学的发展。电脑硬软件技术和网络技术的不断更新换代,又使汉语教师面临不断学习使用新硬件、新软件的问题。这是汉语教师未来必须面对的形势。

我们相信,随着相关技术问题的解决以及现代教育技术日渐深入人心,越来越多的汉语教师会自觉自愿地投身到远程教学事业中来,使远程汉语教师的队伍不断壮大,水平不断提高。

第三节　网络音频视频资源利用

一　校园网的作用

校园网可以将校园内所有的计算机全部连接,并建立强大的教学资源库,教师和学生在网络的任何计算机终端都能获取资源信息,进行教学与管理工作。该系统也可以与校际网和互联网连接,实现教学信息的远程共享和远距离网上教育。

(一) 为校内办公和决策提供支持

在校园网内部,实现办公与教学管理自动化,从而提高工作效率和管理水平;通过与校际网和互联网的连接,实现学校间、学校与互联网之间的连接,实现相互通信。

丰富的校内网络资源、校际网络资源和因特网资源可以全面促进教学、科研和管理的水平和效率。

利用校内通信环境,可以及时、准确地收集、存储、处理、传输教育信息;也为上级主管部门计划、组织、管理与制定教学决策提供可靠信息和科学手段。

(二) 在校内开展特定教学服务

每个学校面对的教学对象和教学条件是不同的,教学面临的问题也不尽相同。积极利用校园网,可以开展有针对性的教学服务,满足校内特定教学对象的特殊学习需要。

例如,校内播放校内自制的教学资料[①];发放专门的训练材料;进行课下辅导。

(三) 电子阅览室的作用

很多学校或机构开设了电子阅览室[②]。电子阅览室一般配置有文件服务器、教师管理用计算机、工作站、光盘塔及网络设备等。其中,服务器是在网络环境中或在具有客户－服务器结构的分布式处理环境中,为客户的请求提供服务的结点计算机。文件服务器是一种专供其他电脑检索文件和存储的特殊电脑,通常比一般的个人电脑拥有更大的存储容量。电子阅览室拥有丰富的多媒体信息化资源,有如下两个方面的特点。

1. 为教师利用资源提供便利

借助校园网可以成立或开设教育教学资源中心。利用已有的教学资源,教师可以方便地备课、演示教学产品并直接支持课堂多媒体教学,教师可以查询多媒体资料后组织多样化的教学活动,可以开展网络测试,搜集教学资料用于开展教学研究等,还可以为多媒体教学软件的开发提供大量素材。

2. 为学生利用资源提供便利

(1) 利用资源自主学习。

通过远程通信技术,学生能与全国乃至全世界的资源中心、图书馆进行联系,随时可以从中获取自己所需要的信息,包括用于研究的文献资料以及教学资源中心的教学和学习材料,可以得到一流教师的指导,可以向权威专家请教。

---

① 有些学校通过统一购买版权的形式供内部教学使用(一般费用较低)。
② 也有的地方称为"现代教学资源中心"。

(2) 利用网络环境协作学习或相互交流。

通过远程通信技术,可以建立一个合作型远距离学习系统,解决传统远程教学中单向传播和缺乏交互性的问题。

可以通过组成小组(Mailing List)进行学习,开展小组间的讨论活动;也可以通过远程登录(Remote Login)的方式,与其他学习者合作学习,或与虚拟学习伙伴进行交流。

二 视频点播系统及其教学作用

(一) 什么是视频点播

视频点播(VOD),也称交互式多媒体视频点播系统,可以实现计算机网络与闭路电视网络的连接。一方面供使用者点播音频视频资料;另一方面可以通过电视的形式开展教学活动,或利用网络环境开展各种交互式活动。它是当今世界最新传输技术装置的代表。

(二) 视频点播系统在汉语教学中的作用

汉语教师可以利用 VOD 系统中的视频资源,从丰富多彩的资源中收集材料或找到教学所需要的内容,应用于课堂教学或远程教学。例如,教师针对某个语言要素或者功能,选取包含该语言要素或功能的电视节目、电影、新闻(全部或部分)或歌曲,通过播放、暂停、快进、加字幕/消除字幕、反复播放等多种方式,强调要点,帮助学生理解在真实语境下语言的实际使用;也可用来提高学生学习的兴趣。

近年来,随着网络多媒体技术的发展,高清视频课件正悄然进入远程教学领域,移动互联网时代的来临,使得用手机看课件这一新兴教学模式引入远程教学。

三 流媒体技术和播客在教学中的应用

(一) 流媒体技术及教学应用

流媒体(streaming media)又称为流式媒体,是指在 Internet 上采用流式传播方式播放媒体。即对于播放音频、视频这些容量较大的文件,无需占用下载空间或等待下载时间,可以边播放(不必等待下载或下载完毕),边传输(服务器向用户计算机连续、实时地传送)的方式。它不是一种媒体,而是一种传输方式。

流媒体的播放方式有多种,如单播、组播、点播、广播等。这一技术可播放音频、视频、多媒体文件。尤其是视频,为实时广播,传输效果可以较好地满足应用的需要。它可以应用于汉语课程的在线直播、网络教材播放、视频点播、实时视频会议式远程教学等。

(二) 播客及教学应用

播客(Podcast)是一种数字广播技术,常通过便携播放器播放节目。节目一般来自于苹果电脑资源库[①],可以下载,也可以订阅;可以是音频文件,也可以是视频文件。通过 iPad[②] 或 MP3 即可收听或收看节目。

播客也称为有声博客,意思是自己可以录制节目然后发布。

播客可以使学生和教师在任何时候相互分享信息,下载播客教学内容,或定期将教学内容发送到学生手中(通过订阅方式),教师也可以创建播客成为学生学习的工具或资源。其发展趋势一是在互联网上更广泛地提供实时媒体传输;二是实现新媒体技术与传统媒体的有机融合,人们可以定制或自建属于自己的节目或教学内容。[③]

第四节 汉语网络课程资源的组成和功能

网络远程教学的实施,需要强大的网络教学资源、课程系统和教学管理系统的支持,其中包含了科学的课程设计、教学设计与教学组织管理,通过

---

① Apple Store 中有很多语言教育类产品或课程。如可以免费订阅 CNN 教育节目等,相信今后会有更多的中文内容。
② 最吸引人的功能就是移动性和多点触摸屏。很多热门的 iPad 教育产品都有中文产品。
③ 有人认为平板电脑和智能手机将会取代 PC 电脑,进入后 PC 电脑时代。对此,我们应该认识到这不是简单的设备更新,而是理念的创新。

一定的传播方式、传播媒体传授给学生。这些要素共同构成了一个网络教学系统。

一　网络课程资源的组成和作用

网络课程资源包括基础资源库、主导课程库和教学管理控制系统。网络课程的应用不是简单的课程查询,而是包含了教学设计和教学策略;它不是将传统纸版教材搬家,也不是课堂搬家,而是符合学科特性的、具有合理组织结构的教学内容;它不是简单的课件库或音频、视频资源库,而是根据学生的需要提供各种教学指导和教学帮助的教学系统。

面对资源系统,学生、教师和系统管理员模块的功能和权限都是不同的。[①]

(一) 基础资源库

基础资源库包括学科资源库、文献教参库、自学软件库、多媒体素材库和习题库,也可统称为教学资源库。

学生利用主导课程自学并与网上互动辅导相结合;教师可以通过教学管理控制系统查看学生的学习情况,对主导课程进行调整,对基础资源库提出补充和完善意见。

(二) 主导课程库

主导课程库包括教学任务库和与其配套的各种类型的案例库。主导课程库不仅可以用于讲授教学模式,更主要的是网络学习主张的自我建构,这两个库联合起来应用正是为了这一理论的应用。一般是围绕教学目标由教师设计一些适用于特定学习对象的有待解决的问题(比如交际任务),通过互联网向学生发布;学生通过分析案例和讨论交流,受到启发和引导,从而进行解答并完成任务。与此同时提供大量的、与完成任务相关的信息化资源供学生在解决问题过程中查阅。因此,网络资源库中的主导课程不仅适用于讲授教学模

---

① 可以参考的系统结构图如下:http://www.szhqzx.net/zhuanti/jyjs_new/kfzl22.htm;网络课程结构可以参考祝智庭《教师教育网络课程的设计策略》,载《中国远程教育》2000 年第 12 期。

式,也适用于探索学习、协作学习、讨论学习与个别辅导等教学模式①。

(三) 教学管理控制系统

网络教学和学习最重要的一个组成部分就是教学管理控制系统,它具有信息自动管理和远程互动处理功能,学生咨询、报名、交费、选课、查询、学籍(历)管理、作业与考试管理等都可以通过网络远程交互通信的方式完成。在实际使用中,它可以实现以下功能:

(1)在实施教学计划时,应尽可能地为学生提供协作学习或讨论学习的机会,使师生之间、学习者之间、学习者与教学材料之间实现充分的互动。

(2)不仅为学习者提供快速的教学反馈,更重要的是有效的反馈,即在学习者遇到困难时,能适时地为他们提供有助于解决困难的方法或资料。

(3)对于语言教学来说,还应注重体现人格化品质,以弥补因师生相互分离所带来的情感遗憾。

(4)对学习者的学习状况进行把握,不仅可以有效地管理教学,更重要的是通过这些教学实践的实录,不断完善现有的教学系统,也包括教学计划、教学安排或成绩评定等。

教学管理控制系统对学生学习具有重要作用。

首先,针对自主学习模式来说,一个设计完备的教学管理控制系统能够按照每个学生对教学的反应分别组织教学和制订教学进度,提供适于他们自主学习的教材和活动。这种学习模式彻底改变了传统教学过程中学生被动接受的状态,使学生处于积极主动的地位,因而能有效地激发学生的学习兴趣和创造性。在学习过程中,可以针对应答情况给予针对性的提示和引导方法,以因材施教的方式启发学生通过自己的努力获取知识。

其次,针对协作学习和讨论学习模式,教学管理控制系统也有相应的对策。② 在协作学习模式中,学生可以针对同一学习内容或学习情景,在网上选

---

① 关于探索学习、协作学习、讨论学习与个别辅导等教学模式,可参看余胜泉、何克抗《基于IN-TERNET 的教学模式》,载《中国电化教育》1998 年第 4 期。

② 关于探索学习、协作学习、讨论学习与个别辅导等教学模式,可以参看余胜泉、何克抗《基于INTERNET 的教学模式》,载《中国电化教育》1998 年第 4 期。

择真实的竞争对手或以计算机作为竞争对手,开展竞争性学习;可以与多个学习者一起,通过分工合作共同完成某个学习任务;可以通过互联网结识有共同兴趣、爱好或学习目标的人,这种伙伴式学习使学生在学习过程中不再感到孤独,同伴间互相支持、互相帮助、相互讨论,共同解决问题;还可以通过角色扮演式协作学习系统让不同的学生分别扮演学习者和指导者的角色,当学习者在解题过程中遇到困难时,指导者帮助学习者解决疑难问题,学生在学习过程中可以不断地变换角色,学习者负责解决问题,指导者负责检查学习者在解题过程中是否有错误。在讨论学习模式中,学生可以针对某项任务,在"讨论室"内讨论,教师和教学系统为学生进行辅导,"讨论室"可以是万维网上的电子布告栏(BBS),它具有用户管理、讨论管理、文章讨论、实时讨论、用户留言、电子邮件等功能,学生可以在其中发言,每个人的发言都将即时地被所有参与讨论的学习者看到。

二 网络讲授模式与个别辅导模式的特点分析

网络教学系统,既可以应用于讲授教学模式,也可以用于自学或个别辅导模式。

(一) 讲授模式及特点

教学资源库中的学科资源库和文献教参库可用于讲授模式。

网络上的讲授教学模式突破了传统课堂中时间、地点和人数的局限,教学既可以是同步的,也可以是异步的。其中,同步式讲授又可以分为简易同步式和实时互动式两种;异步式讲授可以简单地实现,学生通过网络、BBS 和电子邮件服务都可以满足基本要求。

(二) 个别辅导模式及特点

教学资源库中的自学软件库、模拟操作库和其他音视频资源库可用于自主学习模式。

网络上的个别辅导模式可通过自学软件库、模拟操作库中的 CAI 软件,以及教师与学习之间密切的通信实现。其中,自学软件库中既包含了可供学生下载的教学资源,也包括了内嵌在页面中、可直接在网上运行的 CAI 软件;

个别辅导方式既可以通过互联网上的电子邮件实现异步、非实时的个别辅导,也可以通过互联网上的在线交谈方式实现实时同步的个别辅导。

第五节 网络环境下汉语学习者特征及教师素质

语言的使用离不开人,语言教学中人的因素占有特殊的地位,因此语言的远程教学与其他学科的远程教学相比,有其特殊性。因为有的学科可以不需要师生进行面对面的交流,课程内容完全可以用文字和图像来传递,但是语言课程在多数情况下必须有师生的及时交流。汉语远程教学的目标是通过远程的方式培养汉语听说读写的综合技能。强调个别化教学、增强交互性是汉语远程教学的基本特点。

传统的面授教学方式以教师讲授为主,教师可以通过学生的动作、表情等了解学生对所学知识的理解和掌握程度,以调整教学策略,但优秀的教学资源难以实现共享;广播电视教学实现了优质教学资源共享,但缺少教师和学生之间的了解和及时沟通。网络教学兼有上述两种教学形式的优点,且克服了这两种教学形式的缺点。关注网络环境下汉语语言学习者的特征,以及语言教师应具备的素质,才能保证远程语言学习取得成效。

一 网络环境下语言学习者特征

远程教学与面授教学相比,在很多方面是有差异的。其中学习者的群体特征是网络教学过程中必须面对的问题,也是网络课程设计、网络教学活动的组织和实施过程的直接影响因素。

(一)面临的机会与困难

远程学习者以成年人为主,地理位置往往比较分散。

一方面,他们通过远程的方式可以享受到更多的优质教学资源,对于那些缺乏合格汉语师资的地区和在规定的时间内无法参与课堂学习的人来说,汉语远程教学无疑是一大福音,而且它超越了时间和空间的限制,传播快捷、方便。特别是通过卫星或者电缆传送的远程电视会议型教学能让学生看到课堂的实景,一边听到教师的发音,一边能看到教师发音的口形和表情,这些对于语言学习是非常必要、非常有效的,虽然他们面对的是非实体教师。

另一方面,他们有学习的愿望,但在缺少情感交流,缺少竞争和约束机制的情况下,往往难以持久,特别是一旦遇到一些问题或困难,就容易灰心丧气,拖延作业或停止学习,直至因进步缓慢或跟不上进度而退课、退学。从以往开设过的汉语远程教学情况来看,退课率是相当高的。

(二)应具备的基本条件

由于不同的学习者所处的网络通信环境有差异,学习者个体对网络通信及其相应的工具的熟悉程度不同,学习者的信息素养不同,他们在网络学习过程中的行为方式也就不同,他们学习的习惯和结果就自然而然地存在着差异。

一般来说,参与汉语远程教学的学生应该具备如下的条件:有明确的汉语学习目的或动机,有强烈的用目的语交流的愿望;有自主学习和协作学习的能力;能比较熟练地驾驭电脑和网络新技术。这是一种新的学习行为和信息化社会学习能力。

(三)相应的学习策略

学习者面对丰富的网络资源,应该正确地选择和应用,而不是盲目地去浏览,在时间安排和教学内容的选择上都有自我管理和调控能力。而面对非实体教师,学生要学会通过网络方式提交作业、与教师和协作者沟通,获得帮助和指导。这种学习方式可以更大程度地满足个别化教学的需要,自主性的发挥在很多方面得到了满足。

网络语言学习既需要与人交流,又缺少与人交流的条件和机会。因此,学习者应该学会通过联系同学,开展协作学习等方式完成学习目标。同时,也要积极地参与可能的面授辅导,以及使用目的语的社会活动或实践。

(四)其他相关因素

不同的教学媒体所具有的信息传递功能是有差别的。面对丰富的教学媒体和强大的信息传输功能,学生的信息使用能力就成为影响学习效果的重要因素。环境的变化和信息通道的变化,也影响到学习者感知信息的效果,引起学生认知方式、学习行为和情感因素等方面的变化。如何适应信息技术的发展对学习者的要求,通过各种途径获取所需的知识,通过网络环境结识语伴、得到教师的指导都是非常重要的因素,最终将影响到学习效率和学习效果。

二　网络环境下语言教师的素质

网络教师是网络教学活动的实施者,网络教学对信息化环境中教师的教学能力提出了更高的要求。网络远程教师只有不断地探索和努力,才有可能实现高效的教学实践活动。

(一) 提高理论素养和实践能力

网络远程教学中,教学媒体和教学方式都发生了显著的变化,伴随着这样的教学形式,教学理论和学习理论也都发生了变化。因此网络远程教师要努力学习理论知识,包括远程教学和学习理论、传播理论和远程教学设计等。

与此同时,教师还要随着技术的不断变化和提高而努力学习利用信息技术的能力,比如信息检索、处理、传输、交流等信息工具的使用技能;选择和运用教学媒体及适应新的教学环境的能力,对汉语教学资源进行整合、设计、开发、利用、管理和评价的实践能力。积极探索在网络环境下以及在以非面授为主的学习环境下,开展语言教学的方式和方法。

有些教师具有自行编制或改编网络程序的能力,因此就可以更好地利用网络为教学服务,如随时根据课堂教学的需要编制网页式练习题。

(二) 有效组织和指导教学活动

1. 有效组织教学活动

网络教师成为彻底的教学实践者。教师要更多地承担组织教学的任务。教学任务更多地要依赖相互协作来完成,比如与课程开发者的合作、与网络管理者的合作、与学习者的合作,而不像在传统教学中那样,教师基本上是独立地完成教学任务。教师的工作效率更多的是通过参与网络课程的设计与开发,运用课程资源,组织有效的网络教学活动来体现的,而非在传统教学中那样将多数精力运用于讲授艺术和教学技巧方面。

为了增强网络教学的效果，必须实施有效的教学活动，而这些教学活动是需要教师来把握的。有效地组织网络环境下的教学活动，可以有效地促进学习者的学习。因此，网络教师对互联网(Internet)和内部网(Intranet)、交互式电视媒体(交互电视、交互式卫星电视传输系统)、视频会议系统应有所了解，掌握使用原则，挖掘通信技术的教学功能，组织适合不同人群的学习方式，适时地运用于教学中。

2. 有效指导教学活动

网络教学中，网络教师的职能也发生了变化，面对学习过程中遇到挫折容易迷失方向或放弃学业的学生，教师应定期与学生见面(可以是虚拟在线的形式)，体现关爱之情；及时了解学生的学习进度，提供相应指导。这些正是网络教师主导性的表现。

在网络自主学习模式中，教师以指导者的角色出现在教学活动之中，通过设计的课程或资源链接，来引导学生的学习路径。在网络协作教学模式中，教师作为协作小组的成员参与到学生的学习活动之中，他们共同制订学习目标、共同决定学习活动的过程，通过网络传输系统和管理系统这一中介，学生和教师作为共同的主体开展学习活动。教师的指导作用不可或缺。

(三) 教学措施举例

例1：建立个人网页或 Blog[①]，以常规、亲和的方式与学生保持联系和沟通。

例2：以 Blog 为平台开展小组阅读活动中，每组的人数要控制得当，比如3至4人，推荐或建议主持人；事先了解 Blog 平台的影音资料，控制链接的多少和重要等级；在 Blog 平台上，根据教学需要决定口头报告形式，还是提交文字材料的形式。

例3：设计有意义的讨论话题，抢先发表在论坛上，或者在必要的时候以学生的身份参与并调整话题，或者事先拟定本次活动的任务单。

[①] 教师网站或教育博客既是个人行为，又是教师与教师、教师与学生交流的平台；既可以传送文字或多媒体形式教学内容，也可以发表教学心得、交流教学实践；既可以促进共享，也有利于反思。有些国家和地区教育主管部门还专门为教师设计和开发了易于使用、具有特殊功能的博客网站平台。

例4：网络交谈活动前告知学生大致的题目范围，促使他们开展一些必要的热身活动，如复习已学过的知识或查阅相关资料等；根据教学需要决定是否屏蔽语音，如果有语音，则学生不但了解到他人的看法，也训练了中文听力。

例5：及时观察活动进展状况，积极鼓励学生用学过的语言知识进行有意义的使用活动。

例6：每天安排不同的活动、不同的项目；也可以通过问卷调查，了解学生对教学活动的偏好和理由。

例7：积极学习并掌握网络新技术，以及帮助学生使用网络教学工具，疏导负面情绪，降低学习焦虑感。

例8：区分教学内容，对教学采取的方式方法进行合理安排。比如，通过自主学习难以掌握的内容应安排在课堂集中教学中或考虑另外的教学方式。

例9：自主学习活动中，师生交互频率应逐渐减少，而任务的难度逐渐增加，为学生创造逐步适应的时间。

通过合理安排教学和学习活动、有效组织教学和学习活动、及时了解学生的状况并给予指导，就可以尽可能地保障教学取得预期的效果。

第六节 虚拟现实技术和语言教学环境

一 虚拟语言教学环境及其教学作用

（一）语言环境在语言学习中的重要性

语言的学习需要真实化的情景，让学习者能把语言与生活经验相结合，留下深刻印象，自然地逐渐增进语言的运用能力。在无法让学生亲身经历语言情景的情形下，通过媒体学习语言，成为一种最佳的学习途径。

对于第二语言教学来说，课堂环境和教师的作用是非常重要的。其效果经常是自然习得所无法比拟的。经验丰富的教师的授课，往往受到学生的欢迎。以汉语教学来说，海外的学生甚至汉语教师都希望了解中国国内的授课情况。虽然网络上的远程教学或者电视传播可以给予某种程度的满足,但是总是缺乏置身于课堂之内的真实感。采用虚拟现实技术,则可以扩大高水平课堂教学的规模。

对于第二语言教学(以外国人在中国学习汉语为例)来说,学生生活在汉语的氛围之中,这种社会环境是客观真实的,对提高学生的汉语能力有积极的作用。然而,这种"真实现实"的环境也存在着局限性,因为它很难根据学生的第二语言程度进行调整,更不可能与教学内容相协调。例如,学生在学习有关中国春节的用语时,我们不可能把教学内容都安排在春节期间让学生们一边学习、一边在周围的环境中体验,原因是每逢春节到来之际,中国的学校全都放假了。虽然传统的视听技术可以弥补一些不足,但也无法造成身临其境的感觉。因此,仍然需要虚拟现实技术发挥作用。

(二) 虚拟语言教学环境的特点

第二语言学习环境,人们通常把它分为课堂环境和社会环境。对于这两种环境,虚拟现实技术都可以进行模拟。因此,我们可以认为,虚拟现实技术创造了第三种语言学习环境,可以叫作"虚拟语言学习环境"。它可以把课堂学习和课外习得有机地结合起来,成为一种新的学习方式。在这种环境下,学习者感觉时而是在教室里听讲,时而又是在异国他乡漫游;老师时而出现,时而隐去;虽然不如在教室听课那样真切,但是不受教师和课堂的局限;它虽然不如真实目的语环境所提供的信息丰富、刺激、强烈,但是不受时空的限制,而且信息和刺激都是经过筛选和浓缩的。在这样的环境中,可以在很大程度上反复进行"输入→内化→输出→反馈"的循环过程。

二　虚拟汉语教师的作用

(一) 虚拟主持人的特性

利用虚拟现实技术,综合三维动画和语音合成技术可以创作出虚拟人物。虚拟人物可以担任主持人的工作,主持电视节目或网络节目,因此可分为电视虚拟主持人和网络虚拟主持人。电视虚拟主持人对所有人说的话、做的动作都是一样的;网络虚拟主持人对网络上的不同人说不同的话,做不同的动作。

其特点是效率高、成本低、趣味性强。世界上第一个虚拟主持人于 2000 年 4 月 19 日在英国诞生。

(二) 虚拟教师的职能

汉语计算机辅助教学作为培养语言交际能力的工具,不但要具有多媒体性、交互性,更需要一种人性化风格。因此,我们完全有理由相信,随着虚拟现实技术的发展,虚拟教师总有一天会诞生。网络虚拟汉语教师将可以对不同的学生说不同的话,给予不同的提示,真正实现因材施教的个别化教学。

未来的对外汉语教学,将使真实课堂和虚拟课堂、真实教师和虚拟教师、真实语言环境和虚拟语言环境通过网络交织在一起,克服时空的局限,对汉语的传播发挥更有效的作用。值得关注的是,新的技术层出不穷,飞速变化,将对对外汉语教学的各个方面产生深刻的影响。

思考和练习

1. 远程教育的性质和特点是什么?

2. 结合实际情况,考察和分析目前汉语网络远程教学的面貌。

3. 你认为就语言教学而言,远程教学是否会取代课堂教学?为什么?

4. 为什么说网络远程教育对教师提出了更高的要求?

5. 你怎样看待汉语远程教学的前景?

6. 你认为在中国是否有必要对外国留学生采用远程教学方式,为什么?(或具体说明适用于哪些方面、什么时候。)

7. 请设计一种网络远程汉语教学方式,说明其功能和用途。

8. 你认为开展远程教学与哪些因素有关?关键因素是什么?为什么?

9. 有学者指出,远程教学不仅仅解决时空受限问题,你怎样看待这个说法?

第六章 语料库技术在对外汉语教学中的应用

计算机技术广泛而深入的应用,促进了汉字、汉语以及对外汉语教学的理论研究,其中一项很重要的内容就是语料分析。实践证明,借助语料库技术对汉语语料进行计算机化的分析,可以把常规的汉语言研究和汉语教学法研究从理性的定性分析和凭经验的估计分析,推进到精确、客观的定量分析。这一转变,引发了汉语教学研究和汉语教学法研究的变革。

第一节 语料库语言学简介

一 有关语料库的基本概念

(一)什么是语料库

语料,即语言材料(一般限定为自然语言),是语言研究工作者的研究对象和研究基础。语料库是指大规模语言材料的集合,传统的方式是用卡片资料的形式存储。计算机技术发展到一定阶段以后,可以方便、高效率地帮助人们建设、管理、检索和利用语料开展相关的研究,因此语料库也逐步兴旺发展起来,并越来越受到重视。此后,语料库特指以数字化形式存储的语言材料的集合,语料库中的文本也称计算机语料。

(二)什么是语料库语言学

关于什么是语料库语言学研究,存在着两种流行的定义[①]:

定义1:以现实生活中人们运用语言的实例为基础进行的语言研究,称为语料库语言学。

定义2:以语料库为语言描写的起点,或以语料为验证有关语言假说的方法,称为语料库语言学。

由此,人们必然会思考:语料库语言学是语言学的一个分支学科,还是语言研究的一种方法?实际上,从上述两个定义来看,语料库语言学既包括对语料的加工和检索系统的设计开发,也包括在有语言信息标记的语料基础上开展研究。

(三)语料库语言学的学科地位

应用语言学有狭义和广义之分。狭义的应用语言学就是第二语言教学;而广义的应用语言学包括语言应用的各个方面,是开放的。

计算机与语言文字工作的结合,产生了计算语言学,它是应用语言学的一个分支学科。从语言文字学界的角度来看,这是一个新的应用领域。它是利用计算机研究和处理自然语言的新兴学科,是应用语言学的重要组成部分。用计算机进行语言处理,要求我们彻底从事实出发,而不是从观念出发。这实际上是对各种语法理论的严峻考验,也是现代语言学研究中经验主义复苏的体现。

计算语言学的研究内容包括以下几个主要方面:(1)计算语音学,主要研究语音识别问题。(2)计算词汇学,研究词汇库、术语库等机器可读词典(即电子词典)。(3)计算语法学,用计算机分析自然语言的语法以及自动语法分析。(4)计算语义学,利用计算机分析自然语言的语义。(5)语料库语言学。可以看出,计算机语言学包括了语料库语言学。

语料库语言学诞生后,利用语料库的研究方法几乎成为所有语言研究的关键因素。因此,人们常说从事语言学及相关学科的研究,如果不能及时转变到在计算机上处理语料,那么将失去自己研究的主要对象。

(四)国内外著名英语语料库介绍

在"现代英语计算机国际档案"(The International Computer Archive of

---

① 参见黄昌宁、李涓子《语料库语言学》,商务印书馆2002年版,第2页。

Modern English,简称 ICAME)①中,介绍了近年来以语料库为基础的语言研究项目,它从一个侧面反映出语料库对语言研究的作用和意义,以及当前语料库语言研究的面貌。

语料库语言学发展至今,在世界各地已经建成了各种类型的文本语料库。其中,既有国际化的、国家级的,也有大学或出版单位级的。现介绍著名的或比较重要的语料库。

1. 世界几大著名英语语料库

(1) 布朗语料库②

布朗语料库(Brown Corpus)是20世纪60年代初,由美国布朗大学创建的第一个计算机可读语料库,也是一个英语平衡语料库,包含各种文体的美国书面英语。

布朗语料库建设的框架对后来的大规模语料库建设产生了深远的影响,一段时期内成为平衡语料库建设的标准。

(2) 兰开斯特—奥斯陆/卑尔根语料库③

兰开斯特—奥斯陆/卑尔根语料库(Lancaster-Oslo/Bergen Corpus,简称LOB)是20世纪70年代初由英国兰开斯特大学和挪威奥斯陆大学与挪威人文科学计算中心④共同创建的。与布朗语料库相对应,它包含各种文体的英国书面英语。

研究人员为这个语料库中的语词添加了赋码⑤信息,因此语料库的检索效率得到提高,同时语料库的应用范围也得到拓展。利用这个语料库可以开展语言变体或对比研究。

(3) 柯林斯—伯明翰大学国际语料库

柯林斯—伯明翰大学国际语料库(COLLINS Birmingham University In-

---

① 参见 ICAME 网址:http://icame.uib.no/。
② 全称为"布朗大学当代美国英语标准语料库"。
③ 兰开斯特位于英格兰北部,因此有的文献中也称"伦敦—奥斯陆/卑尔根语料库"。
④ 设在挪威卑尔根市。
⑤ 赋码,即给出标识,标识信息就称为赋码信息。有了赋码信息的语料库,就称为赋码语料库。用来自动添加赋码的工具称为赋码工具或赋码器。

ternational Language Database,简称 COBUILD)于 1980 年由英国伯明翰大学建立,并得到柯林斯出版社的资助。它的贡献在于对当代英语文本语料库的建设和分析。

在该语料库基础上已经出版了系列工具书,如《柯林斯 COBUILD 英语词典》、《柯林斯 COBUILD 英语学习词典》、《柯林斯 COBUILD 高级英汉双解词典》、《柯林斯 COBUILD 英汉双解学习词典》等。这些词典的共同特点是短语、例句取材于语料库;特别是对于学习词典,先根据语料库统计,得出词频信息,然后将词义按使用频率排列,把最常用的意义放在前面。

(4) 朗文语料库

朗文语料库(Longman Corpus)于 20 世纪 80 年代建立,由朗文—兰开斯特英语语料库、朗文口语语料库、朗文英语学习语料库组成,因此也有人称其为朗文语料库网。其主要目的是编纂英语学习词典。

目前,已在此基础上出版了系列工具书,如《朗文英汉双解活用词典》和《朗文当代英语大辞典》。由于词典编写参考和研究了学习者语料库,因此可以确保给予学习者在学习中所需要的帮助,避免常见的错误;真实自然,突出搭配;对口语和书面英语之间的频率、差异进行了解释,可以帮助学生更自然地使用英语,现已成为外国人学习英语的重要参考工具。

(5) 英国国家语料库

英国国家语料库(British National Corpus,简称 BNC)是 20 世纪 90 年代最具代表性的当代英语语料库之一,由英国政府资助,英国著名的几大出版社或图书馆都参与了语料库建设。该语料库既包含书面语,也包含口语,是一个基础性的研究语料库。

通过这个语料库可以观察到英语母语者的语言面貌,另外通过与母语者使用情况进行对比,可以为英语作为外语教学研究提供参考。①

(6) 美国国家语料库

---

① 参见王立非、祝卫华《中国学生英语口语中话语标记语的使用研究》,载《外语研究》2005 年第 3 期。

美国国家语料库(The American National Corpus,简称 ANC)的类型与英国国家语料库相同,建设了书面语和口语语料兼有的美式英语语料库。从 1990 年开始建设,于 2003 年起又进行了大规模的扩充和加工,成为美式英语最为全面和综合的语料资源。许多大公司、学校和商业机构都参与了此项工作。

它是语言研究、词典编纂、语言教学和教材编写等工作的重要资源。

(7)美国当代美式英语语料库

美国当代美式英语语料库(Corpus of Contemporary American English,简称 COCA)是由美国 Brigham Young University 的 Mark Davies 教授主持开发的美国最新当代英语语料库,也是当今世界上最大的英语平衡语料库,而且是供免费在线使用的,它为全世界英语教学和学习提供了方便,也是观察美国英语使用和变化的一个窗口。

它可以方便地为语言学家和语言学习者提供单词、短语和句子结构的频率信息。目前已有一些中国学者利用该语料库开展了面向中国学习者的英语教学和学习研究。[1]

2. 代表性的与汉语有关的多语语料库

美国宾州大学语料库(Linguistic Data Consortium)是由多所大学、公司和政府研究实验室共同组建的,因宾夕法尼亚大学作为主持机构而得名。其职能主要是创造、收集并发布口语和书面语数据库、词典和其他研究等发展资源。

它的最大特点是通过丰富的词类、句法和语义标记信息构建了句法结构树库,其中包括汉语树库。

3. 代表性历时英语语料库

在历史语言学中,内省法常常感到无能为力,语料库无疑成为有效的研究手段。因为通过一定范围内的语料,可以揭示语言在某历史阶段中的面貌。

---

[1] 参见汪兴富、Mark Davies、刘国辉《美国当代英语语料库(COCA)——英语教学与研究的良好平台》,载《外语电化教学》2008 年第 9 期;方玲、汪兴富《美国当代英语语料库(COCA)的自主学习应用》,载《中国外语》2010 年第 11 期。

最著名的历时语料库是赫尔辛基历史英语语料库(The Helsinki Corpus of Historical English)①。

该语料库包含了自 850 年至 1720 年间各类英语语篇,按每百年进行时间划分。在此基础上进行观测,研究者可以从社会语言学、方言学及语用学角度发现英语变迁的规律或趋向。②

4. 代表性共时英语语料库

1988 年起,有 20 多个国家和地区参与了国际英语语料库建设,每个国家或地区建设的语料库称为分语料库,由书面语和口语文本组成,语料选取有一定的规范。

目前,已建成英国英语语料库、澳大利亚英语语料库、东非英语语料库、印第安英语语料库、新西兰英语语料库、菲律宾英语语料库、新加坡英语语料库等,这实际上是众多平行的国家或地区的分语料库,可以用来开展不同文化、地域之间英语变体研究和分析。③

5. 中国英语学习者语料库

语料库在语言教学领域的应用早已开始引起人们的注意。我国学者开展利用语料库的研究取得了一定的成果。

桂诗春、杨惠中主持的国家"九五"社科规划项目"中国英语学习者语料库",收集了从中学到大学的中国英语学习者④语料,并标注了常见错误类型,如拼写错误、词语搭配错误、词语用法错误,以及语法结构错误等。在此基础上通过统计数据进行了相关研究,主要成果包括:中国学生的英语发音错误特征、学生英语口语中的话语结构特征、词块使用特征和会话策略特征、学生英语会话中的主题词与相关的语义网络构成等。研究结果对于指导中国学生学

---

① http://khnt.hit.uib.no/icame/manuals/hc/INDEX.HTM。
② 参见丁信善《语料库语言学的发展及研究现状》,载《当代语言学(试刊)》1998 年第 1 期,第 6 页。
③ 参见刘满堂《近 40 年英语语料库及语料库语言学研究的回顾与展望》,载《陕西教育学院学报》2004 年第 2 期;罗志高《国外英语语料库简介》,载《重庆科技学院学报(社会科学版本)》2008 年第 11 期。
④ 特指非英语专业学生或在非英语环境下的英语学习者。

习英语起到了积极作用。[①]

这是一项具有特殊目标和丰富价值的语料库教学研究实例。既有群体特征描述,也有个案研究;既有相关的母语与目的语对比研究,也有母语特征迁移研究;既有学习结果研究,也有学习策略研究。它对基于语料库的第二语言习得研究也具有一定的参考价值。

二 语料库语言学的发展历史和发展趋势

(一) 语料库语言学的发展历史

1. 语料库语言学发展的三个时期论

按照广义的语料库语言学,它是作为一种语言研究的方法,黄昌宁等(2002)以乔姆斯基转换生成语法的兴衰为参照,把语料库语言学划分为如下三个时期。

(1) 早期的语料库语言学

20世纪50年代中期以前,在实证主义和行为主义思潮的影响下,语言研究中经验主义占主导地位,非常重视语料在语言研究中的作用。主要用于儿童语言习得考察(建立在对大量的儿童自然话语材料分析基础上)、方言调查(注重合理取样)、音系研究(强调语料获取的自然性和语料分析的客观性)、语言教学中的词汇表统计(从语料中统计出的词频等级来控制外语教学的过程)等。

(2) 乔姆斯基转换生成语法时期的语料库语言学

随着1957年乔姆斯基《句法结构》(Syntactic Structure)的诞生,语言研究从经验主义转向理性主义,语料研究方法几乎被完全否定。理由有两个:第一,乔姆斯基认为语言研究的主要目标是认识语言能力而不是语言行为,语言运用(语料)只是语言能力的外在表现,而其他语言因素的影响不能准确反映出一个人的语言能力,基于语料的研究所得到的经验模式只可能是语言能力的部分解释,不是语言研究的有效方法;第二,语料库研究方法所得到的语料

[①] 参见杨惠中《中国学习者英语口语语料库建设与研究》,上海外语教育出版社2005年版。

只是人们实际说出的或写出的话语,不具备完整性和充分性,不能反映语言能力。但这一时期语料库的研究和建设并没有停止。

(3)复苏时期的语料库语言学

20世纪80年代后,语料库语言学复苏并得到飞速发展。原因有两个:第一,计算机技术飞速发展并得到广泛应用,特别是计算机的高速计算和大容量存储能力为语料库建设、加工和标注提供了技术支持;第二,经过二十年的实践证明,转换生成学派对语料库语言学的批评和否定有些是正确的,有些是错误的。人们重新认识到自然语料的作用,语法研究也更多地从微观层面入手。这一时期,相继建成了大规模、特色鲜明的语料库,且全世界范围内基于语料库的研究项目不断增多。

2. 语料库语言学发展的三个时代论

按照计算机语料库的诞生和发展历程,俞士汶和何安平[①]把语料库的发展划分为如下三个时代。

第一个时代为20世纪70年代至80年代间。标志性成果之一是世界上第一个根据系统性原则采集样本的当代美国英语语料库——Brown语料库建成。

第二个时代为20世纪80年代至90年代间。标志性成果之一是第一个以词典编纂为应用背景的COBULID语料库建成。

第三个时代为20世纪90年代至今。标志性成果之一是美国宾夕法尼亚大学在句法结构标注的基础上,构建了树库。

(二)语料库语言学的发展趋势

语料库语言学在其发展初期并没有引起太大的共鸣。在发展初期,只进行词一级分析,如词频统计等,后来增加了词的语法属性标注(如词性等)。经历几十年的发展,如今的语料库语言学无论在理论上,还是在技术上,都已趋于成熟,并得到越来越多人的承认,其应用也越来越广泛,从语言分析、语言教学、词典编纂,到人工智能等领域都已应用语料库技术。

---

① 参见俞士汶《计算语言学概论》,商务印书馆2004年版。

语料库技术与多媒体技术相结合的多媒体语料库,较之纯文本语料库而言,语料与音频、视频等关联,对语言教学将产生积极的作用,是值得重视且方兴未艾的发展领域。

语料库技术的发展趋势有如下三个主要特征。

1. 重视基础语料库的发展

更加重视基础语料库的发展,并从规模上有更大的突破[①],从广度上发展出更多的类型。

2. 重视对语料进行不同层次的标注

更加重视对语料进行不同层次的标注,如发展语音、构词、句法、语义以及语用等层次的标注。

3. 重视各种处理和检索工具的研发

更加重视各种处理和检索工具的研发,包括通用工具和专用工具,如分词和词性标记工具、句法标记工具、双语(或多语)语料对齐工具、辅助校对工具以及检索和统计工具等。

三 语料库技术的应用和类型

由于计算技术的飞速发展,计算机的存储容量越来越大,速度也越来越快。在这种条件下,采用统计、概率等量化数学方法开展语言研究,其主要目的是将语料库作为唯一的信息来源,并通过统计方法来获取语言中所蕴藏的各类知识。利用语料库的研究方法,已经成为汉语教师和双语教学工作者开展教学和科研的基本方法。

针对汉语教学,语料库技术的应用是多方面的。

（一）来自汉语教学的两个应用实例

1. 教师备课实例

作为汉语教师,在教学和科研中常常需要搜集语言材料。比如,一位教师

[①] 语料库规模已从20世纪60年代的百万词级,发展到20世纪90年代千万词级和现在的上亿词级,未来将是百亿词级的。

明天上课的时候要讲解量词"把"。他可以到词典中查找"把"作为量词都有哪些义项。但是,如《现代汉语词典》中的义项排序是按原义、引申义这样的词义发展顺序来排列的,不一定适合一般的汉语教学的需要;另外,如果教师想要更多的例句或用例,就只能离开词典靠经验或知识的积累,或冥思苦想。这个时候,如果利用现代汉语语料库检索系统就可以方便、快捷地查找到若干"把"作为量词的用例,甚至还可以给出按义项使用频率由高到低排序的义项顺序,为教师从教学需要出发选择例句提供丰富的参考资料。

2. 汉语中介语偏误分析实例

如下是汉语学习者的中介语语料。

例1:正在看这个**多么**好美丽啊的建筑。

例2:这些三十年经过了**真**很快啊!

例3:中国的万里长城也是在世界上**最**很有名的一个地方。

例4:我**很**特别喜欢小妹妹。

例5:可是很多人知道在原子核的电能量生产用的燃料几年以后**很**非常危险!

当我们把这些句子归纳在一起进行分析的时候,我们不难发现它们的共性是关于程度副词连用的问题。其实,在教学中我们经常会看到外国人在学习汉语的时候产生一些偏误用例。由于这些用例比较多,又有共同特点,因此值得我们关注。从中得出的研究结果或在教材编写的时候予以强调,或在教学中适时地给予指导,做到防患于未然。

从以上两个应用语料库的例子可以看出,当语言材料达到一定规模的时候,其代表性就在一定程度上具有科学性,就可以作为教学和研究的重要参考和依据。

(二)语料库技术的应用

语料库的应用,我们可以从多个角度去把握。

1. 语料库在自然语言处理中的应用

语料库在自然语言处理中的应用可以归纳为如下八个方面:(1)基于大规模语料库的语音识别;(2)基于大规模语料库的音字转换技术(中文输入);(3)

基于大规模语料库的自动文本校对技术;(4)利用语料库训练词性标注模型(分词、词性标注、词义标注);(5)基于语料库的句法分析;(6)基于语料库的机器翻译[①],平行语料库建设;(7)基于机器学习技术,获取语言知识(如搭配特征、句法规则);(8)基于语料库的语言模型训练以及语言模型的评价。[②]

2. 语料库在语言研究中的应用

语料库在语言研究中的应用可以归纳为如下五个方面:(1)语言习得,即观察材料。(2)方言学。运用直接法所获得的不同分布的语言事实来绘制方言地图包括资料积累和编撰整理。(3)语言教学。使用语料研究外语教学法,以及词汇表的选定和控制学习过程。(4)句法和语义。利用语料库研究语言的描述。(5)音系研究。利用自然语料开展音系研究,强调获取自然语料和语料分析的客观性。[③]

近三十多年来,语料库语言学得到了长足的发展,有力地推动了计算机语言学的发展,主要表现在:(1)语料处理工具的研究。例如,词汇赋码器(tagger)和句法分析器(parser)的设计和研制。(2)机器翻译。例如,研究者利用双语平行语料库,通过统计手段和对应的词表,实现了无须进行语言结构分析的直接对译。在我国已出现了不少英汉对译的计算机软件。(3)话语识别和话语合成等方面的成就。例如,计算机识别和区分与一个语音信号最有可能对应的词项,然后计算出由两三个词项组成的字符串的概率,从而不断更新推算的准确性和范围,逐步改进机器辨认话语的能力;用计算机处理口语语料库中经过语音韵律和语法标记赋码的语料,用概率统计的方法推导出一些规则,

---

① "七五"期间,北京大学计算语言学研究所建立了"现代汉语语法信息库","八五"期间,北京大学计算语言学研究将这个信息库进一步发展成为"现代汉语语法信息词典"(已由清华大学出版社出版);中国人民大学语言文字研究所从1990年开始对现代汉语常用动词的3000多个义项进行格关系描述,编制了"动词大词典"和"现代汉语动词大词典";清华大学计算机系和中国人民大学语言文字研究所联合研制了"现代汉语述语动词机器词典"(参见冯志伟《计算语言学基础》,商务印书馆2001年版)。这些成果既是计算语言学研究的宝贵语言资源,机器翻译的基础资源,同时也是汉语教学和研究的参考资料。

② 参见俞士汶《计算语言学概论》,商务印书馆2004年版。

③ 参见黄昌宁、李涓子《语料库语言学》,商务印书馆2002年版,第3页。

从而把文字材料变为具有声音的话语,即话语合成。

(三) 常见的语料库类型

语料库有多种分类方法,概括如下。

(1)按照语料规模,可分为小型语料库、中型语料库和大型语料库。

(2)按照语料是否经过加工,可分为生语料(原始语料)库和熟语料(赋码语料)库。其中熟语料库根据加工的程度又可分为粗加工和精加工语料库。

(3)按照语言层次,又可分为语音(音节、韵律特征标记)语料库、语法信息标注语料库(词性标注语料库、句法标记语料库)、语义信息标注语料库、语用信息标注语料库、语篇信息标注语料库等。

(4)从母语和第二语言的角度,可以分为母语语料库和学习者语料库(中介语语料库);

(5)按照语体可以分为书面语语料库和口语语料库;

(6)按照语种,可以分为单语、双语(多语)语料库。其中,单语语料库可以分为一般的单语语料库和单语平行语料库(同一种语言,不同国家和地区,语料选取在时间、对象、比例、文本数、文本长度等保持一致,如同一时期的英国、美国、澳大利亚、加拿大、新加坡英语语料库);双语(多语)语料库可以分为平行语料库(语料库中的文本构成对译关系,主要用于机器翻译)和比较语料库(表达的是同样的内容,但文本不一样,即文本间不构成对译关系,主要用于语言对比)。如果是双语或多语语料库,还可分为篇章对齐语料库、句子对齐语料库和结构对齐语料库等。

(7)按时代,可划分为历时与共时语料库。其中历时(时间、年代)语料库可以分为古代、近代和现当代语料库;共时语料库可以分为各种语言之间的平衡语料库(如汉英平衡语料库)。

(8)按体裁,可以把语料库分为综合性语料库和专用语料库(特定语域)。其中,就综合性语料库而言,能够达到不同部分之间的平衡,就叫作平衡语料库;就专用语料库而言,可以按照语域分为宗教、民族、新闻、财经、生活语料库等。

(9) 按是否可扩充或可更新,可分为静态语料库和动态语料库。

(10) 按照公开与否,可分为语言资源档案库(不可公开)和可流通语料库(可公开)。

(11) 按照载体形式,可以分为单机版语料库和网络版语料库。

(12) 从年龄角度,可以分为儿童语料库和成人语料库。

另外需要说明的是,目前已有很多专门用途的语料库,如用于词典编纂的语料库、外语学习者语料库、语法研究语料库、翻译用平行语料库和教材语料库等。这些类型的语料库都与教学密切相关,值得我们关注。

第二节 语料库[①]建设、加工和检索的基础知识

语言学研究需要以语言事实作为依据。以往的语言研究需要研究者用卡片大量摘录语言材料,但这种方法因受到数据规模的限制而效率较低。以数字化方式存储于计算机中的大规模电子文本语料库相继出现,并且已有相应的文本信息检索技术,因此可用于在电子文档中对语言事实的检索。与人工收集语言事实相比,这种方法的好处是效率更高,可以更快、更准确地在大规模电子语料库中找到相关文本的篇章、段落、句子和字词,还可以对检索结果进行编辑、复制、打印。

语料库语言学研究工作的主要内容包括:(1)语料建设。即各级各类语料库建设的原则和具体方法。(2)语料加工。即为语料标注具体的信息;还包括语料加工工具研究,如自动分词、词性标注、句法分析、语义和语用分析工具等。(3)语料检索。即研究从语料库中获取语言知识的技术与方法,包括查

[①] 由于目前语料库的研究对象主要以文本语料库为主。因此,以下无特别说明时,"语料库"专指文本语料库。

询、样本采集、统计和语料库管理。

一　语料库建设

任何一种语言的语料几乎都是无限的。建设语料库就是对语料进行抽样，然后存入计算机，作为其全部语料的代表而进行统计分析。这其中，语料库的规模及其选材分布原则是非常重要的，它会直接影响到统计数据的可靠性和适用范围。

建立大规模的语料库，可以让我们从过去语感式的体会转变到以事实说话的境界；从经验式的判断，到实证式的论证；从主观判断，到客观根据；从对规则的归纳，到使用统计数据，研究方法变得更科学，结果更可信。

建设语料库首先要明确它的类型，比如是书面语的还是口语的；然后考虑它的采集方法和分布状态。要经历原始语料收集、提取粗语料、提取精语料等几个过程。

二　语料加工

怎样才能更好地利用语料，从中提取出研究或教学所需要的语料呢？

我们先来看一个例子，可以从中体会到语料加工的作用和数据库工作的基本原理。

首先，如果一个汉语教学词汇表只有一二十个词汇，我们完全可以通过手工的方式进行排序、检索等工作；但如果数量很多，包含成千上万个词语，手工方式不仅效率低，而且容易出错，这时就需要借助数据库，通过计算机来完成。其次，我们经常需要从不同的角度检索信息，如词语的词形、词性和 HSK 等级[1]，这些就是语料的属性，属性标记得越全面，数据库的利用率就越高。如图 6-1 所示：

---

[1] 中国对外汉语教学领导小组办公室《汉语水平词汇与汉字等级大纲》，经济出版社 2001 年版。

Xuhao	Cixing	Ciyu	Dengji	Cichang
17	动	爱	甲	1
18	动	爱戴	丁	2
19	动、名	爱好	乙	2
20	动	爱护	乙	2
21		爱面子	丁	3
22	名	爱情	乙	2
23	名	爱人	甲	2
24	动	爱惜	丁	2
25		碍事	丁	2
26	动、形	安	丙	1
27	形、动	安定	丙	2
28	形	安静	甲	2
29	形	安宁	丁	2
30	形、名	安排	甲	2
31	形	安全	乙	2
32	动、名	安慰	乙	2
33	形	安稳	丁	2
34	形	安详	丁	2
35	形	安心	乙	2
36	动	安装	丙	2
37	动、介	按	乙	2
38		按劳分配	丁	4
39	副	按期	丙	2
40	副	按时	乙	2

图 6—1

按照词性排序,我们可以依次得到名词、动词、形容词、量词、副词、介词等各类词表;按照 HSK 等级排序,我们可以依次得到甲级词表、乙级词表、丙级词表和丁级词表;等等。如果一个汉字数据库没有标记汉字的结构信息,那么想要按照笔画或部件来排序或检索信息就是不可能的,就需要建立汉字属性库[①]。

每个事物都包含多种属性,事物之间的异同是由属性决定的。汉语中的字、词、句、篇,汉字的形、音、义都有自己的属性。标记属性并非越多越好,而是要根据需要。

(一) 语料加工的作用

语料加工就是为原始的"生"语料标注具体信息使之成为"熟"语料。标注的信息一般用电脑能识别的符号表示,如用"n"表示名词。

由于原始的"生"语料只能用来进行字频(包括若干相邻字同现的频率)和句长等统计,或提供简单的关键字检索[②],因此为了实现在词语一级的统计和检索,就必须为原始语料加上分词标记,并逐步标注其他信息。加工的基础是

[①] 属性描述可以用代码的形式,如字母、数字或它们的组合;并且在一个系统里要保持一致,否则就不能保证检索的准确性。

[②] 例如,要想在 Word 存储的语料中检索"把"字句,当我们通过"查找"功能,输入"把"之后,"把"作为介词、量词和词缀的用例都将被一一检索出来。不仅检索结果还需要人工筛选,而且还不能把所有用例都集中在一个文档里。

要有一个分词词表。不同应用目的的词表会有所不同(即有自身的特点),它将在特定领域发挥其处理的作用。遗憾的是,目前面向对外汉语教学信息处理的词表和词类标记规则尚未形成。①

语料库不仅仅是语言材料的堆积。语料库中的语料只有经过加工(分析和处理),才能成为真正有用的资源。作为语料库语言学研究的支撑环境来说,语料的加工深度对语料库能否发挥作用更加重要。以汉语为例,只有进行深度加工,对语料进行词性、句法关系和语义语用分析等不同层次的标注,才能使语料逐步由"生"变"熟"。在"熟"语料的基础上,利用信息处理技术可以提高对大样本研究的效率、精度和信度。一般来说,语料库中包含的语言信息越多,语料库的用处也就越大。

(二) 语料加工的步骤

汉语语料加工的步骤首先是分词和词性标注,然后再根据需要和能力逐步扩大对语料加工的深度和广度。加工是实现检索与统计的前提。

汉语语料库中的汉语句子是连续的汉字串,词与词之间没有间隔,除了标点符号之外,词语之间的界限无明显的标志,而中文的自动句法分析和语义分析都是以词为基本单位的,因此书面汉语文本的自动切词就成了语料库多级加工的首要问题。目前,中文自动分词技术主要通过三种分词算法来实现。(1)基于字符串匹配的分词方法,即将待分析的汉字串与词典相匹配,识别出词并标注;(2)基于理解的分词方法,即计算机模拟人对句子的理解,达到识别词的效果;(3)基于统计的分词方法,即通过对上下文中相邻字的次数进行统计,以字之间相邻的频率为依据来识别词。

汉语书面文本在自动切分之后,词与词之间出现了空白,之后就有可能像处理英文、法文、德文那样,进一步分析每个词的词类特征和语义特征,并给每一个词自动标上有关信息。例如,下面就是一个经过分词和标注了词类的处理结果:

---

① 已有学者就此类问题进行研究,参见刘华《基于语料库的对外汉语教学用分类词表的研制——以商务为例》,第三届全国教育教材语言专题学术研讨会,2010年4月25日至28日,中国辽宁锦州。

筹备/v 工作/n 正在/d 加紧/v 进行/v 由/p 文化部/ni 拟于/v 一九八八/m 年/nt 在/p 天津市/ns 举办/v 的/u 京/ns 、/w 津/ns 、/w 沪/ns 及/c 部分/n 省市/n 参加/v 的/u″/w 京剧/n 新/a 剧目/n 汇演/v″/w 筹备/v 工作/n ,/w 目前/nt 正在/d 加紧/v 进行/v 。/w[①]

其中,v 代表动词,n 代表名词,d 代表副词,p 代表介词,ni 代表机构名,m 代表数词,nt 代表时间名词,ns 代表地名,u 代表助词,w 代表标点,c 代表连词,a 代表形容词。

信息标注的程度可以从深度和广度衡量,它决定了检索效率和应用价值。汉语语料加工的发展趋势是标注句法信息、语义信息和篇章信息等。

(三) 语料加工工具与加工效率

目前的语料加工方式是通过计算机自动加工,然后进行人工或计算机辅助校对。计算机自动加工的方法已经从切词、标注词性的方法,发展到切词与词性标注相融合的汉语语料库加工方法。

另外,每个语料库系统都会在自己的加工之前制订一个可操作性强、高度具体化的分词规范、词类标记规范和词表等,便于分工合作中仍能保持系统的一致性,也便于使用者在使用过程中做到心中有数,因为这些标准和规范代表各系统对不同观点的语言学知识的认识,同时也可以有针对性地面向应用。

(四) 建立词汇网络关联系统

对语料进行加工的基本单位是词。没有对词(词语)的深刻认识和描述,语料的加工水平、检索能力最终将受到限制,也将继续影响机器翻译等自然语言处理问题。

同一语言间的词有同义、近义、反义、上下位、整体和部分等关系,不同语言间的词有完全对应、不完全对应等关系。明确它们之间的关系,以及它们之间的区别与联系,最终要追溯到概念层面,即人们对客观事物的基本认识,这是人类共同的知识背景。虽然描述这些复杂的关系是一项巨大的语言工程,

---

① 来源于国家语言文字工作委员会(简称国家语委)现代汉语语料库。这里,每个词语后面都有一个斜杠,斜杠后面是词性标记符号,这是目前通行的词语切分后的词语—词性标记形式。

但其结果不仅对信息处理有着重要的作用,而且对于语言教学也有着重要的参考价值。

1. 美国普林斯顿大学的词网

普林斯顿大学的词网(Word Net)是 1995 年由普林斯顿大学心理学家、语言学家和计算机工程师研发的一种基于认知语言学原理的英语语义词典。

它根据词义组织词汇信息,实际上是建造了一个词汇关系网络,因此称它为一个语义词典。在此基础上,就可以实现按照意义等多途径进行检索(而不仅仅是拼写等传统方式)。

2. 中国的知网

中国学者董振东主持构建了"知网"(HowNet)系统。知网以汉语和英语词语所代表的概念为描述对象,揭示概念与概念之间的关系以及概念自身所具有的各种属性之间的关系,是一个词典知识描述系统。

知网对于词语概念的描述比词典中对词语的文字定义更加清晰,实际上是对词典中词语文字定义的形式化描述。知网描述的是词语的语义,但它不是一个单纯的词典,而是词汇知识网络体系。它对于概念的形式化描述,把概念和它们的属性组织在一个完整的知识系统中,对于自然语言的计算机处理是很有价值的。[1]

3. 中国的概念层次网络系统及理论

中国学者黄曾阳创立了概念层次网络(Hierarchical Network of Concepts,简称 HNC)理论,它是关于自然语言理解的一个理论体系。

HNC 从语言的深层入手,以语义表达为基础,建立一种模拟大脑语言感知过程的自然语言表述模式和计算机理解处理模式。它把人脑认知结构分为局部和全局两类联想脉络,认为对联想脉络的表述是语言深层(即语言的语义层面)的根本问题;局部联想是指词汇层面的联想,也是语句层面的联想。HNC 理论的出发点是运用两类联想脉络来"帮助"计算机理解自然语言。[2]

---

[1] 1988 年,董振东最早提出有关知识库的观点;1999 年 3 月,知网网站正式开通;2000 年 3 月,发布《知网》1.0Beta 版。中文版网址:http://www.keenage.com/html/c.index.html。

[2] 最早报道见《中文信息学报》1997 年第 4 期。

三 语料库检索

语料库在建立和加工之后,必须提供检索和统计的手段,这样才能真正达到使用的目的。这一工作有时也称为"语料库管理"。从查询能力来看,不仅可以实现简单的按具体字词查询,还可以通过查询表达式实现按某种格式的语料查询,查询表达式可以是关键词语同逻辑符号组合成的复杂关系式。例如,北京大学 CCL 语料库检索系统(网络版)中,可以查询唐代语料中"给"的使用情况,在查询表达式"path"中输入" 唐 给";可以查询老舍先生文章中"A 来 A 去"的用法,在查询表达式"author"中输入 "pattern 老舍和 A 来 A 去"即可。检索工具有不同类型,检索工具的检索能力也各不相同,人们对检索结果的使用也有不同的方式。

(一) 检索工具

检索工具一般有配套检索工具和通用检索工具两类。

通常大型语料库或专用语料库都有相应配套的检索系统,利用配套的检索工具可以有效地按照教学或研究的需要检索到满足条件的语料,从而为教学和研究提供帮助。不同语料库的检索系统有自己独到的方面或检索项目,是为某些专门的目的而设计的。

目前,也有一些通用的检索软件工具,只要把规定格式的语料库名称通过适当的方式告知检索系统,检索系统就可以开始工作。当然,检索的项目是预先规定好的。

例如,北京语言大学宋柔等研制的"面向语言教学和研究的汉语文本检索软件(CCRL)"[1],采用检索软件、词表、词属性体系分离的思想,不需人工标注就能对任何生语料全自动地生成索引并进行检索。

(二) 检索能力

有些检索软件是基于字串的检索;有些检索是基于分词并带词性标记的,

---

[1] 参见宋柔、樊太志、岳炳词《面向语言教学研究的汉语语料检索系统 CCRL 及其应用》,2002年第七届国际汉语教学讨论会,北京。

可以检索例句,并给出上下文,或切换到句子所在段落。检索系统的检索能力和准确率,既与语料加工程度和精度有关,也与设计者的语言学知识水平有关。如果语料没有加工到某个层级或水平,设计者没有设计某项功能,那么相应的检索功能就不能实现。

例如,某个语料库只对语料做了词语层级的标注,而没有做句法层级的标注,那么按词类检索是可以实现的,按句法检索就不可能做到;又如,对于兼类词语"花"(名、动兼类),如果不视具体情况,只按高频词类(名词)原则进行标注,那么"花"作为动词"花钱"、"花时间"这样的动词用例就无法提取出来。

(三)检索结果的使用方式

对于检索结果,人们可以继续观察、统计、研究、分析和利用,还可以编辑后再利用。

各个系统提供检索结果可利用的权限是不同的。有的检索结果可以下载,下载后也可以编辑;而有些检索结果只能查看,既不能下载,也不能打印。这种情况一般不是出于设计和技术能力,而是出于版权保护。

第三节 汉语目标语语料库及其应用[①]

一 现代汉语语料库在汉语教学和研究中的作用

(一)现代汉语语料库的特点

作为开展研究的最基本的物质保障,简单地说,现代汉语语料库具有"大规模"和"真实性"两个基本特征。具体地说,其主要特点如下:

(1)由于它是按照一定选取标准建设的现代汉语语料库,在可靠性、标注

---

① 第三节与第四节相对应。研究中介语,既可以与第二语言学习者的母语对比,也可以与第二语言学习者学习的目标语对比。

性和准确性等方面都具有权威性。

(2)由于它的选材有足够的时间跨度,语料抽样合理、分布均匀、比例适当,因此能科学地反映现代汉语的全貌。

(3)由于它是按照专业的规范和技术标准进行建设、加工和标注的,因此检索结果可靠,使用方便。

由此可见,现代汉语语料库既是理想的汉语知识资源,也可以直接服务于汉语信息处理和汉语教学等领域,其前提正是有了相应的物质保障,现代汉语语料库为汉语信息处理、汉语与汉字规范和标准制定、汉语与汉字的学术研究和汉语教学等方面做出了重要贡献。基于现代汉语语料库的分析方法是对传统的基于规则的分析汉语的方法的一个重要补充。

(二)现代汉语语料库对汉语教学和研究的意义

1. 开展面向对外汉语教学的本体研究

近三十多年的汉语研究表明,汉语信息处理和汉语作为第二语言教学促进了汉语本体研究。

汉语教学中遇到的一些问题往往是我们本族人习焉不察的现象,怎样总结其规律并按照教学规律在适当的时候教授给学生,这类问题是我们要思考的。

近二十年来,学者们开展了很多面向对外汉语教学的本体研究。如何处理本体研究与对外汉语教学的关系,以语法研究为例,邵敬敏等(2005)在"语法本体研究与对外汉语语法教学"中指出,"一方面汉语语法本体研究要结合对外汉语语法教学注重句法的语义分析,另一方面也要从对外汉语教学中吸取灵感。"

2. 辅助教学、教材编写和词典编纂

(1)辅助教学及教材编写

现代汉语语料库可以辅助教师课堂教学及教材编写。

例如,在讲授量词"把"之前,可以在现代汉语语料库中检索"把"作为量词的语料。假设检索出的结果如图6—2:

把/q	火	SENQN:本/d 不/d 想/v 揽/v 这/r 过/i "/w 融雷/v 的/u 新/a 官/n 蔡/nr 东晨/nr 还/d 怯/v
把/q	蔬菜	SENQN:提出/v 让/v 学生/n 每/r 天/q 吃/v 一/m 把/q 蔬菜/n "/w
把/q	豆	—
把/q	标尺	SENQN:农民/n 健康/an 衡量/v 文明/n 的/u 一/m 把/q 标尺/n ——/w 四川/ns 射洪县/ns 农村/n
把/q	牙刷	SENQN:"/w 把/q 牙刷/n 。/w
把/q	刷子	SENQN:他/r 把/p 夺/v 去/v 报纸/n ,/w
把/q	保护伞	SENQN:把/p 我们/r 家/n 的/u 这/r 术/n 刷子/n (/w
把/q	保护伞	SENQN:后人/n 又/d 以/p 《话题/n 记/ng 》 增刪/v 为/p 第七/m "/w 才/d 书/n "/w ,
把/q	脸	SENQN:腰/n 上/f 脸/n 。/w
把/q	海绵刷	SENQN:右手/n 拿/v 着/u 一/m 把/q 海绵刷/n ,/w
把/q	海绵刷	SENQN:她/r 亲自/d 把/p 送/v 到/v 渤海/ns 前哨/n 的/u 一/m 个/m 小岛/n 上/f 。/w
把/q	交椅	SENQN:在/p 新库区/ns 同人/n 终于/d 坐定/v " NBA /nx 东区/n 最后/f 一/m 把/q 复赛/vn 交椅/n "/w
把/q	刀骨	SENQN:一/m 把/q 刀骨/n 也/d 有/v 二/m 山/n 。/w
把/q		SENQN:"/w 贺/nr 军胜/nr 推/v 一/m 把/q 贾/nr 西海/nr 说/v :/w
把/q	扫帚	SENQN:京都/ns 中/nj 中/nj 友/nr 人士/n 又/d 它/r 俱刻/n 在/p 万年/m 永/d 存/v
把/q	大火	SENQN:而/c 火星/n 扫帚/n 做/v 的/u 两/m 把/q 大火/n 。/w
把/q	扇子	SENQN:找/v 极为/d 狂/a 漾摆/v 的/u 两/m 把/q 扇子/n ,/w 扇/v 起来/v ,/w
把/q	钥匙	SENQN:又/d 是/v 一/m 把/q 打开/v 农村/n 基层/n 工作/vn 局面/n 的/u 金/b 钥匙/n 。/w

图 6—2

从表中我们可以看出,第一列标记为"把/q"表示这些用例都是以"把"作为量词索引后的结果;第二列显示"把"作为量词时,它后面的搭配名词有哪些及是什么;第三列则显示出实际的句子[①]。教师可以从这个检索结果中方便地选用某义项下的用例,或直接使用,或改写;也可以对这些用例按义项进行归类,最终决定教授量词"把"时的义项和排列顺序。

(2)辅助词典编纂

语料库技术应用于词典编纂,不仅可以提高词典编纂的效率和准确性,更重要的特点在于解决许多实际编排问题。王铁琨指出,"进一步研究解决好辞书编纂与语言文字规范化、标准化的关系问题,辞书编纂手段的现代化与出版载体的革命问题,以及创建团结和谐、有序竞争的辞书出版大环境问题,以利于中国辞书事业的持续发展繁荣。"[②]

目前著名词典的编纂都以大型语料库为技术支撑。例如,《美国传统词典》参考了美国中学生阅读语料库、《柯林斯 COBUILD 英语词典》拥有自己的专用大型语料库、《朗文当代英语辞典》中的词语解释及例句和词语使用频率标记等都是得益于语料库网[③]的支持。甚至有些辞书编纂在

[①] 去掉"/"及其后面表示词类的字母代码即为完整的句子,这是中文信息处理中常用的分词和词性标记方法。

[②] 参见王铁琨《规范化、现代化与辞书强国——中国辞书事业发展的思考》,载《辞书研究》2007年第1期。

[③] "语料库网"包括书面语语料库、口语语料库、学习者语料库、日常会话语料库等。

收录新词的时候,不仅动态观测语料变化,还采用网上调查的形式获取结果。

面向对外汉语教学,我们可以通过一个实例来看看语料库在辅助辞典编纂中的作用。

例如,我们要编写一个外向型[1]的"汉语量词词典",它是为满足外国留学生学习汉语,以及对外汉语教学与科研工作的实际需要而设计的。那么就应从外国人学习汉语的实际需要出发,以外国留学生为主要适用对象,同时兼顾对外汉语教师和相关科研工作者的需要。目的是通过工具书帮助外国人解决汉语学习过程中遇到的实际问题,并为对外汉语教学工作者提供必备的教学参考。可以说,这部词典的特点决定了它的编纂方法。

现代词典的编纂离不开语料库技术,词典编纂是语料库语言学研究的一项重要内容。就该量词词典来说,在已有研究成果的基础上,借助语料库技术,通过扩充收词范围、调整义项的分合及排序、标注量词使用的语法信息、控制释义用语和配例、提供量词使用频率等措施,可以实现外向型词典实用性的目标。具体来说,借助现代汉语语料库可以实现以下四个方面的功能:

① 在《HSK 大纲》的基础上,通过统计量词使用频率,适当扩充常用量词;

② 根据量词所搭配名词的情况,对量词义项进行合理的分合及排序;

③ 为量词在各义项下的具体使用,提供最有效的配例;

④ 设置"名词—量词"部分,并将名词的各可用量词按使用频率排列。[2]

(郑艳群等,2006)

---

[1] 外向型词典特指为非本族语用户或第二语言学习者而编写的词典。
[2] 参见郑艳群等《语料库技术在〈HSK 量词学习词典〉编纂中的应用》,载《对外汉语学习词典学国际研讨会论文集(二)》,中国社会科学出版社 2006 年版。

二 汉语目标语语料库介绍[①]

(一) 北京大学汉语语言学研究中心 CCL 语料库[②]

1. 语料库概况

北京大学汉语语言学研究中心（Center for Chinese Linguistics，简称CCL）语料库得到教育部项目资助，由北京大学汉语语言学研究中心建立。包括现代汉语语料库、古代汉语语料库和汉英双语语料库。界面如下图6－3所示：

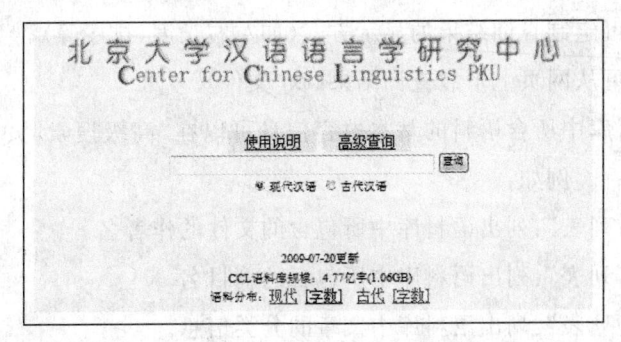

图6－3

该语料库的使用简便。当选择"现代汉语"或"古代汉语"作为检索范围后，在检索框中输入检索内容即可进行检索。在检索界面上还包括对语料库及检索系统的"使用说明"，同时支持"高级查询"。查询时可根据CCL语料库使用说明进行，如我们需要检索现代汉语语料库中同时含有"与其"和"不如"的句子，并且"与其"出现在先，"不如"出现在后，且两者间隔在10个汉字以内，那么我们需要在检索框中输入的检索条件的格式为："与其＄10不如"，检索结果表明有500多条符合条件的例句，并可下载包括所有结果的Word文档到指定的存储设备。

[①] 从汉语语料库的起源和发展来看，有一些代表性的语料库，如《中国文学名著语料库》、《现代汉语词频统计语料库》、《中小学语文课本语料库》等。此处介绍目前可公开利用的一些语料库。

[②] 语料库网址：http://ccl.pku.edu.cn:8080/ccl_corpus/。

2. 语料库特点

CCL 现代汉语语料库有 4 个特点：

(1)语料库中的中文文本未经分词处理。

(2)检索系统以汉字为基本单位。可以支持如下形式的检索：

①支持复杂检索表达式(比如不相邻关键字查询、指定距离查询等)；

②支持对标点符号的查询(比如查询"？"，可以检索到语料库中的所有疑问句)；

③支持在"结果集"中继续检索；

④用户可定制查询结果的显示方式(如左右长度、排序等)；

⑤用户可从网页上下载查询结果(txt 文件)。

(3)语料库中所含语料的基本内容信息可以在"高级搜索"页面上点击相应的链接查看。例如：

①"作者列表"：列出语料库中所包含的文件的作者名。

②"篇名列表"：列出语料库中所包含的篇目名。

③"类型列表"：列出语料库中文章的分类信息。

④"路径列表"：列出语料库中各文件在计算机中存放的目录。

⑤"模式列表"：列出语料库中可以查询的模式。

(4)语料库及其检索系统是纯学术、非营利性的(界面如图 6—4)。

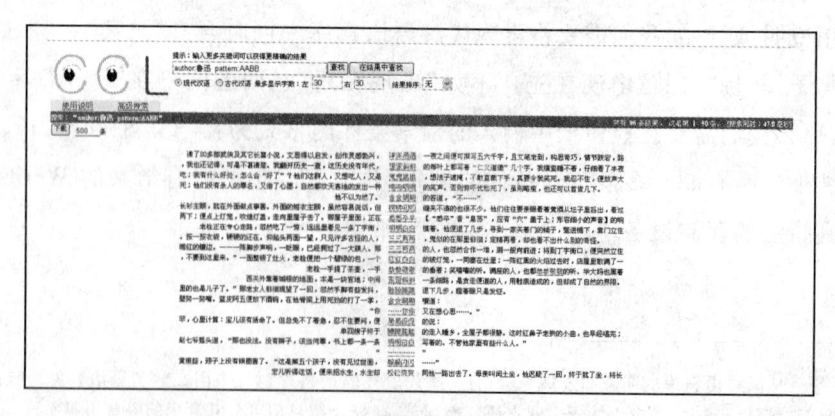

图 6—4

(二) 中国传媒大学传媒语言语料库①
1. 语料库概况

中国传媒大学传媒语言语料库是由中国传媒大学应用语言学系开发的。界面如图 6—5 和图 6—6 所示：

图 6—5

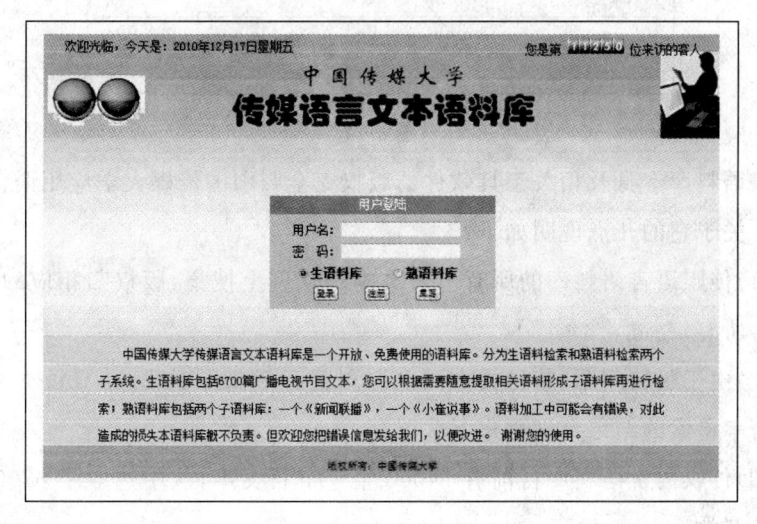

图 6—6

---
① 语料库网址：http://ling.cuc.edu.cn/rawpub/index.asp 或 http://ling.cuc.edu.cn/ylk/。

2. 语料库特点

传媒语言语料库分为文本语料库和音、视频语料库。其中文本语料库又分为文本生语料库和文本熟语料库；音视频语料库也分为音视频生语料库和音视频熟语料库。在生语料库检索系统中，除了可以输入"检索字符串"以外，还可以对"级别""单位""内容""形式""对象""主持人""时间"等十多个条件进行限制。熟语料库则包括两个子语料库，其中之一是《新闻联播》子语料库。进入检索系统后选择子语料库，输入查询内容即可查询到所需内容。界面如图6-7所示：

图6-7

该语料库本身及相关工具软件的版权完全归中国传媒大学应用语言学系所有。关于它的几点说明如下：

（1）传媒语言语料库的所有节目文本均从网上搜集，版权归相应的电台、电视台所有。

（2）由于版权问题，节目文本只允许浏览而不允许下载，在节目文本中进行字符串检索的结果允许用户下载保存。

（3）传媒语言语料库目前有54000余个节目文本，从中选取了6700个文本对外开放。

（4）使用前需要先注册。注册用户使用传媒语言语料库进行学术研究是免费的。

(5)检索系统可以支持如下形式的检索:

①节目文本搜索和字符串检索;

②查看语料库中收录的情况(如各电台和电视台的栏目、子栏目及节目数量等);

③节目被用户查看的次数。

(三)国家语言文字工作委员会现代汉语语料库[①]

1. 语料库概况

继美、英、法、德、日等国家投入巨资建立大规模语料库之后,我国从1990年开始由国家语言文字工作委员会主持,组织语言学界和计算机界的专家学者共同建立了大型的国家级语料库,即国家语委现代汉语语料库。界面如图6-8所示:

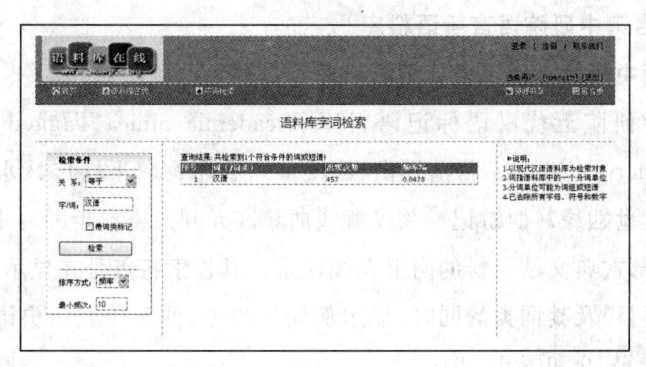

图 6-8

2. 语料库特点

国家语委现代汉语语料库面向国内外需求,选取有足够时间跨度的语言材料,语料抽样合理、分布均匀、比例适当,能够比较科学地反映现代汉语的全貌,主要特点如下:

(1)国家语委现代汉语语料库由人文与社会科学、自然科学及综合三个大类约40个小类组成。语料的时间跨度为1919年至2002年,以近20年的语

[①] 语料库网址:http://124.207.106.21:8080/或 http://www.yys.ac.cn/点击"国家语委语料库查询系统"。

料为主;分 13 个大类,40 多个小类,100 多个详细分类。

(2)已经完成 5000 万字语料的词语切分和词性标注加工,在语料库加工过程中研发了语料库加工、词类标记集等规范以及词语切分和词性标注、语料库校对、语料库管理、语料检索、查询统计等一整套的计算机软件工具,功能齐全,用户界面友好。

(3)已经建设完成 100 万字(5 万句)的句法树库。

(4)语料库是对外公开免费使用的。

国家语委现代汉语语料库也通过建立和利用句汉语树库加工语料,为研究者进行文本的句法分析和标注。因此,研究者可以从词类入手考察某一特定类别词语的句法功能;从短语功能类型入手,可以考察某一特定类型短语的内部构造模式。

(四) 台湾中研院语言所语料库[①]

1. 台湾中研院近代汉语标记语料库

台湾中研院近代汉语标记语料库(Academia Sinica Tagged Corpus of Early Mandarin Chinese)目前提供《红楼梦》《金瓶梅》《平妖传》《水浒传》《儒林外史》《醒世姻缘》《西游记》《关汉卿戏曲集》《元刊杂剧叁十种》《永乐大典戏文叁种》十部古典文献语料的网上在线检索。其检索特点是在显示词项(要检索查询的项目)及其词类的同时,显示例句的出处,便于研究历史语法的学者使用。如图 6—9 和图 6—10:

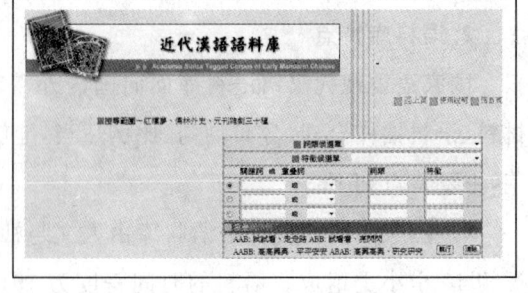

图 6—9

图 6—10

---

① 参见 http://www.ling.sinica.edu.tw/.

2. 台湾中研院现代汉语标记语料库

台湾中研院现代汉语语料库(Sinica Corpus)是 1991 年开始为汉语语言分析而设计建造的,每个句子都经过分词和词性标记。语料的搜集力求在主题和语体上"平衡"。可以在"自订语料库搜索范围"中进行设定,开展有针对性的研究。界面如图 6—11 和图 6—12:

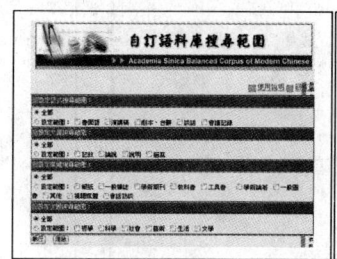

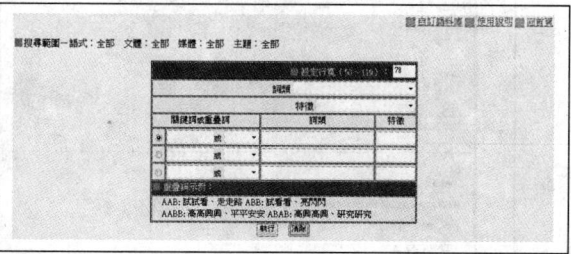

图 6—11　　　　　　　　　　　　　图 6—12

3. 其他

除近代汉语标记语料库和现代汉语语料库外,另外还有台湾中研院中文句结构树资料、古汉语语料库、中研院上古汉语标记语料库、中研院口语韵律语料库等可以参考。

(五) 香港城市大学共时语料库

香港城市大学语言资讯科学研究中心自 1995 年起构建了共时语料库(Linguistic Variation in Chinese Speech Communities,简称 LIVAC)。

该语料库突出的特点是:(1)"泛华语"。语料选取涵盖世界上使用中文的泛华语地区,包括中国香港、北京、台北、上海、澳门以及新加坡等地有代表性的中文报章与传媒、电子新闻报道。(2)"共时"。体现在利用严谨的"视窗"定时定量地收集语料,便于进行客观的比较研究。(3)"同题"。体现在选取内容均为社论、世界要闻、当地新闻、两岸报道等,囊括了新闻媒体中的经济、体育、娱乐等大多数层面。从中可以看出社会文化的差异。(4)动态更新。体现在该语料库同时兼顾了历时性,每两星期更新一次,研究者可以从中观察语言动态发展情况。

利用该语料库的检索系统,可以查询字、词、句、篇章等不同层次的语料信息和频率统计结果;也可以查看包括人名、地名、最常用词的排行榜,如图6-13：

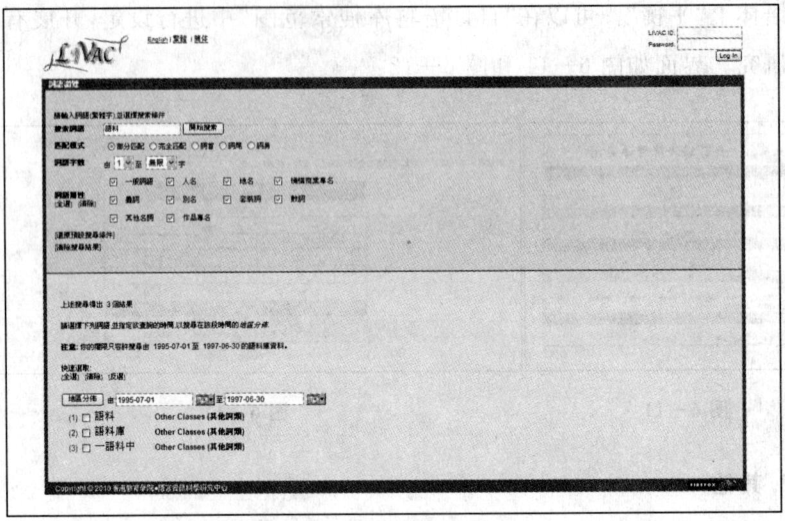

图6-13

(六) 北京语言大学动态流通语料库

该语料库自2000年起建立,是对语言的动态变化进行检测和监测的语料库,用来动态追踪语言的发展历程。通过流通性、流通量、流通度和流通度计算公式等,可以开展词语(通用词语和流行语)及其他方面的研究。2002年起每年发布"十大流行语"。

基于动态流通语料库的研究结果可以为新词语发现、语言规范、知识更新等提供依据。

(七) 其他语料库

1. 北京语言大学当代北京口语语料库

20世纪80年代,北京语言大学开展了一项工程,即通过大规模、有计划的实际调查,以有声语料采集的形式,真实地记录北京人日常生活中的自然话语,并标记了其社会特征(如居住地区、性别、年龄、职业、文化程度和民族等方面的社会特征)。这些语料按照一定的规则进行转写并以数字化形式存储,称为《当代北京口语语料库》(录音格式和转写的文本格式)。

目前已对部分原始语料进行了加工处理(如词语切分、语音标注、话语标记),并得到词频、句式统计结果。该语料库可以为汉语本体和社会语言学研究、北京方言和汉语史研究、汉语信息处理和数据库语言学研究提供丰富翔实的语料,为对外汉语教学制订教学大纲、编写教材提供口语方面的依据。

2. 中国点通多语言语音语料库

该语料库是根据国家863计划项目"中文为核心的多语言处理技术"课题"多语言基础资源库研制和共享"研究开发的,共包括九个大的资源库,其中有口语语音资源库、双语或多语平行语料资源库、少数民族语言资源库、汉语或多语口语质量评估资源库、网络数据资源库等。

它有多种用途。例如,语音语料库可用于语音识别研究,多语句对齐库可用于机器翻译研究,图片音频视频库可用于多媒体教学研究。

三 现代汉语语料库的应用

现代汉语语料库的建设是一项非常有意义的基础性语言工程。它可以为汉语教学工作者提供强有力的帮助。汉语教学工作者可以借助语料库制订教学大纲、编写教材、查找例句、编写教案、编制试题等。

(一)现代汉语语料库应用实例分析

利用汉语中介语语料库,我们可以得到韩国学生使用汉语量词的基本情况及使用频率。

基本情况显示:韩国学生使用了《HSK大纲》(共134个量词)中的50个量词;在这50个量词中,我们发现"个"的使用频率相对比较高。那么,是否意味着韩国学生在量词"个"的使用上存在过度泛化呢?我们必须考察中国人使用"个"的情况,并进行对比。首先,我们可以考察一下韩国学生所使用的50个量词在现代汉语语料库中的使用频率;其次,韩国学生量词使用与中国人量词使用的情况相互对照,才能得出结论(见图6—14)。

[图表：如果我们把这50个量词的使用情况与母语是汉语的中国人使用这些量词的情况 1 进行对比]

图1：韩国学生量词使用与中国人量词使用情况对比

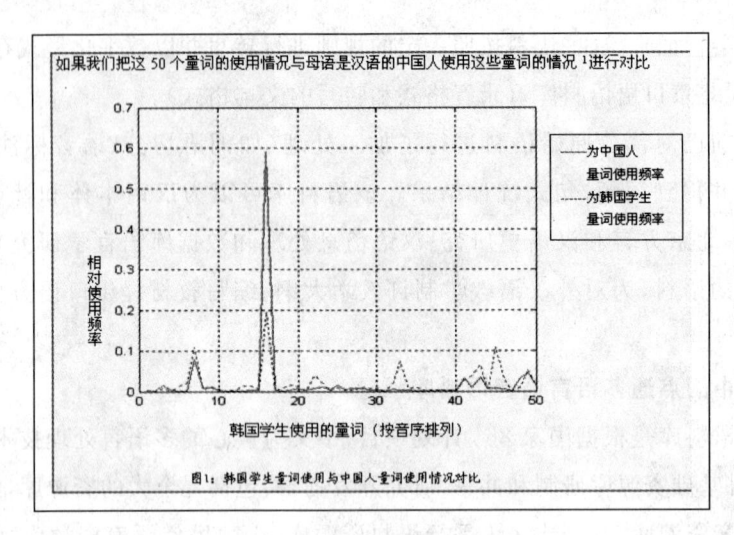

图 6—14

实际上，从图中不难看出，在"个"的泛化问题上，中国人的泛化程度远远高于韩国学生。也就是说在韩国学生使用量词方面，针对"个"的泛化问题不必小题大做。（刘亚菲等，2008）

（二）应用现代汉语语料库的代表性研究成果

许多专家学者在研究汉语教学法、教材编写和词典编纂等具体工作中，利用现代汉语语料库提供的数据信息并进行科学分析，取得了可喜的成果。李宇明等（2005）通过北京大学 CCL 语料库，对北京话中"给"字被动句的地位及其历史发展做了分析；张玮（2002）利用网络新闻语料库对时间副词"永远"的语法意义及语法功能进行探析，发现语料中有大量用例与辞书中的解释并不相符；杨德峰（2002）利用现当代文学作品语料库，考察了用于将来的"动＋了＋趋"结构所在的句子用于将来发生的动作或情况时的限制条件，并从共时和历时的角度论证了"动＋了＋趋"中"了"的性质；史金生（2003）根据 3000 余万字的语料，搜集了情状副词共现实例，用相邻原则和线性次序原则对共现顺序做出解释；周晨萌（2005）通过《当代北京口语语料》，分析了 20 世纪 80 年代北京口语儿化词的使用情况，分析了使用特点；邢红兵等（2006）利用现代汉语研究语料库对谓词用法做了统计分析，指出目前词典中对谓词用法的描写与实际用法存在一定差距，分析了留学生在谓词学习过程中由于句法属性统计数据的缺乏所表现出来的特点,提出要从谓词的句法功能和同现关系两个方面加强面向对外汉语教学的词的句法属性的统计分析;苏新春(2001)论述了在《现代汉语词典》数据库基础上对该词典的所有词目、字形、释义、注音进行专题、封闭、量化的词汇计量研究的意义、方法和思路,对全面系统地开展汉语词汇立论研究具有重要的意义。

语料库语言学对对外语教学产生了直接的影响。它作为大量真实语言资料的来源在教学中得到越来越广泛的应用。

语料库对新闻语言、科技文本等特殊用途的语言教学与研究也起了很大作用。特定领域的语言材料可做专门研究并把结果应用到实际教学中,如根据语料库中的词汇统计生成词汇表、编制完形填空题、回答教师和学生对某个语言问题提出的疑问等;根据商务语料制订商务汉语词表,考察商务用语习惯和文化特点。

第四节　汉语中介语语料库及其应用

一　汉语中介语语料库在汉语教学和研究中的作用

(一)中介语语料库的特点

中介语有两个主要的性质和特点:一是不断发展变化;二是其发展变化有一定的内在规律,表现出一种普遍性或群体性的特征。正因为中介语的规律性和系统性,我们才可以描写中介语的面貌,揭示中介语发展的总体特征和群体特征,并找出影响中介语发展的主观和客观条件。

(二)汉语中介语语料库对汉语教学和研究的意义

研制汉语中介语语料库的基本目的正是对外汉语教学学科建设的一项基础性准备工作,同时也可以为相关的汉语本体研究、汉外语言对比和语言共性研究、汉语作为第二语言习得研究、对外汉语教学理论研究、对外汉语教材研究、汉语水平考试研究以及其他方面的研究提供来自汉语中介语方面的语料和数据。

汉语中介语语料库着眼于对外汉语教学学科建设和教学实践的实际需要。在学科建设和理论研究方面，一个数量充足、信息完备的汉语中介语语料库可以成为建立和发展作为第二语言的汉语学习理论的坚实基础，可以为对外汉语教学总体设计、教材编写、课堂教学、成绩测试和水平考试的研究工作提供依据。在教学实践方面，它可以帮助老师了解学生及其学习的过程和影响学习进步的因素，从而使教师有效地优化影响学习的条件，自觉地按照学习规律组织教学。

二 汉语中介语语料库系统介绍

（一）北京语言大学汉语中介语语料库

"汉语中介语语料库系统"是中国国家教育委员会"八五"科研规划项目、中国国家对外汉语教学领导小组办公室"八五"科研规划项目、北京语言大学（原北京语言学院）"八五"科研规划重点项目。该系统收集了不同背景、不同学习阶段的L2学生（第一语言不是汉语的人）的汉语书面语语料，并用计算机进行语料加工和语料检索。语料及其作者的背景属性包括：作者姓名、性别、年龄、国别、是否华裔、第一语言、文化程度、性格类型、学习汉语的动机，写作语料时所在的学校、年级、学时等级、所学主要教材以及本篇语料类型、话题类别、提供者，等等。

该系统对语料样本进行了汉字、词语、句子、篇章方面的标记；在词语方面，进行了词语切分和词性标注，对汉语里不存在的非规范词（如房屋子、中学校、外国家、音乐员、睡不觉、往来往去、黑暗暗、好不意思）做出了索引标记，实现了对语料在字、词、句、篇等不同层次上快捷方便的自由检索和浏览。因此，它能够满足多方面、多层次的理论研究和开发应用的需要，可以灵活准确地提供各种单项的或综合的资料、数据和信息。[①] 检索界面如图6—15：

[①] 参见储诚志等《建立"汉语中介语语料库系统"的基本设想》，载《世界汉语教学》1993年第3期。

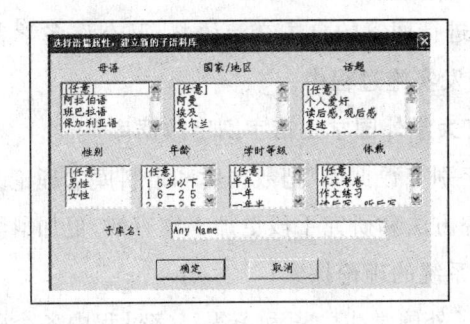

图 6-15

(二) 北京语言大学 HSK 动态作文语料库[①]

"HSK 动态作文语料库"是由北京语言大学崔希亮主持的国家汉办科研项目。其主要特点如下：

(1)该语料库是母语为非汉语的外国人参加高等汉语水平考试(HSK 高等)作文考试的答卷语料库，收集了 1992 年至 2005 年部分外国考生的作文答卷。语料库 1.0 版收入语料 10740 篇，约 400 万字；1.1 版的语料总数达到 11569 篇，共计 424 万字。

(2)该语料库是母语非汉语的汉语学习者学习汉语的中介语语料库。建设该语料库的目的是为用户提供一个考察和研究的基础平台，为对外汉语教学和研究服务。

(3)本语料库拟实行会员制管理办法，凡提供外国留学生的作文语料或其他成篇语料及相关背景信息的用户，都可以成为会员，并获得更高的使用权限。

(4)语料库需要注册后登录使用，免费用于学术研究。

例如，在检索页面中可以选择按字符串检索、错句检索、错篇检索等项目，选择相应的选项(如"把字句""被字句""'是……的'句"等)，并设置限定条件(如考生的国籍、考试时间、证书级别等)，即可检索出所需的语料。

与 HSK 作文语料库相应的是 HSK 口语语料库的建设，包括考试中朗读

---

① 语料库网址：http://202.112.195.8/hsk/login.Asp。

语料以及根据提问进行回答的自主交流语料,已有许多学者就此发表过建设构想,[①]目前已在研发实施过程中。

(三)北京语言大学外国学生错字别字数据库

"外国学生错字别字数据库"把数据库和语料库的理论方法引入对外汉字教学研究,使得研究方法和研究手段更加丰富有效,更加科学、便捷,有利于对汉字教学进行全面系统的理论探索。

该数据库采集了外国学生学习和习得汉字过程中各个阶段的汉字书面材料;语料来源多样且具有互补的社会属性、语言背景、个人特征,具有典型性和代表性;跟踪调查了一定数量的特定学生,对其在不同水平阶段的汉字书面语言表现进行完备的记录。最终所建成的数据库包含了八万个以上的错字别字。

可以根据不同条件和要求对错字、别字的各种数据和相关信息进行便捷的机器检索和提取。如查看外国学生错字别字的类型、错字别字的频率、错字别字的分布,等等。

该数据库的作用主要有如下几个方面:

(1)可以为多方位的比较研究提供大量可靠的数据和信息。例如,通过对母语背景不同的学生的汉字表现进行大规模的测查和调研,比较分析外国学生在汉字习得过程中的共性和个性,发现普遍规律和特殊规律,创立根据外国学生不同的语言文化背景而"因材施教"的教学模式。

(2)能够在外国人学汉字的难点和重点、习得过程与顺序、不同母语者的学习差异等方面为教学大纲的编制与修订提供重要信息或参考数据。

(3)由数据库测出的汉字习得难度可以在一定程度上避免汉字水平考试大纲和考试内容设计上出现盲目性与片面性。

(4)可以从纵向研究外国学生汉字习得过程,从横向研究整个习得过程中某一特定阶段的静态情况;可以观察一般学生的群体状况,也可以考察特定学生的个案情况。[②]

[①] 参见王韫佳等(2001)、赵金铭等(2002)、田清源(2005)、杨翼等(2006)的文章。
[②] 参见北京语言大学"外国学生错字别字数据库"课题组《"外国学生错字别字数据库"的建立与基于数据库的汉字教学研究》,载《语言教学与研究》2006年第4期。

（四）首都师范大学对外汉语课堂教学实录资料

"对外汉语课堂教学实录资料"是由首都师范大学吕玉兰等（2005）通过录音和文字转写手段，为汉语中介语研究、课堂教学实践研究和跨文化交际语篇研究等领域提供的来自课堂教学过程的原始资料。

虽然课堂教学给人们提供了丰富的研究课题和研究视角，但目前由于缺少有目的、有计划的记录和考察，难以从中开展一些基础研究，从理论上制约了汉语教学研究。因此，对课堂教学实践进行真实、细致和全面的描写，可以帮助我们从课堂教学的各个环节入手，更好地考察语言教学的诸多问题，如教师的教学行为、教学设计，以及学生的学习策略等。该资料记录了被调查对象（教师、学生）的具体情况，便于研究者从个案入手，逐步考察，即对特定教师、特定教材、特定班级和特定教学时段中的教学实践做调查记录。[1]

这项工作刚刚起步，所积累的资料还很有限，但这种研究方法为建立汉语学习者学习模型提供了基础资料。当然，还需要开展与认知和脑科学实验等相关的跨学科研究。

三 汉语中介语语料库的应用

（一）中介语语料库应用实例分析

以下是一个利用中介语语料库考察外国留学生学习汉语程度副词的例子。[2]

首先进行准备工作，列出 HSK 程度副词清单；查找已有的关于程度副词研究的文献（论文、著作等）。其次，从中介语中提取语料并进行数据统计分析。包括：(1)对语料库中使用 HSK 程度副词的例句进行穷尽搜索；对用例逐条分析，并判断其使用是否正确。(2)总结并归纳程度副词的偏误类型；统计正、误用频率（可以多角度分析，如按 HSK 等级、频率排序后分别考察）。(3)进行具体的研究和分析。

---

[1] 参见吕玉兰、张若莹《对外汉语课堂教学实录资料的编纂及应用价值》，载《语言教学与研究》2005 年第 1 期。

[2] 参见郑艳群《中介语中程度副词的使用情况分析》，载《汉语学习》2006 年第 6 期。

通常的研究方法是与以往的研究成果相比较,可能只是对以往研究结果的补充或修正。但在这个实例中,借助汉语中介语语料库我们可以得出如下结论:(1)已有论著和论文中的错误类型在语料库中均有出现,还发现了一些新的偏误类型。(2)发现以往汉语中介语论著或论文中重点和广泛讨论的偏误用例,在语料库中的出现频率并不高。(3)发现某些大纲中的程度副词,在语料中没有出现,留学生可能用其他程度副词替代。(4)语料中存在某些错误,但在已有论著或论文中很难找到相应的解释。

实际上,还应开展进一步的研究。如以上各部分都应该分别按不同情况或类型进行具体分析;按照学生的母语背景进行考察,就会发现偏误的出现是否与母语的迁移有关。

(二) 应用汉语中介语语料库的代表性研究成果

随着中介语语料库的建设,基于中介语语料库的研究也成为近些年来的研究热点。只有全面把握偏误类型、充分分析、寻求合理的解释,才有可能找到相应的教学对策,从而系统地解决教学问题。

目前已开展的大规模的系统研究有《基于中介语语料库的汉语句法研究》(赵金铭等,2008)、《基于中介语语料库的汉语词汇专题研究》(张博等,2008)。

许多专家学者通过对中介语语料库的研究,发现了外国人汉语学习规律,提出了教学对策或建议。无论是偏误描述,还是分析其原因;无论从词汇层面,还是从句法、语篇层面;无论是针对外国学习者的,还是针对国别化学习者的,这种研究方法都为我们提供了研究的新视角,开阔了眼界,并在教学、教材编写和测试中产生了积极影响。这些成果不仅从理论上对对外汉语学科建设具有重要的意义,而且从整体来看,它正逐步为汉语教学描绘出一个外国人学习汉语的全貌,对于推广有效的汉语教学模式,发展智能化的汉语教学系统,广泛开展汉语远程教学并取得成效,具有重大的实际价值。萧频(2006)基于印尼万隆玛拉拿达大学中介语语料库考察了印尼学生使用离合词的偏误及其原因,并讨论了针对印尼学生的离合词的教学方法;王茂林(2005)利用暨南大学华文学院留学生汉语中介语语料库考察了留学生"比"字句习得主要偏误类型;杨德峰(2004)利用北京语言大学汉语中介语语料库分析了日语母语学习者趋向补语习得情况,分析了影响他们习得趋向补语的因素;刘瑜(2007)利用中山大学中介语语料库,考察分析了中、高级学生介词"在"习得情况,在此基础上构拟学生习得"在"的顺序,结合二语习得研究理论,探讨留学生习得"在"的特点和规律并提出相关教学建议;袁毓林(2005)利用北京语言大学汉语中介语语料库分析了中介语中跟"不"相关的偏误,对"不"的意义和用法限制做了更加细致和切实的结论;肖奚强(2005)利用外国学生的40万字(中级水平和高级水平各20万字)的作文语料考察了外国学生"除了"句式使用情况,根据统计结果,分析了自然语言和中介语中"除了"句式的构成、表义手段及其下位句式的使用频率,并据此提出"除了"句式的教学分级;孙德金(2002)利用北京语言大学汉语中介语语料库考察了外国留学生汉语"得"字补语句习得情况,根据相关数据提出相应的教学对策;高立群(2001)利用北京语言大学汉语中介语语料库对外国留学生读音规则形声字和不规则形声字的错误进行了对比分析;朱其智(2007)利用北京语言大学留学生作文语料库分析了留学生汉语杂糅偏误,在总结汉语第一语言杂糅语病和汉语作为第二语言杂糅偏误研究的基础上,将杂糅偏误定位于一种语法形式上的偏误类型,并研究其原因;李华(2005)利用北京语言大学汉语中介语语料库对汉语中介语表人名词"～人"的偏误进行了分析,总结出"人"构成的表人名词的构词规则;等等。

从上述语料库应用的实例我们不难看出,语料库研究在语言研究中的地位和作用,它是一种语言研究方法,其结果是可以验证的。

第五节 语料库技术与汉语教材编写及词典编纂

在过去的一段时期,人们仅是把计算机作为一种工具引入语言学研究。多年的实践表明,随着计算语言学研究不断丰富,应用系统日益走向成熟,语料库在自然语言处理研究中的重要意义也越来越多地被人们所认识。把语料库作为一种资源引入汉语教学研究,同样是值得重视的一个方法或手段。

应用语料库的目的是通过对客观存在的大规模真实文本中的语言事实进行定量分析,支持语言学研究和自然语言处理系统的开发。

我们常用的语料库,如现代汉语语料库、汉语中介语语料库、汉语语素库、词库和句型库,以及各种汉语教学用素材库或资源库、不同层级的汉语题库等,共同构成了对外汉语教学和研究中基本的、重要的语料资源。

一 辅助对外汉语教材编写

随着对现代汉语语料库和汉语中介语语料库研究的不断深入,其重要作用越来越凸现出来。将语料库研究应用到教材编写中,可以有效地改进现有教材在语言用例、语言点选择与排列方面存在的不足,使教材的组织结构更加合理、内容更加丰富、有针对性,同时对汉语教师的备课也有指导作用。具体表现为以下三个方面。

(一) 为教材编写提供丰富的语料

教材是学生最直接、最经常接触的语言材料。通过把语料库研究的结果充实到教材中,可以帮助学生更多地了解语言使用模式,可以通过大量的用例帮助学生习得,可以补充原有或现有语法书中对语言使用描述方式的缺陷或不足。[①] 目前,国际上英语作为外语教学中,已经出现了基于语料库的英语作为外语教学的教材。

(二) 辅助教材编写过程

计算机辅助教材编写,除自动标注拼音、生成词表等基本功能外,利用信息技术监测教材编写也是一项重要的工作。比如,对教材中的词频、语言点的频率和重现率进行统计和实时报告,对交际项目或话题的分布、语言点的排列顺序进行控制或调整,这些对教材编写进行过程控制的手段,是科学地把握教

---

① 如针对语法解释中"常常""往往""一般"之类的不精确描述,可以通过语料库中的语料分析举出不合规则的用例,然后修正原有的语法解释。

材编写的重要保障。① 不仅能提高教材编写效率,还可保障教材质量。

(三) 促进国别化教材编写

通用型的教材从很多方面来看都不能满足外国人(不同母语背景,在中国学习或在海外学习)学习汉语的需要,应编写有针对性的教材(国别化、国土化教材)。

我们经常可以看到汉语教材的各种外语版本,比如日语版、德语版。那么这些外文版本是否真正体现了面向国别教学的针对性呢?还是仅仅把一些诸如语言点的解释翻译成了相应的外语?又如,某个对日本学生有困难的语言点,对于德国学生可能就没有问题,那么在德语版教材中,这个语言点就可以不讲或一带而过,而不必例行公事地大讲特讲,否则既浪费教学时间,也浪费教材版面。通过对汉语中介语语料的研究,可以发现不同母语背景学生的习得特点,再与汉语进行比较,可以很好地用来指导国别化汉语教材的编写。

事实上,教材语料库本身就是一种很好的辅助教材编写的资源。但由于版权等各方面原因,目前未能得到利用。

二 辅助对外汉语词典编纂

有学者指出,从语料库语言学中受益最大的是语法研究和词典编纂,这是因为在发现和积累更多语言知识的过程中,语料库起着举足轻重的作用。著名的英语学习词典无不拥有自己的语料库,其编纂过程和编纂成果与语料库应用有着越来越密切的关系。

目前,在对语料库进行标记的过程中,词语的标记程度和标记范围最为成熟。因此,对这类成果的应用也更显著,对词典编纂产生了重要的影响。主要表现在以下三个方面:

(一) 体现最新的语言面貌

通过对动态语料库的实时监测,人们可以及时发现新词的产生、词语搭配

---

① 储诚志(2004)《中文助教》就是一个帮助中文教师编写、修改和评量教材及教辅材料的软件。

和词语新用法等信息，并及时地补充到学习词典中，使语言学习不再脱离实际的社会语言环境。

（二）丰富和完善对语言事实的描写

通过对大规模语料的分析，人们可以发现一些已有语言研究成果的不足、描写的不完善、不被重视的方面，也可以获得更多的用例，从而根据语言事实来丰富语言描写，使词典或语法手册可以更好地成为语言研究和语言学习的工具。

（三）提供实际的使用频率信息

学习者在语料库中可以方便地得到词语的使用频率信息、搭配与共现信息，语料库为学习者提供词语使用情况的真实状态，为其在现实中的使用提供新的使用信息，也可以为专用词典编纂提供依据。

对外向型词典编纂来说，语料库技术的作用更为明显。

第六节 应用语料库开展汉语教学研究的步骤和策略

把握应用语料库开展汉语教学研究的方法和步骤，可以提高研究效率。除此之外，还要掌握一些基本策略。

一 常用方法和步骤

无论是使用现代汉语语料库，还是使用汉语中介语语料库，从利用语料库开展研究的角度来看，方法和过程都有很多共同的地方。我们可以归纳为如下几个步骤：

（一）明确选题并确定研究范围

1. 明确选题

根据研究的实际需要或查阅文献后的思考，提出感兴趣的问题，或者拟对已经开展的研究进行语料库方面的验证。应阐述研究的目的和意义，以及研究的角度和方法,也可以提出假设。

2. 确定研究范围

进行预检索,了解可用的语料库、检索工具及语料的大致情况,确定是否可以用这些语料支撑本研究继续进行。因为有的时候受语料加工水平和检索工具的限制,我们并不能直接得到研究所需要的语料库;还有的时候受语料本身的限制,所得到的符合要求的语料过少,不足以支持研究,或检索得到的语料过多(不能精确达到检索需要),需要大量的人工筛选。通过预检索可以帮助我们有效地调整原有的设想。

(二) 把握研究现状

了解本研究的历史与现状,关注最新研究成果。例如,以现代汉语语料库为例句库,总结倾向性规律;或在中介语语料库中,通过对各种偏误类型的归纳和分析找出教学对策或发现有待研究的问题。

(三) 提取语料并进行数据分析

1. 提取语料

选择要使用的语料库,按一定的检索条件或按某属性排列,有针对性地提取语料;制订归类标准,并按标准进行归类,同时逐一准确地给出标记,分类的原则应是不粗、不细,否则就失去了分类的意义;得出多种统计数据,如按属性排序,计算各类别的百分比,SPSS方差计算。

2. 进行数据分析

根据得出的统计数据,做横向或纵向对比。例如,就统计数据排序后得到的最多(最大值)或最少(最小值)的类别进行分析和评论,也可以与已有的研究进行比较。应注意语料统计数据只是一个材料基础,对它的解释能力有赖于人们的背景知识、科研水平和科研能力。

(四) 通过研究得出结果

1. 研究和讨论

可以内部比较,也可以内外部比较。如中国人使用情况与某母语背景学生的使用情况对比,这属于内外部比较。还可以分析原因,如:是否为母语的负迁移;是否为不适当的学习策略;是否是目的语知识的负迁移、教学或训练的影响所致;是否是学时等级中必然的阶段,等等。

2. 归纳总结

归纳正确或错误的类型,进行对比分析,使用图表方式把研究结果表述得更加直观、清晰。

(五)对研究过程和结果进行反思

1. 阐述研究的局限性或仍待解决的问题

可以从时间、空间、方法、手段、材料、资源,以及研究者自身水平等各个方面,对限制因素等做进一步思考。

2. 附加实验、测试或调查

针对语料库研究方法的局限性,常常需要通过内省、诱导和实验的方法再思考,然后提出新的或后续研究方案,如实验、测试或调查。应给出设计方案和具体实施方法,目的是对语料库方法所得出的结论进行修正或补充。

3. 提出意见和建议

应注意所提出的意见和建议的可行性。

实际上,语料库研究方法和基于内省的唯理主义方法各有所长,两者应该共存和结合,发挥各自的优势,并相互补充。

二 基本策略

(一)了解语料分类的作用并掌握分类的基本原则

在理清要研究的问题之后,就要思考怎样利用语料的问题。即思考为了什么目的而提取语料、语料应该按照怎样的词语标记特征[①]进行提取,只有这样,才能保证提取出的语料是有针对性的,限定在某个范围中的。

例如,一项研究的目的是在大规模现代汉语语料库的基础上开展离合词离合频度的统计分析。那么,其研究步骤大致有三个:(1)确定一个公认的常用离合词表;(2)立足于词表所提供的离合词,从一定规模的语料中抽取所有的例句,并通过逐一标注,统计出每个离合词的离合频度与离散类型的频度;

---

① 目前的语料加工多数是在词语这一层面上进行的。

(3) 描写离散形式、可插入成分类型等几个问题。①

　　提取语料后,如果用例数量太少,就没有统计学上的意义;如果用例数量比较多,就面临分类的问题。如何分类,大有学问。例如,可以从前人的研究中发现他们的研究角度,继续把它作为分类的标准或分类的参考;也可以从别人没有研究过的角度进行研究,即有自己独特的分类角度或分类方法。不管哪一种方法,分类的目的都是为了发现规律,从而认识并利用规律。

　　分类,即按照一定的标准划分成不同的类别,是将复杂的事物说清楚的重要方法。划分类别的角度、粗细可以有所不同,但分类应该遵守基本的原则。第一,使用同一个标准,做到不重叠、不交叉。可以从学科规律出发,也可以按照事物的性质或特征出发。第二,分类的粗细要适当,做到不粗、不细。当然,一般的研究都允许有"特例"或"其他",但必须是少数的,否则可能被认为是不严谨的研究态度。

(二) 语料分析中的数据管理和代码标记技巧

　　目前,各语料库检索系统提供的下载结果通常以句子为单位,以 xls(Excel 工作表)或 txt 文件格式供用户下载。要对这些语料(可能几十,也可能成千上万)进行逐一分析、归类,必然涉及对数据的管理问题。最简便的方式是用二维表的形式,利于后续的统计,也便于在分析语料的过程中标记一些需要讨论或再思考的特例。对汉语教师来说,通常使用 xls 文件格式(txt 文件中的数据可以方便地转存到 Excel 工作表中)形成一个数据表。数据表的左列一般为针对某项研究的用例,右列可以扩充使用,比如记载不同研究人员的分析结果、正确或错误标记,以及对错误用例的具体分析(分类)结果等。按照某列排序,可以很容易地把相同类别的用例集中在一起,也可以很容易计算出同一类别用例的数量。

　　例如,在"HSK 动态作文语料库"中,找到"错句检索"功能,在"请选择要查询的病句类型"中选择"'比'字句",系统就会检索出如下"比"字句的偏误(及其他偏误),如图 6—16:

---

① 参见任海波等《基于语料库的现代汉语离合词形式分析》,载《语言科学》2005 年第 6 期。

```
1: 我在去年刚刚{CQ从}学校毕业,所以经验方面,比其他{B它}设计师较差{CJbi},但{BD,}我{CQ一定}为贵公司的发展{BD,}
   发挥所有的力量,做出贡献。  原始语料
2: 也许我们不是那个战争的当事者,比长辈们{CJbi}问题不大。  原始语料
3: 后来,在日本的外公拉到隔海{C}{CJX}邻国的日本,生活{CD虽然}比以前好{C}起来了{CJbi}。  原始语料
4: 虽然在金钱上我是富于她{CJbi},但{CQ在}{CD却}精神上与生活经验{CQ上}她却富于我{CJbi},使得我对她的兴趣渐大,恨
   不得从她身上学到她所有的生活情趣与道理。  原始语料
5: 虽然在金钱上我是富于她{CJbi},但{CQ在}{CD却}精神上与生活经验{CQ上}她却富于我{CJbi},使得我对她的兴趣渐大,恨
   不得从她身上学到她所有的生活情趣与道理。  原始语料
6: 他还是活人,但与死人一样{CC一般},那些人还活{C}{CQ著},这个事实{C}本身{CJ-sy}是给他{CD的}十架嘴{CC3十{B食}口}
   {CQ都}不能形容的痛苦,当{R富}然所谓{B冒}"{BC '生命' BC}",是没有重要的,更{CC1那么}{CQ尊}尊{B越}严的
   {CJbi},可是倘若他还有希望活下去,为他帮助他早死{C},试卷上的文章{C}所提出的情况也是如此,如{CJcd},哪一个
   丈夫愿{R愿}意她的妻子死{CD下去}呢,所以我{C}的意见是这{C}样。  原始语料
7: 什么事情也没有自己出许容易得到{CD的}东西{CJbi},我们三个人不是一般老百姓,都奉释迦牟尼{CC石释摩泥}的人{CJs},
   不能自己瞒悟自己的身{C}{CJjy},我们开始挖{B腔}井吧!  原始语料
8: 不过最近经常提出代沟问题的原因是现在的年青{C}人比过去的年青人有多发言的权力{CJbi}。  原始语料
9: 他们比我们经验多,所以比我们想的也很深{C},所以总给我们帮助不可能比我们吃亏的。  原始语料
10: 比方说城里人去做文化活动的机会比乡村里的人更多{CJbi}。  原始语料
11: 所以她已经明白对动物怎么对待最好,比如在路上碰到有毒的蛇的时候,要怎么处理。{CP虽然乡村的生活没有大城市的生活
    那么方便{CJbi}。  原始语料
12: 乡村的生活呢,还是比城市的生活那么方便{CJbi},没有什么特别有意思的。  原始语料
13:     Title我的童年  二十年前,比现在还有很多田地{CJbi}。  原始语料
14: 虽然我个子比朋友们很矮{CJbi},但是每天让朋友们集合在我家院子里开始讲课。  原始语料
15: 在中国学习汉语尽管有利于多方面,但是中国的生活条件比我国不太好{CJbi},北京的天气也不太好。  原始语料
16: 在韩国学习中国历史时,那个内容比在中国店世界找到她的内容很短{CJbi}。  原始语料
17: 我回忆起来几年,当时我的想法是这样,"只会说汉语就行"{BQ。},我这样的态度是错的,我现在{CJ-sy觉得}学汉语真有意
    思,一个词汇里有很多的意思,我觉得现代汉语也变得很多{CJbi},{BC。}越来越有意思。  原始语料
18: 汉语学{CQ很}多次的时候,我觉得汉语说话比韩国语表是很容易,很方便{CJbi},在中国留在过两年中我很乱字{CJ?},有的
    时候我卡起用两个语{CJ?},中国没关系{BQ,}{但在韩国的时候听不懂我的话,以前在中国见面的朋友回国后见面的时候方
    便,因为我们说汉语时的人听不懂{BQ,}以前上批评他们时的{B是。}很好。  原始语料
19: "一年过去,我第一次来到学校,我自信地进入考场,通过那次考试{Psh!},我得来的成绩比一起期间{B包}是最高{CJbi},
    我好高兴{BQ,}我好幸福,我终于听到了老师{P师}在同学面前{CC2面}说{CC1通知}我的成绩"阮德胜,{BC"}越南,{BC"}
    120分。{BC"}  原始语料
```

图 6-16

其中的代码标记有固定含义。按照系统规定,代码代表的错误类型如下:

{CJ}:病句标记,用于标示错误的句子。一般标在有错误的句子之后、该句标点之前,并用小写汉语拼音字母简要标明病句的错误类型。句子错误类型代码有:

{CJba}:把字句错误;{CJbei}:被字句错误;{CJbi}:比字句错误;{CJl}:连字句错误;{CJy}:有字句错误;{CJs}:是字句错误;{CJsd}:"是……的"句错误;{CJcx}:存现句错误;{CJjy}:兼语句错误;{CJld}:连动句错误;{CJshb}:双宾语句错误;{CJxw}:形容词谓语句错误。

{CJ-}:句子成分残缺错误标记,用于标示由于成分残缺造成的病句。在短横后边标明所缺成分的名称,该名称用小写代码表示;在小写代码之后填写所缺的具体词语。标在成分残缺之处。

{CJ+}:句子成分多余错误标记,用于标示由于成分多余造成的病句。

后边用小写代码标明多余成分的名称,并把多余的具体词语移至该名称的后面。标在成分多余之处。

{CJX}:语序错误标记,用于标示由于语序错误造成的病句。标在语序错误的词语的后边。如果是相邻的两个成分语序错误,按照自然顺序,把{CJX}标在前一个成分的后边。

{CJZR}:句式杂糅错误标记,用于标示把两种不同句式、两种不同说法混在一起的病句。标在句子末尾,标点之前。

{CJcd}:重叠错误标记,用于标示句中词语的重叠错误,包括重叠方式上的错误,也包括不该用而用重叠,或该用而不用重叠的情况。标在出现重叠错误的词语之后。

{CJgd}:固定格式错误标记,用于标示固定格式搭配上的错误。

{WWJ}:未完句标记,用于标示没写完的半截的句子。标在未完成句的末尾处。

{CJ?}:句处理存疑标志,用于标示错误类型不清楚、错误类型标注很不方便或句义不明且有语法错误的病句。标在存疑病句之后、该句标点之前。

用代码标记各种分析结果,不仅方便,而且快捷,可以提高工作效率。例如,可以先把错误用例都用"cw"标记,而其中的小类再用"cw1""cw2"等表示,这样看起来比较清晰,录入的时候也省时省力。那么,如何选定代码呢?可以根据需要和方便性选择。有三种类型:(1)数字式:1/2/3/……9。应注意代码格式或位数最好相同,这样方便排序和统计。比如,类型数目超过9种,那么类型代码应该为01、02、03、……、09、10、11、……、99,因为这样可以使代码以连续的数字顺序排列,否则在计算机里1后面将排列11。(2)字母式:a/b/c/……z。它的局限是类型的数目不能超过26个。(3)混合式:1/2/3/……9/ a/b/c/……z 的混合使用,一般以字母开头。它的好处有两个:一是直观,如"偏正结构"类用"pz"表示;二是当类型比较多时可以用字母的缩写代替文字,如错误类型一和错误类型二用"CW1"和"CW2"表示,一目了然。

人们也常使用特殊标记代表分类中的特殊类别(含义),作为标记过程中的特殊技巧。有四种常用方法:(1)类型用例数量多的,常常先不标记或标记为特殊代码。(2)用"0"和空格代表没有问题或一些特殊类别。(3)用"♯"或"/"等文本中不会出现的特殊符号作为某些类别的标记符号。(4)用"?"这个直观的符号标记有疑问的用例,先存疑,稍后再细分。

对于复杂问题的分类,其代码也会是多重组合的结果。方法是由大类到小类依次编码。为方便管理,应该把代码的含义记录下来,如果多人参与标注,列成表格分发给大家效果更好。

例如,"国家语委现代汉语语料库"的词类代码标记体系[①]如下:

/n 普通名词 ♯♯ /nt 时间名词 ♯♯ /nd 方位名词 ♯♯ /nl 处所名词 ♯♯ /nh 人名

/nhf 姓 ♯♯ /nhs 名 ♯♯ /ns 地名 /nn 族名 ♯♯ /ni 机构名

/nz 其他专名 ♯♯ /v 动词 ♯♯ /vd 趋向动词 ♯♯ /vl 联系动词 ♯♯ /vu 能愿动词

/a 形容词 ♯♯ /f 区别词 ♯♯ /m 数词 ♯♯ /q 量词 ♯♯ /d 副词

/r 代词 ♯♯ /p 介词 ♯♯ /c 连词 ♯♯ /u 助词 ♯♯ /e 叹词

/o 拟声词 ♯♯ /i 习用语 ♯♯ /j 缩略语 /h 前接成分 ♯♯ /k 后接成分

/g 语素字 ♯♯ /x 非语素字 ♯♯ /w 标点符号 ♯♯ /ws 非汉字字符串 ♯♯ /wu 其他未知的符号

(三)统计数据和统计结果的表达方法

用语料库研究的特点是通过用例的统计数据说明问题。比如,计算百分比、差异、排序,这些数据便于确定关注点。因此报告各类统计数据是必不可少的环节。与文字描述相比,用图表报告统计数据更为直观、清晰,也可以使表达更准确、更具有说服力,让人信服。

图表,实际上是图和表的统称。可以先用表,然后再配合图进行描述。

图又分为饼图、柱图、曲线图三大类,柱图如图 6-17[②]。

[①] 参见 http://www.cncorpus.org/ccindex.aspx。
[②] 参见谢福《基于语料库的留学生"是……的"句习得研究》,载《语言教学与研究》2010 年第 2 期。

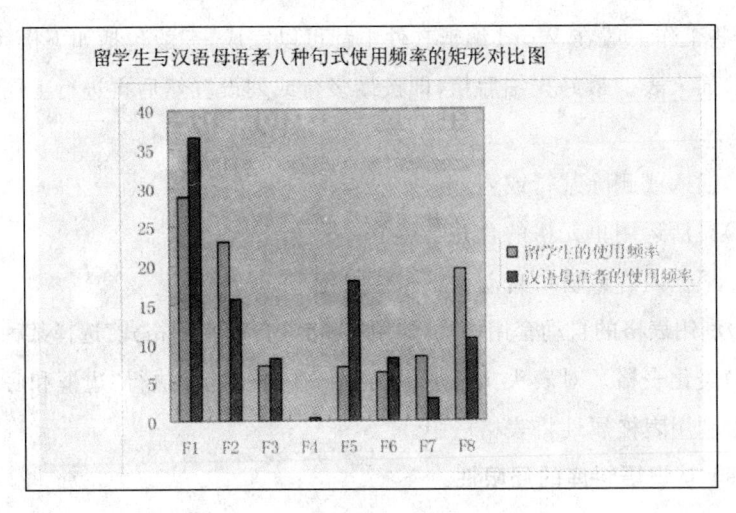

留学生与汉语母语者八种句式使用频率的矩形对比图

图 6—17

表的常见类型有横向、纵向两大类。使用时,一般将研究对象置纵列,属性置横行。如下表[①]:

各个学时等级动作动词错误率

学时等级	1 年	2 年	3 年	4 年及以上
错误数量	107	218	180	30
例句总数	3079	5002	3318	875
错误率(%)	3.48	4.36	5.42	3.43

根据所表达问题的复杂程度,表的形式又可以分为简单表、复合表两大类。简单表是符合一定规则的二维表,由若干行和列组成。复合表是简单表的某种组合,如下表[②]:

表1 "把"字句的回避类型及其分布表

回避类型	回避类型再分类	数量	比例(%)
"把"残缺及相关偏误	单纯缺"把"	53	46.09
	缺"把"及其宾语	11	9.56
	缺"把",同时有其他词语或语序错误	51	44.35
	合计	115	69.7
"把"误用及相关偏误	该用"把"而误用其他词	23	46
	该用"把"字句而误用其他句式	21	42
	句子结构要求用"把"字句而未用	6	12
	合计	50	30.3

---

① 参见蔡北国《中介语动作动词混用的调查与分析》,载《世界汉语教学》2010年第4期。
② 参考张宝林《回避与泛化——基于"HSK动态作文语料库"的"把"字句习得考察》,载《世界汉语教学》第2期;周小兵、洪炜《中高级留学生汉语中介语辞格使用情况考察》,载《世界汉语教学》2010年第4期。

这些工作一般在 Word 编辑软件中都可以完成,一般包括如下操作:

(1)插入表。最好先细后粗,即按最多行或列设置然后再进行上层的合并操作。

(2)插入或删除某行或列。

(3)灵活运用单元格的合并与拆分。

(4)根据内容或窗口自动调整表格的宽窄。

(5)利用表格的自动套用格式。即用"表格的自动套用格式"选择某种格式。

(6)美化表格。对表头文字加粗、居中,在"格式"下执行"边框和底纹"。

(7)利用表格属性将表格居中。

(四)认识语料库的局限性

任何语料库都有它自身的局限性。表现在如下几个方面:

(1)由于共时语料库具有不完全代表性,而在具有选择性和代表性的同时就意味着丧失均衡性,因此语料的绝对均衡性实际上是难以保证的。

(2)语料库的规模永远是有限的,不可能是无限的。

(3)目前大多数语料库是书面语料,或以书面语料为主,而忽视口语语料。

(4)限于目前的计算机语言信息处理能力,语料库的加工深度有限,对某些特征的语料进行提取和考察尚不够方便,甚至需要靠人工筛选。

因此,在论文写作中应交待所用语料的来源、版本,以及提取语料的步骤等。

对于从语料库考察分析所得的研究结果,考虑到语料库的局限性,必须有清醒的认识。为了验证所得结果,有时候还要进一步开展实验研究。实验的目的是发现问题或进一步得到验证;实验的形式有开放式的问卷调查和封闭式的习题形式等。但严格地讲,实验也存在局限。这其中有两个主要原因:第一,面向外国人的问卷调查有时受被试表达能力的限制,只在一定程度上反映他们的意愿。第二,习题式问答,当题量少时不能完全反映实际或全貌;对于判断题,通过"是""否"的形式,学生有可能实际上在猜(猜对的可能有50%),当然题量大或被试多时可以避免这个问题;对于选择题,只有当研究者能准确预计学生的情况时才能很好地测定,否则学生可能根据策略进行排除。也就是说,实验的过程中要尽可能地严格控制变量并排除可能的影响因素。

思考和练习

1. 你认为语料库语言学是语言研究的一个方面,还是语言研究的工具?为什么?

2. 设计一个与汉语教学有关的语料库或数据库结构,并填充五条以上的记录,阐述各属性的作用。

3. 语料库技术的发展趋势是什么?

4. 与汉语教学有关的语料库类型有哪些?各自有怎样的作用?

5. 考察现代汉语语料库在汉语本体研究中应用的文献,阐述现代汉语语料库的作用。

6. 考察汉语中介语语料库在汉语教学中应用的文献,阐述汉语中介语语料库的作用。

7. 设计一个使用现代汉语语料库开展汉语教学研究的实例,并写出操作方法和步骤。

8. 设计一个使用汉语中介语语料库开展汉语教学研究的实例,并写出操作方法和步骤。

9. 分别谈谈现代汉语语料库和汉语中介语语料库在汉语教材编写和词典编纂方面的作用。

10. 结合具体的研究(比如某文献中的研究)或你的体会,谈谈语料库有哪些局限性。

第七章　数字化对外汉语教学资源建设与管理

　　数字化对外汉语教学资源是指存储在计算机上,并与汉语教学相关的、可以被开发和利用的数字化信息的总称。数字化汉语教学资源可以从不同的方面和层次为汉语教学提供服务。其中,资源强调的是规模,而素材强调的是个体,底层的资源是由素材组成的。不同的资源库系统对素材单位大小的界定会有所不同。

　　包含文、图、声、像等多媒体形式的素材库叫作多媒体素材库。它不仅包括普通文本、图形、动画、音频、视频等类型的素材,还包括以上媒体的组合形态。

第一节　数字化对外汉语教学资源建设概述

一　资源建设的必要性和意义

　　数字化教学资源与传统的教学资源相比,具有使用便利、流通广泛、优质资源共享等特点。它是信息化时代开展教学的重要组成部分,也是汉语教学资源现代化建设和教学改革方面的一个重要内容。

（一）资源建设的必要性

1. 汉语教学的客观需要

　　目前,越来越多的对外汉语教学工作者每天的教学和科研工作都是借助计算机来完成的。他们非常需要一些存储于计算机上的资源或素材,以提高工作效率。

如果教师能够自产、自制资源或素材,当然是比较理想的,但在目前的条件下,往往又是不现实的。这不仅费时费力,而且常常需要涉及一些计算机专业知识和专业技术;对原有非数字化资源的利用常常受到查找、使用和控制方面的限制。因此,只有为汉语教师创造更加便利的数字化教学环境和条件,才能体现出现代教育技术的作用,显示新技术在提高教学效率和质量上的强大作用。崔希亮(2009)在"如何破解汉语难学的问题"中提出了"用什么样的现成的教学工具来从事语言教学"的问题。他指出,用集体智慧和集体力量做出来的现成的资源会有助于教师教学。

可以看出,伴随着教育技术的不断发展,图书馆藏书和基于传统媒体技术的音像资料已经不能满足汉语教学的实际需要。各种形式、各种类型的数字化汉语教学资源建设、加工和利用已成为影响或制约汉语教学发展的重要问题。建设数字化对外汉语教学资源,正是克服上述困难的客观需要。

2. 资源共享和教学规范的前提

数字化对外汉语教学资源是汉语教学的支持系统,包括了汉语教学所必需的基本元件。例如,汉语拼音声母、韵母、音节的标准读音;汉字的基本笔画和常用汉字的笔顺动态书写演示;一个用来为词语释义的图片、动画;一段展现中国传统节日的视频等。建设资源库,实现共享,是满足实际需要和避免人力、物力、财力浪费,避免低水平重复劳动的必由之路。

在教学规范的问题上,无论从汉语教师人力资源分配来讲,还是从汉语教师自身素质来讲,汉语教学师资不可能完全满足教学的需要。那么,在资源库中,小到标准的字词读音和词语解释,大到经典的教学片断或课程,都可以起到示范的作用。通过规范,可以在一定程度上保障汉语教学的质量。这其中不排除根据教学需要对素材进行灵活运用或适当改造。

3. 高效生成课件和丰富教学活动的基础

在已有数字化素材库基础上开展教学,进行再创作,生成教学需要的各种类型的课件,形成配合课堂教学使用的或者在网络上供学生使用的教学资源,要比一切从头开始要快得多。教师可以不必为技术问题花费时间和精力,而专注于教学过程的安排、资源的使用和教学管理。

也可以利用资源库中的资源补充训练,指导学生补充学习一些相关内容,丰富教学活动,为面向不同教学对象、适应不同环境的汉语教学提供基础资源。

(二)资源建设的意义

1. 工业化时代模块化思想的自然演变

建立数字化对外汉语教学资源库是工业化时代所产生的模块化、标准化思维方式的自然演变,也是数据库技术应用的必然拓展。模块化和标准化的核心是同一客体的拷贝和重复使用,它是与高效率、高速度和规范化密切相关的。数字化对外汉语教学资源库、素材库在汉语教学领域也将产生这样的效果。它可以为教师、学生创造一个教学资源中心。教师既可以直接加入链接引用,也可以在进行教学设计的基础上利用素材制作适合教学或适合学生探究式学习的教学软件。通过多媒体技术和通信技术的综合运用,可以开展形式多样的教学活动。

资源绝不仅限于教师或教材,可以将更多的教学媒体纳入其中,构造出数字化学习环境,会使学习方式和学习场所更加丰富多样。

2. 支持并发展汉语教学事业

支持汉语教学所需要的数字化资源建设是一项长期的工程。不断地丰富和完善资源库系统,是未来汉语教学长期而艰巨的任务,需要有识之士和汉语教学工作者、现代教育技术专家共同努力。因为,没有现代化的资源作为基础,就有可能制约汉语教学的开展;反之,对资源全面地开发和有效合理地利用,可以促进汉语教学效率的提高,也可以从另一个方面促进和推动汉语教学事业的发展。

二 资源的主要类型

资源系统可从内容、结构、功能、可利用的能控性程度、载体、媒体等不同角度进行分类。

（一）按内容分类

1. 静态和动态内容

从资源库的内容方面考虑，应当既反映汉语静态的知识结构，如包括汉字、词汇、语法、句型、情景等知识性素材；又包含动态的汉语教学过程的内容，如经典的示范、讲解的视频录像等。对汉语教师或者教材编写者来说，他们可以从中得到教学和科研所需要的绝大部分资料。

目前，许多汉语教学部门陆续建立了这样的素材库，如包含各种汉字属性的汉字属性数据库等。

2. 教学环节所涉及的内容

可以说，凡是与对外汉语教学总体设计、教材编写、课堂教学、测试等直接或间接相关的内容都可以纳入其中。

例如，按照汉语教学活动的过程，可能有训练型和测试型的素材。训练型素材是一些带有注释、讲解和分析的素材。它可以供学生们课余使用，达到巩固和强化的目的。测试型素材，也可以叫作题库，按照教学的实际应用，还应当划分或标记初级、中级、高级等不同水平。

（二）按结构分类

模块化是资源结构的基本特点，因为这是素材被引用或者重新链接的前提。纳入素材库的素材，大致可分为如下三种结构类型。

1. 简单素材

指单一的、使用人员一般无法再分割的素材。如果再划分，它就失去了语言素材的特性。比如，单个汉字的字形、读音，或者一段意思完整的文字说明等。

2. 复合素材

由一项以上简单素材、复合素材所构成。比如某个汉字的属性集合，它的音、形、笔顺书写动画等，都是简单素材，而语义、例句则是可继续分解的复合素材。

对于教学过程视频素材来说，一个教学单元可以是一个素材单位，比如讲授生词、句型、语法等授课内容，每个单元的播放时间可能不一样，但必须是一个完整的教学过程。如果一个单元播放的时间太长,也可以划分为若干个子单元。单元和单元之间不存在时序关系,但是子单元之间的时间顺序是不能忽视的。一个单元可能需要许多个文本、图画、音频、视频文件,它们之间的关联是通过下一个层次的数据库来管理的。

3. 完整的经典教学课件

比如,一位具有某项专长或经验的汉语教师的某节授课实况。一般来说,完整的课件,如果容易分割,可按层次切分成较小的单位;如果切分困难,就保持其原形。

上述三种结构类型,使素材库表现为多层次的模块结构,就如同建筑工地上的建筑材料:有砖瓦石块,也有各种预制件,甚至整个的移动房屋。如果是熟练的建筑工人,他可以一砖一瓦地砌出有独特风格的艺术品;如果对建筑略知一二,那么不妨用大块预制件搭建;如果是个门外汉,搬一座现成的移动房屋即可。基于这样的结构,由于它具有相当好的灵活性,因此教师在使用时可以很容易地找到与自己的授课内容相关的资源,甚至可以让计算机很快生成自己所需要的课件。

(三) 按功能分类

数字化教学资源不仅包括素材库和资源库,也包括网络上的汉语教学网站、汉语教学和学习需要的工具(如在线电子辞典、在线汉语拼音标注工具)、数字化音像资料和电子出版物、教师交流教学的博客内容,以及为汉语教学服务的各种开发平台,等等。

(四) 按可利用的能控性程度分类

根据资源可利用的状况,可划分为专有资源和共享资源。专有资源指隶属某机构或为某机构团体掌控、管辖的资源,需要获得权限或缴费才可以使用的资源;共享资源指以便利、公开的形式呈现,可无偿为人们使用的资源。

(五) 按载体形式分类

根据载体形式可以分为数据拷贝的方式、光盘存储的方式,以及网站服务器存储的方式。

（六）按媒体形式分类

按照媒体形式可以分为文字素材、声音素材、图片素材、动画素材、视频素材。不同的素材在教学中发挥着各自相应的教学作用。这是建设和加工的出发点，不同的人员会依此分工开展实际工作。

三 信息资源标准及信息化资源建设的基本原则

我们在常用的软件中，已经可以体验到多媒体素材库（如网页模式、文本模型、动画库、图片库、音效库等）所带来的方便。这表明，在技术层次上，对外汉语教学多媒体素材库的建立是可行性的。然而，从语言教学理论和语言教学实践的角度来看，其中最重要的就是明确内容和使用方面的基本原则，以及版权问题。

理想的汉语教学资源库，其内容是丰富并且标准规范的，还包含教学所需要的各种基本素材；在使用上，应是便于检索和利用的。

（一）信息资源标准及其在信息化资源建设中的重要性

"标准"既是衡量事物的准则，也是对重复性事物和概念所做的统一规定。我们熟悉的标准有时间标准、度量标准等。在生活中，我们每天都会接触各式各样的标准，没有这些标准，就失去了衡量和对比的依据。

信息及其资源已经成为汉语教学的重要组成部分。在信息及其资源的共享中，有一个重要问题凸显出来，即信息及其资源标准。只有制订了统一的标准，才能保证资源汇集在一起时可以被查询和重复利用。一方面，标准对于信息及其资源建设具有指导作用。对于大规模的资源系统来说，标准有利于系统化工程的顺利开展。另一方面，标准能够促使信息及其资源得到最大限度的使用。随着信息技术在汉语教学中的地位不断提升，汉语教师也深深体会到应用信息及其资源可以有效地节约教学成本，提高教学效率。由此可见，信息及其资源标准对汉语教学而言，具有非常重要的作用。制订信息资源标准，并实施标准，可以避免重复建设和资源浪费；保障资源的质量；便于汉语教师检索和利用；有效地统筹各类信息及其资源系统，并建立系统间的关联；促进信息及其资源建设的扩充和开放建设。标准必将使资源在汉语教学中真正发挥出应有的作用。

当前已有众多汉语教学信息资源,但尚无汉语教学领域的资源框架标准。定期组织专家学者对资源进行评估并发布结果,将有利于资源的共享和利用,有利于汉语教学开展、保障教学质量、加速汉语教学进程,也避免重复性劳动,节省人力物力。

(二)内容方面的基本原则

为了保证汉语教学的效果,数字化汉语教学资源必须满足标准化和规范化、权威性、数据可靠性三个重要条件。

1. 标准化和规范化

标准化的重要意义在于增强其适用性,促进共享和高效应用。对于资源库来说,规模越大,就越需要通过制订和使用统一的技术标准,建立一种准则和秩序。同时,标准化也为资料库管理奠定基础。

汉语素材内容的标准,是指汉字的音、形、义信息,以及词语、语法等基本素材都必须正确,并且符合国家相关的语言文字规范。因此,纳入素材库的内容必须经过相关领域专家的审核、检验,以免谬误的传播。

2. 权威性

由于资源库所提供的教学方法、教学过程、教学思想参考资料、教学资源等将在提高汉语教学质量方面起促进作用,成为重要的、基础性的汉语教学共享资源,因此,资源内容必须具有权威性,或经过评估认可,目的是给使用者一个科学的参考。

例如,一段语音教学的录像示范、一个词语解释的图片,都需要经过审核。

3. 可靠性

可靠性是指在素材库存贮、传播、引用过程中不得发生遗漏或者被病毒侵蚀的现象。这种现象轻则导致素材质量下降,重则将造成内容的错误及其他不良影响,所以必须采取一定的技术防范措施,让使用者放心使用。

(三)面向应用的基本原则

从资源库的使用方面考虑,它应该具备内容丰富、检索简便的特点。因为,建立素材库的主要目的就是为了让人们反复拷贝和重复使用。为了实现这样的目标,必须从内部管理入手,对数据进行有效的管理,才能发挥应有的使用功能。可以说,管理的水平决定了数字化资源在教学实践中的应用价值。从系统后台(内部)来讲,要保证对素材库内容的及时增加、删除和修改;从前台(外部)来讲,要让普通的教师都能随意浏览查阅、直接使用或在此基础上进行新课件的创作。

1. 设置多维属性

应建立规范的素材目录格式,即建立一种编目标准,这是进行管理和运用的第一步。素材目录内容应当包括多方面的属性。

(1)常规属性:题名、主题、作者、制作日期等;

(2)物理属性:存储位置、文件大小、播放时间等;

(3)应用属性:如资源型或训练型,针对的学生母语背景,初级、中级或高级等;

(4)控制属性:标明界面、音频、视频等方面的可控性能,如图形的色彩、动画的播放速度等;

(5)内容介绍和应用提示:如相应的教学点或语言点等。

2. 建立编目和索引

为了便于系统内部管理,素材库中的构件应有上传和下载功能。即把一个素材构件,比如一段录像经过加工达到符合素材库的标准后,把它加入到素材库中,如同图书馆中的"上架"。同样,系统也应当具备下载构件的功能。除此之外,还有编目和索引功能。

(1)编目:素材库目录的大部分内容都可以自动生成,但是有的项目,比如分类特性、控制属性以及内容介绍等,都必须通过有经验的教学和研究人员来填写。

(2)索引:索引是提高检索速度的重要方法,一般应当根据构件的题名、主题、类型等建立多重索引。

(四)资源系统的主要功能

资源应用最终是要面向用户的。它要求有明确、清晰的界面和比较高的智能,才能被普通的汉语学习者和教师所使用,包括在课堂上直接使用,也可以重新组织后使用,或者供其他从事汉语教学和科研的人士制作光盘或网上汉语教学课件使用。

应用功能主要有两个方面：

(1) 检索或浏览。

使用者可以根据单一的或复合的条件进行检索浏览，把资源库当作学习的参考书，或者教师进行再创作的准备。

(2) 创作新课件。

使用资源库进行创作大体分为三种情况。

第一，由计算机进行自动创作。系统先对使用者的要求进行提问，如汉语程度、学习内容、学习时间等，计算机可以自动选择或者构造出一套标准的教学课件。

第二，由计算机和人工结合进行创作。汉语教师根据自己的要求，选择所需要的素材，确定先后次序，然后计算机会把它们制作成一个超文本课件，供在浏览器上播放。

第三，专业人员可以对资源库中的基本素材，如一幅图画、一个读音、一段文字进行编辑，然后插入到自己的作品中。

当然还可以有其他的用途，比如根据某种需要将资源库制作成专门的教学光盘或者教学工具等。

(五) 版权问题

应当注意的是，无论哪种信息利用方式都应注意版权问题，这是值得重视和严肃对待的问题。自己制作固然可以摆脱版权纠纷问题，但开发制作这样的素材往往费时费力，甚至只有专业技术人员才能完成。因此，要慎重对待使用方式，合理地使用。

第二节　文字素材的作用及采集加工

一　文字素材在汉语教学中的作用

汉语教学中，各种媒体素材中的文字素材是最基本的素材。文字是人们传递信息、交流情感的工具之一,也是记录信息和思想的视觉符号。在众多的媒体素材中,文本是最基本、最重要的成分。文本的精心设计使多媒体课件表现的信息更丰富、明确。

1. 主体性文字

汉语教学课件中的文字,首先是传播语言知识的重要媒体。生词和词语解释、课文和语法解释等,都需要以文字的方式呈现,这是课件的正文,我们称之为主体性文字,也可以说是教学内容信息。它是课件中所要表现的主体内容,主要有教学内容、提问、解答或解释、反馈信息、教学提示信息等。

2. 标记性文字

在课件编排中,经常以文字或图文形式标记不同的教学内容或教学环节,其作用类似书籍中的书眉;同时还可以用来装饰版面,使版面美观而不至于单调,我们称之为标记性文字。另外还有一些教学辅助信息,或控制课件运转的提示信息,主要用于提示教学内容或操作步骤,可以通过菜单、标题、热键上的文字、按钮上的文字、按钮功能的说明文字等实现。

3. 说明性文字

有一些文字是为插图或视频所配的解释性文字,如人物会话、图片释义、视频字幕等,我们称之为说明性文字。

二 文字素材的常见格式

文字素材通常是以文本文件的形式保存的。文本文件的格式[①]主要有以下几种。

1. 纯文本格式

具体形式为"*.txt"文件,它是所有字处理软件都支持的一种格式,也是一种最基础的格式。常常用"记事本"或"写字板"编辑软件编辑产生,但不能对文字进行更多格式方面的设置。

---

① 同一类型的媒体素材文件有不同的文件格式,它们分别由不同的计算机公司或组织机构制定。可以利用文件的扩展名(后缀)进行辨别。

2. Word 文件格式

具体形式为"*.doc"或"*.docx"文件,这是由 Microsoft 公司出品的 Microsoft office 系列办公软件之一,它可以帮助人们创建、编辑、排版、打印各类用途的文档,成为用户日常工作、学习和生活中信息处理的常用工具,也是现代办公室不可缺少的软件之一。

在 Word 中,可以对文字的属性进行设置。汉语教师常用这个软件编写教案或撰写论文,也有的教师直接用修饰过的文本文件作为课件用于课堂教学。

3. 其他

"*.rtf"(Rich Text Format)格式,这是很多文字编辑软件和程序都支持的一种文本格式,可以作为通用文件交换格式。

"*.wri"格式,是写字板编辑软件编辑产生的文件格式。

"*.wps"格式,wps 文件格式由金山软件公司开发的办公软件中文字编辑系统编辑产生的文件格式。

三 文字素材的采集方法

1. 键盘输入

键盘输入是利用各种汉字输入方法将文字输入到计算机中的方法。通常大家都比较习惯全拼音输入方法(如微软拼音输入法、搜狗拼音输入法等)。

2. 网络下载或利用已有文字素材

很多文字资料(如补充教学用的新闻语料),可以通过网络下载或同行间复制交流得到(如优秀教案等)。

文字扫描输入是通过电子设备(如扫描仪或数码相机)将文稿进行扫描,经过识别软件 OCR 处理后,计算机系统可以将图像形式的文字转换为在计算机中可以编辑的字符形式。这种输入方法一般用于大量文字的快速录入。

也有人使用语音输入和手写板输入。它与识别率有关,也与个人的特殊使用要求有关。

四　文字素材的编辑加工

文字素材是多媒体课件中最常见的素材形式,合理地使用和编排,可以达到提纲挈领的作用,同时方便学生自学或复习;相反,如果对文字素材使用或编排不当,就会造成重点不突出或视觉效果差等弊病,最常见的问题就是文字过多、过密。

文本文件可以在通用字处理软件中进行编辑加工,这些常用的字处理软件有 Windows 操作系统自带的记事本、写字板和功能强大的 WPS 和 Word 等。

为了教学的需要,可以对重点强调的内容(如生词、重点句型等)或要进行区别的内容(如发音部位相同的声母、近义词等)设置文字属性(如改变字体、调整字号、换颜色、加粗或加下画线等),以达到突出的效果。

文本素材通常以字符的形式进行编辑加工,但有时为了艺术化地表现文字或起装饰作用,文字也常以其他的形式出现(如 Word 艺术字、动画文字等)。

在实际的课件开发过程中,除了用字处理软件编辑文字外,还可以在图形制作软件、图像处理软件和多媒体课件开发工具软件中直接输入或编辑文字。

第三节　声音素材的作用及采集加工

一　声音素材在汉语教学中的作用

声音素材包括音乐、自然界中的常见声音、人的话语音等。

在多媒体课件中,适当地运用声音能起到文字、图像和动画等媒体形式无法替代的作用,如调节课件使用者的情绪、引起使用者的注意等,更主要的作用是直接、清晰地表达语意。

1. 音乐

音乐通常以背景的形式出现,用以烘托气氛、强化主题,如散文朗诵的配音、背诵汉语拼音或歌谣时的配音。音乐可以激发情感，吸引和保持学生的注意力。音乐的选用要考虑到教学对象的年龄特点和兴趣爱好。

2. 音效

动物叫声和自然界中的其他声音通常又称为音效，如汽车声、鼓掌声、玻璃破碎声以及雨声、雷声等。

3. 人的话语音

人的话语音包括讲解、解说和语音提示等。

汉语教学中的话语音要标准、清晰，既起到教学示范作用，也可以解决师资不足时，优秀教学资源的共享问题。包括汉语拼音的朗读，汉字、词汇、句子的读音，篇章的朗读，以及对语言点的解说，练习或操作中的提示音等。

二 声音素材的常见格式

1. WAV 音频格式

格式为"*.wav"。它是由 IBM 和微软公司联合开发的波形文件[①]的一种存储格式，供 Windows 采用的声音文件格式，也是目前较为常用的一种声音文件格式。

2. MP3 音频格式

具体格式为"*.mp3"(MPEG Layer3)。它是近几年来产生的音乐文件，是以音频压缩标准 MPEG Layer3 为压缩编码的一种音频格式。由于它所占的磁盘空间相对较小，而且音质能够满足普通人的要求，因此在网络上很流行。

3. CD 格式

具体格式为"*.cda"，是 CD 音轨(Compact Disc Audio Track)的文件后缀，这是唱片采用的格式，也是波形文件，用于记录高品质的音乐。但它无法编辑，而且文件所占用的磁盘空间比较大。

---

① 波形文件是声音模拟信号数字化的结果。其形成过程是：音源发出的声音(机械振动)通过麦克风转换为模拟信号，模拟的声音信号经过声卡的采样、量化、编码后，得到数字化结果。采样频率和量化精度直接影响声音的质量和数据量。采样频率越高，波形文件的品质就越高，所占存储空间也越大。波形文件可以很好地表达原始声源的效果，常用于音乐、歌曲和各种自然声音的录制。

4. MID[①] 文件格式

具体格式为"∗.mid"。它是供 Windows 采用的 MIDI 文件存储格式。它将乐器演奏的每个音符表示为一串数字,这串数字代表了音符的声调、力度、长短等,在发声时通过声卡上的合成器将这组数字进行合成并通过扬声器输出,文件所占的磁盘空间非常小。

5. SWA 和 RM 音频格式

SWA(Shockwave Audio)文件的具体格式为"∗.swa"。它采用"流"式技术,对压缩的声音文件进行流式传送,可以实现边下载,边播放。

RM 格式是运用流媒体技术产生的一种流式音频格式,其文件格式为"∗.rm"。它的特点是压缩量高、失真极小。[②]

6. SND 音频格式

具体格式为"∗.snd"(sound)。它是 Apple 计算机上的声音文件存储格式。

以上是目前常见的声音文件格式,它们各有优缺点。由于汉语教学课件中包含的多媒体信息较多,因此课件中的声音文件应该尽可能采用压缩率高、个体文件所占磁盘空间小的格式。一般来说,音效(如打字、枪声)等时间短、声音要求逼真的声音文件,宜采用 WAV 格式;背景音乐要求时间长,宜采用 MID 格式;拼音和汉字、词汇、句子、课文等声音文件一般用 WAV 格式,其他格式的文件则在一些特殊情况下才使用。

三 声音素材的采集方法

具有录入声音功能的软件界面通常像一个录音机的操作面板,有播放、录音、暂停、快进和快退等按钮。可以通过鼠标单击按钮控制相应的操作。

1. 使用"录音机"程序采集声音

---

① MID 文件格式由 MIDI 继承而来,MIDI 是英文 Musical Instrument Digital Interface 的缩写,即电子乐器数字化接口。

② RM 及 MP3 文件,都是为了适应网络传输带宽而设计的文件格式,主要目标是压缩比和容错性,其次才是音质。

录制声音文件需要一块高质量的声卡,它可以方便地将模拟音频信号转换为数字音频信号。录音时,将话筒插入计算机声卡的麦克风(MIC)接口,设置录音属性,决定录音的通道,按下录音按钮,再按下播放按钮,即可开始录音①,录音软件生成的文件为 WAV 格式。这是常用的简便易行的方法之一。

但是,使用"录音机"录制声音,一次录制的时间可能受到限制。因此,要增加文件长度,一般可以采用文件连接的办法。

2. 使用专用的录音软件采集声音

除了选用 Windows 操作系统自带的"录音机"程序,也可以选用专用的录音软件如 WaveEdit、VoiceEdit 等,操作方法与之相似。

3. 使用 MP3 录音笔录制

利用 MP3 录音笔进行录音,简单易操作,而且容量也比较大,占用空间比较小,音质好,数据传输方便,目前在汉语教师中使用比较普遍。

4. 转录录音磁带上的声音

教学中的很多声音资源,以往都存储在录音磁带上,可以按需将其转录成为数字音频。

转录时需要一台能播放录音磁带的卡座(如录音机)和一条音频线。将音频线的一头插在卡座的 Line out 口,另一头插在计算机声卡的 Line in 接口,然后再用录音软件即可生成 WAV 文件。

5. 抓取 CD 或截取 DVD 中的声音

音乐 CD 中存储的声音是数字音轨格式,如果要作为声音素材在课件中使用,可以利用超级解霸中的音频工具对其进行进一步的转换。

如果在课件设计中,想利用 DVD 中的伴音,可以利用"超级解霸 3000"截取。

6. 创作或使用 MIDI 音乐

可以用连接在计算机上的 MIDI 键盘创作 MIDI 文件,也可以通过计算机声卡的 MIDI 接口,从带 MIDI 输出的乐曲中采集形成 MIDI 文件。

---

① 为了保证质量,最好在专门的录音场所,使用专业的录音设备和专用的录音软件,以便达到专业水准的录制效果。

7. 网络下载或利用已有的声音素材

可以从网上下载合适的声音文件,或拷贝保存在光盘中的声音文件。

四　声音素材的编辑加工

声音素材的编辑和处理软件可分为两大类:一类是处理波形声音的软件,另一类是处理 MIDI 的软件。

1. 波形声音处理

波形声音文件的处理软件有很多,例如,Windows 系统中的"录音机"、Goldwave、Waveedit 及 Cooledit 等。

这些软件除具有录音的基本功能外,还具有编辑功能。Windows"录音机"实现声音的简单编辑,一般只能针对较短的波形文件进行操作。利用其他的声音处理软件,可以对声音文件进行剪切、粘贴、合并,以及叠加或混合等操作;控制放音速度的快慢可以用来循序渐进地训练学生的听力能力;可以提供如放大、降噪、压缩、回声以及延时等特效。

另外,大多数软件具有文件格式转换的功能。

2. MIDI 声音处理

"Midi to WAV Maker"是一款能够按 CD 的质量将 MIDI 格式转换为 WAVE 格式的工具。通常情况下,MIDI 并不能被其他音频转换器、音乐编辑器或 CD 刻录器等程序直接处理。通过 Midi to WAV Maker,可以将 MIDI 文件转换为 WAV 文件,然后就可以将输出的 WAV 文件刻录到 CD 中,或者对输出的 WAV 文件进行其他的处理。

此外,Cooledit、Goldwave 也有类似的功能。

第四节　图片素材的作用及采集加工

一　图片素材在汉语教学中的作用

教育心理学指出,图片扩展了非语言教学媒体的范围,因为采用实物可能是昂贵的、困难的,甚至是不可能的;图片能在相当短的时间内传输大量的教学内容;图片是获得视觉表象的基础,而视觉表象是重要的记忆编码和存储形式。对人的心理、生理研究表明:人们对图片的兴趣优于文字。

广义上说,除文字以外的一切有形的部分,如图形、绘画、图案、插图、图表、漫画、标记、摄影作品等,我们都可以理解为图片。图片不仅比文字更能吸引人的注意力,还可以用来传递信息和美化版面。课件中,图片的首要作用在于传递信息。

狭义地,图片是通过形象的手法阐释概念,可以看作是某种概念的"视觉形象"。在汉语教学课件中,图片可用于表达语言知识,提供语言交际场景(可以称之为教学提示用图);有时也用来做背景(装饰版面用图)或装饰(教学提示用图),起到缓解紧张情绪和美化的作用。图片的使用,关键在于如何体现教学思想和满足教学需要。

语言学习必须在一定的环境中进行。而在构成语言学习环境的诸多因素中,科学技术的应用是不可或缺的。图片作为一种教学媒体,在对外汉语教学中受到了越来越多的关注。对汉语教学中图片的设计制作和应用进行系统而全面的研究,必将促使图片在汉语教学中发挥出更好的教学效果。同时,图片也需要与其他教学媒体结合使用,才能发挥更大的作用。作为汉语教学中常用的素材之一,与动画和视频素材相比,图片又是使用方便、生产成本低的媒体素材,因此得到广泛的应用。

二 图片素材的常见格式

1. JPG 或 JPEG 图片格式

JPG 或 JPEG(Joint Photographic Experts Group)文件的具体格式为"*.jpg",它是使用 JPEG 方法进行图像数据压缩后的文件,是目前最常见、最基本、最有效的图像压缩格式。它虽然使用有损压缩[①]算法,但文件所占磁

[①] 有损压缩是相对无损压缩而言的。所谓有损压缩,意思是在压缩的时候会放弃图像中一些细节的、人们不敏感的部分,而压缩比则较高。有损压缩广泛应用于语音、图像和视频数据的压缩。常见的声音、图像、视频压缩基本都是有损的。无损压缩能够比较好地保存原貌,但是相对的压缩率比较低。一般地,我们从扩展名就可以知道是按什么格式存储的,是否压缩过,应该用什么样的软件去读写它。

盘空间较小。

2. GIF 图片格式

GIF 文件的具体格式为"*.gif"(Graphics Interchange Format)，它是 Compus Serve 公司开发的图像交换格式，是一种压缩存储格式，支持背景透明，适合于线条、图标和图纸；但最多只能支持 256 色，不能存储高品质图片。因此，所占空间比较小，主要用于图像文件的网络传输或 Web 页面。GIF 文件既可以存储静止图像，也可以存储动画。

3. PNG 图片格式

PNG 文件的具体格式为"*.png"(Portable Network Graphic)，它是可移植网络图形格式，它包含了 GIF 和 JPG 格式的优点，是一种针对 Web 开发的无损压缩格式。

4. BMP 图片格式

BMP 文件的具体格式为"*.bmp"(Bit Map File)，它是 Windows 和 OS2 采用的标准图像文件格式，能够完整地保存每个图像的具体信息。它是图像处理中最常见的形式，是 Windows 使用的基本图像格式。大多数图形软件都支持 BMP 格式。它的特点是图像失真小，但占用的磁盘空间较大。

5. TIF 图片格式

TIF 文件的具体格式为"*.tif"(Tagged Image File Format)，它是 Aldus 和 Microsoft 公司共同推出的图形文件格式，具有良好的兼容性，为多种主流的图像软件所支持，便于各种图像软件之间的图像数据交换。

6. TGA 图片格式

"*.tga"(Tagged Graphics)格式的文件结构比较简单，属于一种图形、图像数据的通用格式，目前大部分文件为 24 位或 32 位真彩色，在多媒体领域有着很大影响。由于 Truevision 公司推出 TGA 的目的是为了采集、输出电视图像，因此它是计算机生成图像向电视转换的一种首选格式。

其他还有一些常用来表示矢量图的文件格式，如 WMF 格式、EPS 格式、DXF 格式等。

三 图片参数

1. 图片的类型

计算机中图片有位图和矢量图两种存储形式。

(1)位图

位图是以点或像素的方式来记录图像的信息。计算机将每一个像素[①]的位置、颜色等信息存储起来,许多这样的点组成一幅图画,像素越大图片的清晰度就越高。位图图像的优点是色彩自然、柔和、逼真;缺点是所占存储空间相对比较大,图像在放大或缩小的转换过程中会失真等。

(2)矢量图

矢量图是以数学方式来记录图形的信息,如图形的形状、位置,大小及颜色等特性。矢量图一般是由绘图软件制作的(如 Fireworks、Flash 等)。矢量图的优点是存储容量小,图形放大或缩小过程中图形的质量不会受到影响;缺点是图像色彩单调,不够柔和、逼真。

有时,人们也把位图称为图像,把矢量图称为图形。

2. 图片的参数

图像文件格式中,都会要求对格式参数进行设置。主要的格式参数有图像分辨率、图像深度和图像大小三种。

(1)分辨率

图像的分辨率是衡量图像细节表现力的重要参数。图像分辨率指图像中存储的信息量,通常用"像素/英寸"表示,在图像尺寸不变的情况下,分辨率越高,则图像包含的像素越多、像素点越小,因而图像更清晰。一般制作的图像如果用在电脑屏幕上显示,图像分辨率只要满足典型的显示器分辨率就可以了。如果用于打印,则必须使用较大的分辨率。图像在计算机上显示是否清晰,还取决于显示器的分辨率[②]。如果图像的分辨率大于显示器分辨率,则该

[①] 像素即图像元素,是用来计算或描述数码影像的最小单位。
[②] 显示器的分辨率是指画面由多少像素构成,数值越大,图像也就越清晰。

图像在显示器上只能显示出图像的一部分;当图像分辨率大小与显示分辨率相同时,一幅图像可以充满整个屏幕。

(2)图像深度

图像深度是指位图中记录每个像素点所占的位数,它决定了彩色图像中可能表现出的最多颜色数,或者灰度图像中的最大灰度等级数。图像的深度为1bit、8bit、24bit 时,分别代表能表示 2^1 种颜色(黑和白或亮和暗)、2^8 种颜色、2^{24} 种颜色(即真彩色,达到彩色照片的效果)。

(3)图像大小

生成一幅图像时,实际上就是按一定的图像分辨率和图像深度对模拟图片或照片进行采样,然后生成一幅数字化的图像。图像的分辨率越高、图像深度越高,则数字化后的图像效果越逼真,图像数据量越大,即图像越大。

3. 图片的色彩知识

色彩可以用色调、饱和度、亮度和对比度来描述。

(1)色调

色调是当人眼看一种或多种波长的光时产生的彩色感觉,它反映颜色的种类,是决定颜色的基本特性。如红色、棕色都是指色调。某一物体的色调,是指该物体在日光照射下所反射的各光谱成分作用于人眼的综合效果。

(2)饱和度

饱和度是指颜色的纯度,即掺入白光的程度,或者说是颜色的深浅程度。对于同一色调的彩色光,饱和度越高,颜色就越鲜明或越纯。例如,当红色加进白光之后冲淡为粉红色,其基本色调还是红色,但饱和度会降低。饱和度还和亮度有关,因为若在饱和的彩色光中增加白光成分,增加了光能,就会变得更亮,但是它的饱和度却降低了。如果在某色调的彩色光中,加入其他的彩色光,则会引起色调的变化,只有加入白光时才会引起饱和度的变化。

(3)亮度

亮度是光作用于人眼时所引起的明亮程度的感觉,它与被观察物体的发光强度有关。由于其强度不同,看起来可能亮一些或暗一些。如果彩色光的强度降到人眼看不到,在亮度标尺上它应与黑色对应;反之,如果其强度变得很大,那么亮度等级应与白色对应。

通常把色调和饱和度统称为色度,上述内容可总结为:亮度表示某彩色光的明亮程度,而色度则表示颜色的类别与深浅程度。

自然界常见的各种颜色光,都可由红(R)、绿(G)、蓝(B)三种颜色光按不同比例相配而成。同样,绝大多数颜色也都可以分解为红、绿、蓝三种色光,这就是色度学中最基本的原理——三基色(RGB)原理。

由于人眼对于相同亮度淡色光的主观亮度感觉不同,因此用相同亮度的三基色混色时,人的主观感觉是绿光仅次于白光,是三基色中最亮的;红光次之;蓝光最弱。由于课件设计中的版面设计不同于包装和广告设计,课件主体不应选择亮度较高的色彩。

(4)对比度

对比度指的是图像中的明暗变化,或指亮度大小的差别。

4. 图片的模式

根据数字图像的存储方式不同,可将其分成不同的模式,目前常用的图像片模式有三种:(1)黑白模式。它是一种最简单的图像,只包含黑白两种信息,占用磁盘存储空间很少。(2)灰度模式。它不仅包含黑白两种信息,还包含灰色调,可以记录和显示更多的色调。(3)彩色模式。可以包含更多的色调,例如,每个像素的颜色都是用红(R)、绿(G)、蓝(B)三原色强度来表示的。

四 图片素材的采集方法

1. 网络下载或利用已有的图片素材

可以通过网络(如百度图片网站或其他图片网站)下载使用从内容和图像质量上都能符合教学需要的图片;如果有现成的素材库,也可以从中查找后使用。

2. 使用图片素材光盘

如果有现成的素材库,可以从中查找后使用。

3. 使用数码相机或摄像机拍摄

数码相机能将拍摄到的景物转换成以数字格式保存的图像。

利用数码相机拍摄实际景物,然后把数码相机和计算机相连(可通过 USB 接口),就可以把拍摄到的图片传送到计算机中。这种方法简便易行,已成为教学应用的法宝。

4. 扫描仪扫描输入

目前,扫描仪已经得到广泛使用,扫描质量不错,使用方法也比较简单。使用扫描仪可将照片、印刷图片、绘制的图片和美术作品等扫描到计算机中,以数据文件的形式保存。

购买扫描仪时,一般都附带扫描驱动程序和赠送的图像处理软件。

5. 使用 Print Screen 键拷贝屏幕图片

通过单击键盘上的"PrintScreen"键可以将屏幕上的内容复制到剪贴板,再粘贴到 Windows 附件中的"画图"或 Photoshop 等图像处理软件中,修改或截取后保存图片即可。

6. 使用屏幕截图工具或图像捕捉软件

常用的屏幕截图工具,如 SnagIt、HyperSnap-DX、Capture Professional、Printkey 和超级屏捕等。这些软件可以根据使用者的需要截取全屏幕、窗口、控件或者区域,还能以各种格式将截图保存。

7. 使用视频采集压缩卡截取视频中的单帧图像

利用视频采集压缩卡可以采集录像带或电视图像上的单帧画面,也可以在播放 VCD 或 DVD 时,从动态画面中抓取静态的图像。

8. 使用图像编辑软件

利用图像编辑软件,既可以对已有的图片加工、修饰(如改变大小和美化润色)得到新的图片,还可以自行设计制作需要的图片。

图像编辑软件有很多。如 Windows"附件"中的"画图"程序,它是一个功能全面的小型绘图程序;还有一些专用的图形创作软件,如 Photoshop,它是公认的最优秀的专业图像编辑软件之一;还有 Times New 字体中附带的画图软件及 Fireworks 等。

五 图片素材的编辑加工

图片采集后，有时还需要按教学需要进行适当的处理，如添加一个建筑、去掉一个人物等。

用来编辑加工图片素材的软件有很多，最基础的如 Windows 附件中的"画图"软件，专业处理软件有 Photoshop、Fireworks 及 CorelDraw 等。

第五节 动画素材的作用及采集加工

一 动画素材在汉语教学中的作用

当文本信息或数字图像信息不能够对过程事实进行有效描述的时候，为达到更好的描述效果，需要利用动画。

动画是活动的图像。将几幅不同的图像快速连续地逐幅显示，就形成了动画。

动画的视觉原理是依靠我们人眼所具有的视觉暂留功能实现的。用一组彼此有差别的单个画面，通过一定速度的顺序播放达到对象连续变化的效果。动画效果使信息的表现更加直观、生动，更富于表现力；还可以使抽象的概念变得具体，从而大大简化相关内容的教学过程，降低教学难度，提高教学效率。

动画中的单个画面称为帧。动画素材主要有二维动画和三维动画。二维动画表现的主要是平面图形，通过对象的移动、变形、变色等手法表现其运动的效果；三维动画显示立体图形，通过三维物体建模、设置物体的运动、创建灯光和摄影机等，在空间内创建物体并形成三维的动态画像。

动画设计时，应注意每个动画都要有目的性，不能单纯地为装饰目的而加入动画；画面中动态的成分不宜过多，否则容易分散学生的注意力。

二 动画素材的常见格式

1. GIF 动画格式

GIF 动画格式可以同时存储若干幅静止图像进而形成连续的动画。目前,Internet 上大量采用的彩色动画文件多为 GIF 文件。

2. FLC/FLI 动画格式

FLIC 文件是由 Autodesk 公司研制而成的三维动画设计软件,FLIC 是 FLC 和 FLI 的统称。FLI 是最初的基于 320×200 分辨率的动画文件格式,而 FLC 则采用了更高效的数据压缩技术,所以具有比 FLI 更高的压缩比,其分辨率也有了较大提高。FLIC 文件被广泛用于动画图形中的动画序列,以及计算机辅助设计和计算机游戏应用程序。

3. SWF 动画格式

SWF(Shockwave Flash)动画格式是 Micromedia 公司采用"流"式技术而规定的矢量动画文件,是二维动画软件 Flash 中的矢量动画格式,用于在 web 页面上发布动画,可以在网上边下载,边观看。SWF 文件所占磁盘空间非常小。

三 动画素材的采集方法

1. 网络下载或利用已有的动画素材

可以从网络下载,或从动画素材库和光盘中获得。

2. 使用动画制作工具自行制作

动画素材可以利用动画制作软件来制作完成。动画制作软件分为二维和三维两类。

(1)二维动画制作软件。二维动画创作相对简单,如将某一图片移动、旋转、缩放、变形、变色或闪烁等即形成动画。流行的有微软公司的 Animator Gif、Autodesk 公司的 Animator Studio 及 Mcromedia 公司的 Flash,以及 Media Studio 和 Premiere 等。Flash 在图形绘制及二维动画制作方面有着强大的功能,易学好用。用它制作的 SWF 动画文件,可以嵌入到 PowerPoint、Authorware 和网页中。Flash 还可以制作出交互性很强的动画文件。

(2)三维动画可以模拟真实的三维空间事物,有逼真的立体效果,创作相对复杂一些。创作三维动画首先要建立动画对象模型,然后打光(利用灯光照射,以便产生立体效果)、贴图(给模型贴上图像)和设计移动路径,最后渲染着色,即根据创作者设计的摄像机视角逐帧计算画面的场景和光影,形成三维动画。常用的三维动画创作软件有 3D Stuclio MAX、MAYA、Softimage 和 Ulead cool3D 等。其中，3D Studio MAX 是 Autodesk 公司推出的三维动画制作软件。它功能强大，在多媒体课件制作中很有用武之地。

第六节　视频素材的作用及采集加工

一　视频[①]素材在汉语教学中的作用

视频由连续的静态画面组成，并且画面是自然景物的动态图像。

视频一般分为模拟视频和数字视频。近些年数字电视越来越普及，而早先我们所看到的电视及录像带都是模拟视频信息。数字视频在多媒体课件中占有非常重要的地位，因为它本身就可以由文本、图形图像、声音、动画中的一种或多种组合而成。教师利用其声音与画面同步、表现力强的特点，能大大提高教学的直观性和形象性。

由于视频信息的存储要占用极大的磁盘空间，加上目前计算机硬件和技术的限制，所以在多媒体课件中，视频的使用还受到一些限制。

二　视频素材的常见格式

一帧就是一幅静止的画面，连续的帧就形成动画。一般地，人眼看每秒 24 帧的视频会感觉很流畅，低于这个值人眼可以感觉出图像的不连续。计算机多媒体辅助教学课件中使用视频的最低标准通常为每秒 25 帧的 355×288 画面（MPEG—1 标准视频信号）。

1. AVI 视频格式

AVI(Audio-Video Interleaved)视频格式是 Microsoft Video for Win-

[①] 也有人把动画和视频统称为数字影像，这是因为它们有共同的视觉特性。但是它们也有差别，如动画适宜表现比较抽象、学生难以理解的知识内容；视频是真实的场景和人物，具有很强的表现力和感染力，包括文化娱乐类视频、教学视频等。在多媒体教学中，合理地使用数字影像，是增强多媒体课件教学效果的重要途径。

dows 软件使用的视频文件格式,它的应用很广,随处可见(如一些游戏、教育软件的片头及多媒体光盘中),几乎可以支持所有多媒体软件。由于其压缩量很小,因此文件所占磁盘空间较大。

2. MPG 或 MPEG 视频格式

MPG 或 MPEG(Moving Picture Expert Group,活动图像专家组)视频格式是一个活动视频影像压缩标准。VCD 和 DVD 分别采用其中的 MPEG—1 和 MPE—2 标准。有些兼具摄像功能的数码相机也采用这个标准,因此将数码相机置于该格式下拍摄存储后的视频就可以动态播出。

MPG 的压缩率比 AVI 高,画面质量与 AVI 相当。

3. RAM 或 RM 视频格式

这是美国 REALNetworks 公司采用的"流"式技术。目的是为了在互联网上可以播放视频文件。利用 RealPlayer 播放器可以在网上实时收听和收看广播电视节目。它是最流行的流媒体文件格式。

4. MOV 视频格式

MOV(Movie 的简写)视频格式原来是 Apple 公司的 Quick Time for Windows 视频处理软件使用的视频文件格式,通过 QuickTime 驱动程序,也可以在 PC 机上播放 MOV 文件。

它也是流媒体形式之一,采用有损压缩技术,保存时可以将视频和音频混排。

5. 其他

此外,还有一些视频文件格式,例如:DAT 为 VCD 上的数字视频文件格式,VOB 为 DVD 上的数字视频文件格式,ASF 为微软公司的流媒体格式,WMV 为微软公司的一种压缩比较高且质量也较高的数字视频文件格式。

在以上文件格式中,由于 AVI 格式应用较为广泛,因此为方便对视频进行处理,一般先将视频素材保存为这种格式,然后进行压缩,如压缩为 MPG 或 WMV 文件,这样占用磁盘空间较小,便于利用。

三 视频素材的采集方法

1. 网络下载或利用已有的视频素材

可以直接下载或用流媒体文件流式下载网络上相应的数字视频文件。例如，新闻报刊课中使用网络上的视频新闻节目。还可以用视频编辑软件（如豪杰超级解霸），从 VCD 或 DVD 光盘中的视频文件中截取其中的片断作为教学使用。

2. 使用常用的数字化设备直接获取

例如，可以使用数字摄像机（DV）、数字摄像头、手机、数码相机等直接获取自然景象。然后，将数字化设备通过计算机专用接口直接与计算机相连，将拍摄的素材转入计算机，直接使用或编辑加工后使用。

3. 从录像带中采集

通过视频采集卡，可以把已有的录像带中的内容转入到计算机中。例如，截取电影电视或新闻中的一部分。

这种方法实际上是将传统模拟视频信号转换为计算机能够处理的数字视频信号，需要一块视频捕捉卡。视频捕捉卡有多种型号，将直接影响信号转换的质量。

4. 获取屏幕上的连续画面

可以运用视频采集软件获取屏幕上的连续画面，即从屏幕上捕捉屏幕动态图像，采集屏幕变化，形成视频文件。

专门的软件，如 HaperCam，可以捕捉屏幕上的动作，同时记录麦克风的声音，还可以自定义屏幕捕捉区域和保存 AVI 文件的压缩方式；又如，利用 SnagIt 软件将屏幕上一段连续的画面截取为视频文件。

5. 其他自行制作的视频格式

可以通过视频处理软件自行制作。如 Adobe 公司的 Premiere、AfterEffect、友立公司的会声会影、Videostudio、Cool3D；也可以使用三维动画制作软件，如 3DSMAX、Softimage 等；还可以把动画转换成视频信号，如把 Flash 动画格式文件、GIF 动画格式文件转换成数字视频文件。

其中，Premiere是Adobe公司推出的产品，是公认的优秀视频编辑软件，有很强的编辑功能，可以对视频及其中的声音、图片、文本进行编辑加工，然后生成视频文件。

四　视频素材的编辑

无论是模拟信号转换后的数字视频文件，还是现有的数字视频文件或素材，都常常需要在计算机中对其进行编辑处理，如剪切、添加字幕等，以符合教学的需要。这时可以应用一些视频编辑软件。

常用的视频编辑软件有超级解霸、Adobe Premiere和Media Studio等。以Premiere 6.0为例，工作流程包括：建立一个新项目、输入素材、在Timeline（时间线）窗口和Monitor（监视器）窗口中装配和编辑素材、对Timeline窗口中的素材应用过渡和效果、为影片建立标题、预演、输出视频文件。

第七节　资源集成与教材信息化建设

一　多媒体素材的组织与管理

各种类型的媒体素材文件一般按相应的文件格式保存。对多媒体素材进行有效的组织和管理，可以达到事半功倍的效果。

组织管理教学资源和素材，利用计算机中的目录管理功能是一个简便易行的好方法。设置的专用目录可以与各子目录中的媒体素材文件相对位置保持不变（放到其他计算机上使用时，仍能保持各文件间的相对位置不变）。如果其中包含课件，其调用关系仍然适用，程序可正常工作。

（一）目录管理

在计算机中，为了教学所需的各种媒体素材便于管理，我们可以分门别类地把它们存入不同的文件夹（目录）中。这样既可以按照素材类型组织管理，也可以按照语言知识类别或课程等方式组织管理。例如，把声音文件、图片文件、文字文件、动画和视频文件分别放在相应的目录下；把与汉字、语音、词汇、语法教学有关的素材分别放在相应的目录下;把与口语、听力、阅读、写作、新闻报刊课教学有关的素材分别放在相应的目录下。

（二）子目录管理

对于复杂素材的组织管理,合理的做法是在目录下再建子目录。例如,在各课程目录下,再建立不同功能的媒体素材目录,包括声音素材、图片素材、文字素材、动画素材和视频素材等。

（三）文件名管理

在各个子目录中存入相应功能和类型的媒体素材文件,其文件命名也应该使用科学的方法,以便在计算机中快速排序和查找。如本课词语的读音文件名依次为阿拉伯数字或直接使用生词的词形。但是,计算机中文件名的排序是按照第一个字符排列的,因此,如果词语的数目不超过10（一位数）,可以用1、2、3、4……；如果词语的数目多于10但不超过100（二位数）,就应该用01、02、03、04……；依次类推。否则,在计算机中,排列顺序是1、11、12……19、20、21、22、23……最后得到的文件通常情况下将不会按照序号的算术顺序排列,这并不是我们想要的排列顺序。① 除此之外,文件名的命名还可以使用多属性规则,使教学使用中辨别和选用素材的时候更直观。如甲级汉字库（超过100,但不超过1000,即三位数）中第一个汉字"啊",命名为"001－啊"要比"001－a"和"001"意义更明确。

（四）分级或综合管理

在计算机中,一个目录下的文件如果过多,而我们又不能明确知道文件名时,用浏览方式查找的效率就会比较低。为了避免这种情况,一是要有合理的目录和文件管理办法（包括命名）,二是利用综合管理的方法,即再划分子目录。例如,甲级汉字的笔顺动画文件如果都存放在一个目录下,命名为001、002、003……800,那么查找起来依然不便,这时可以建立子目录a、b、c、d……x、y、z,把拼音首字母相同的个体存入这个字母的子目录下,实现按拼音字母序的检索,如图7－1和图7－2所示。

---

① 有的系统版本也许不会遇到此问题。

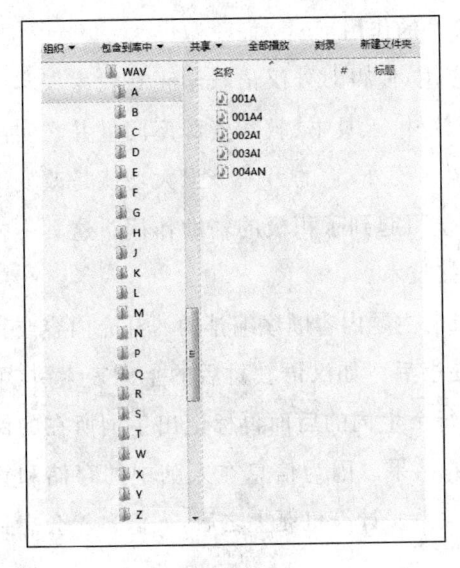

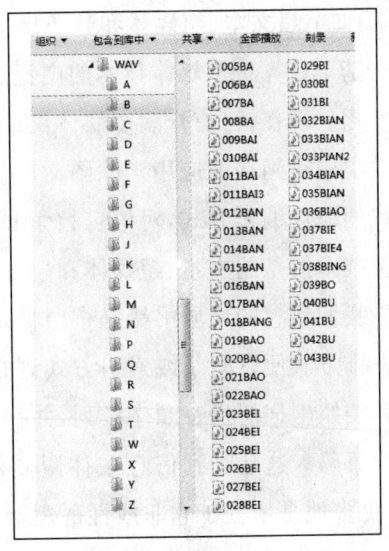

图 7—1　　　　　　　　　　　图 7—2

二　多媒体素材的组织形式

(一) 多媒体素材的集成方法

多媒体软件的集成方法主要有两种。

1. 可视化编程工具

如用 Visual Basic、Visual C++ 和 Visual Studio 等编制多媒体计算机辅助教学课件,但编程较麻烦,需要有一定的计算机编程基础和经验。

2. 多媒体著作系统

多媒体著作系统也称多媒体著作工具,它可以很方便地将各种媒体素材引入、合成,编制成多媒体作品。相比之下,多媒体著作工具更容易为汉语教师所使用。多媒体著作工具是指一种高级的多媒体应用程序开发平台。它能够统一地编辑、管理多媒体数据,一般不需要高级语言编程就可以把这些数据连接成完整的多媒体应用程序。它是开发汉语计算机教学课件的重要工具。多媒体著作工具有很多,如美国 Macromedia 公司的 Authorware 和 Director,Asymetrix 公司的 Toolbook,国内北大方正的奥思多媒体创作工具等,都是目前国内外比较流行的多媒体著作工具。

（二）超文本、超媒体和超链接技术的作用

基于计算机多媒体技术的广泛应用,使得对外汉语教学正在发生根本性的变化。现在,已有众多多媒体汉语教材、工具书、教学资源库问世并在实际的教学中得到普遍应用。除图文声像并茂外,它的另一个强大功能是改变了传统的线性编排方式,对语言教学和学习起到了积极的辅助作用。这其中的关键技术便是超文本、超媒体和超链接技术。

我们熟悉的纸质书籍是按照目录的主题内容顺序编排的。补充内容或其他编排方式便以附录或索引方式列在书后。如汉语教材后的生词表索引,可能是按照生词的拼音顺序排列,并在每个生词的后面再标记出生词所在的课号或页码。这是受到信息载体限制的结果。因为信息在人脑中的存储和管理,更多地是依赖于它非线性的逻辑关系。计算机诞生之后,人们自然会想到如何实现传统的"索引"功能。

"超文本采用了非线性的网状结构,使用户能更快、更精确地找到需要的信息。超文本文档不是严格按顺序的,它带有链,可以指向文档中的任一部分,也可以指向另一文档"。"超媒体是一种用于表示、组织、存储、访问多媒体文档的信息管理技术,是超文本概念在多媒体文档中的推广。"[①]超文本和超媒体技术相比,前者更加注重表达信息之间的关系,概括地说,就是一种解释,当然可能会有嵌套;而后者是用来表达信息的媒体形式,播放声音、图片、动画、视频等,常常没有嵌套。其本质是属于网页的一个组成部分,但实际应用时也经常出现在磁盘、光盘等本地文件的载体中。

1. 超文本、超媒体和超链接技术在汉语教学中的作用

今天,人们无时无刻不在使用电脑和互联网络。可以说,人们的生活与电脑、互联网络息息相关。置身其中,我们会发现超文本、超媒体和超链接的踪迹无处不在。不使用这些技术组织庞大而多样的信息化资源,几乎是不可能的事情。超文本和超媒体技术在汉语 CAI 中被广泛应用。无论是在课堂教学课件中,还是在众多的教学光盘和网页设计中,都离不开这样的技术。因为

[①] 参见《计算机科学技术百科全书》,清华大学出版社 1998 年版,第 58 页。

我们在日常的教学科研中常常感到一些不便。如语言教学材料在传统纸版本教科书中难以表现,常常是以不同的载体形式分别出版,既不便于教师教,也不便于学生学(杨杨,2002),这是因为以往的电教设备中的表达手段受到单一性的限制。超文本与超媒体技术成为理想的信息载体和有效的信息组织管理技术(田然,2002)。它可以让学生自由地决定自己的学习方式和学习顺序,而不必像传统书本教材那样按部就班地按照书本提供的顺序学习(徐晶凝,2000)。超文本和超媒体技术不仅有利于学生的主动发现、主动探索,还有利于发展联想思维和建立新旧知识之间的联系(杨爱芬,2002)。

总体来看,其作用大致有如下四个方面:

(1) 整合汉语教学资源。

汉语教学涉及听、说、读、写等技能,教学资源也涉及多种媒体形式。如解释语法问题需要补充其他的文字;播放汉语发音需要声音媒体;演示汉字的笔画书写过程需要动画;展示语言场景需要图片或视频。然而,这些不同的媒体形式都可以在 CCAI 中,通过超文本和超媒体技术整合在一起,准确地表达汉语教学所需要的各种信息。

(2) 科学地表达知识的层次结构和逻辑关系。

任何学科的知识不仅有其内部的规律,而且知识本身是有层次结构和逻辑关系。教学的文本内容有难易、层次之分,就汉语学习来说,同样如此。超文本和超媒体技术的一个重要作用就是可以清楚地、按层次和逻辑关系把知识内容表达出来。这种突破线性结构,具有表达层次和结构关系的特性在教学中有着重要的意义。如汉字是形音义的结合体,汉字的教学最终要使学生从一个总体的角度来理解汉字系统,表达汉字的形、音、义信息应该在一个层面上,而表达汉字的某个义项或者某个义项下的构词、词语读音等应该按下位层次表达。如果不能很好地把握这样的层次关系,对学习者掌握知识将是有害的,甚至会产生误导。

(3) 适应因材施教方针。

对学生个体差异或学习者特征进行分析,越来越受到教育工作者的重视,不了解学习者的个体差异或特征就不可能进行有效的教学。如何根据这些差异和特征去设计CCAI呢？如果考虑到为程度低的学生设计CCAI,那么对于程度高的学生显然是一种浪费;如果考虑到程度高的学生,那么对于程度低的学生就难以理解。解决这一问题,最常用的编排手段就是通过超文本和超媒体技术实现的,通过这样的技术可以适时地为学习者提供它们所需要的各种帮助。

(4)鼓励自主性学习。

超文本和超媒体技术的应用,为学生提供了选择学习内容和拓展学习空间的设计,满足了学生学习和发展的需求,这实际上就是鼓励学生有学习的欲望,有自主探究的精神,通过使用CAI具有一种独立学习和自主学习的能力,为适应今后的终身化学习打下基础。这种编排方式有利于学生自己归纳总结、举一反三,并有利于他们在语言运用中发现语言规律。

2. 超文本、超媒体和超链接技术的使用原则

超文本、超媒体和超链接技术的使用带来很多新的问题,设计时应注意把握基本原则。从表层来看,应保证链接的精准。主要包括以下两个内容:

(1)保证提示内容与链接内容一致。

有些设计中,点按某文字热区或点按按钮后,显示出的内容应与热区文字或按钮意义相符。如点按"白菜(báicài)"时,听到的发音不应该是"蔬菜(shūcài)"或其他。否则,在教学中会造成负面影响。

(2)保证链接内容的质量。

链接的内容,汉语字词等发音要标准,笔画笔顺要符合相应的规范。

3. 影响超文本、超媒体和超链接技术的相关因素

从深层来看,已有的研究已经为我们提供了理论依据。了解影响这类技术的相关因素是必要的。主要包括以下七个方面的内容。

(1)超文本的层次深度。

研究表明:在设计和制作超文本时,人们是将各种信息素材按其内部的联系划分成不同层次、不同关系的信息单元,然后再将这些信息单元组成一定的结构。被试对每个节点的搜索均要经过扫视、决策和点击三个过程。实验结果是:超文本的层次越深,被试决策和点击的次数越多,决策的难度越大,所花的时间也就越长。另外,人类在记忆能力上的局限性也不利于对深层次超文本的搜索。当包括记忆负荷在内的认知负荷超出人类的能力时,被试会遗忘以前走过的路径,因此搜索时间将显著增加。(张智君等,2003)

(2)先前知识。

Hammond(1989)曾指出:"在阅读不熟悉的材料时,超文本结构特别容易引起迷路"。但是先前知识可在一定程度上抵御超文本的不利效应。Wickens(1990)指出:具有相关知识的被试对欲搜索的内容有一定的了解,在头脑中已初步形成相关的知识结构体系,或更容易掌握所搜索材料的内在组织结构,因此搜索速度一般较快,且不容易出现迷路。实际上,使用计算机的经验(熟练程度),特别是使用超文本的经验也应包括在先前知识中。

(3)学习者的认知风格。

超文本中的"导航帮助"与使用者的个体认知风格有关。周荣刚等(2003)认为,就个体而言,导航帮助作用只是相对的。Reed等的研究表明,场依存倾向[①]的人在超文本环境中,更喜欢线性浏览。完成搜索任务所用时间最长;而场独立倾向的人则偏向非线性浏览方式。不容易迷失。

(4)任务性质。

研究表明:尽管在某些理解能力的学习任务中,纸介质比超媒体更具优势,但是在进行大量文档处理,在大文档、纸版本搜索特定的细节以及在物体间比较视觉细节差异时,超文本则具有潜在的优势。在完成对复杂材料进行综合的学习任务时,超文本效果较好。(汪琼等,2003)

(5)信息的结构化水平。

汪琼等(2003)认为,由于结构化的知识有利于学生学习,因此,用超文本技术对内容进行合理组织能在一定程度上减少迷路的发生。但是,究竟什么样的结构化设施有利于学习,目前还未见报道。有人明确提出,这项技术更适合作为信息检索的界面,而不是提高学习成绩的工具。

---

① 美国心理学家威特金(H. Witkin)指出:场依存倾向,即受环境因素影响大者;场独立倾向,即受环境因素影响小者。除了一些明显的场依存性者和场独立性者外,大多数人都处于这两段之间的某一点上。

(6) 超文本的类型①

实验结果显示：层次型超文本最有利于阅读，网状型超文本效果最差。(Mohageg,1992)信息浏览时混合型最好，而网状型最易出现迷路。(Mcdonald,1996)但也有人认为，不同类型超文本的搜索绩效基本无显著差异。(张智君等,2003)

(7) 导航方式

借助适当的导航技术有可能降低用户的认知负荷。解决导航中迷失问题的途径之一就是提供适合人的信息加工特点的导航帮助，一个良好的导航帮助应该提供用户所处位置的空间背景信息和时间背景信息。② 空间背景信息有利于用户更好地知道，从当前位置可以较为便捷地到达哪些节点；而时间背景信息使用用户能清晰地知道，是如何到达当前位置的。(J. Park 等,2000)

事实上，在很多时候，超文本、超媒体和超链接的效果是受上述这些因素综合影响而得到的。在 CCAI 设计中，能够系统、全面地看待影响超文本、超媒体和超链接技术效果的各相关因素，将有利于其作用的正常发挥。

为了方便使用，有些设计为使用者提供了系统设计的整体设计结构图，给出了课件整体设计的构架，让学生一目了然。但更多的设计没有提供这样的功能，需要靠使用者凭使用经验去把握。

三 汉语教材信息化建设

(一) 汉语教材信息化建设的意义

1. 对外汉语教学学科建设的重要内容

对外汉语教材建设是学科建设的重要内容。语言教学的教材形式同样是与现代科技的发展密切相关的。为了提高汉语教学的效率、扩大汉语教

---

① 超文本的类型：层次型、网状型、混合型。
② 通常的三种导航方式：空间背景信息导航、时间背景信息导航、综合背景信息导航。

学的规模、降低汉语教学的成本,人们迫切需要信息化的汉语教材。除改善纸版教材外,还包括数字化录音、录像材料和各种教学软件,而且能够适应对外汉语教学从"教"到"学"的转变,改变传统课堂教学依靠粉笔加黑板的单一模式,能够适应个体化教学及网络化教学,最终实现教育技术环境下汉语教材的创新。

由于多媒体教材可以在课堂上辅助教学或补充教学内容,也可以在课下为学生提供辅导或进行巩固训练,也可以用于远程网络教学。因此,我们在设计、编写、出版纸质版本教材和配套音像教材的同时,也应该考虑配套的多媒体教材的设计、编写和出版问题,使教材建设走向全方位、立体化的道路,以适应现代学习者的需求。

2. 现代教育技术环境下开展汉语教学的基础

在现代教育技术迅速发展的今天,无论是课堂教学还是远程教学,都需要高水平的、与现代科技相适应的教材和教学课件,都面临着教材改革的问题。教材的信息化建设经历了录音带、录像带到数字化光盘存储音频、视频的发展阶段,现在正经历教材出版从纸质为主、数字化教辅材料为辅的形式,向数字化教材为主、纸质教材为辅的方式转变;课件设计由教师根据纸质教材自行设计,向由专业人员完成高质量的课件、出版纸质教材附带配套课件方式转变。这一切都表明,数字化汉语教学资源越来越多,在汉语教学中发挥着越来越重要的积极作用。

(二)多媒体教材和网络教材编制

多媒体教材是指采用多媒体计算机技术编排的教材。它有两大特点:首先,以多媒体形式呈现教学信息,并具有人—机互动功能;其次,不是简单地把教材多媒体化,而是通过结构化和程序化设计出多媒体教学系统。因此,音像制品并不是多媒体教材,课堂教学演示用的课件也不是多媒体教材。

网络教材是指在网络上发布或出版的教材。它的特点是通过网络平台,采用网络技术实现互动功能。

1. 多媒体教材和网络教材的作用

(1)教材的知识观与智慧观。

一般认为,教材是用来实现教学目标的工具,教学和学习以教材为依据。在经历了经典、目的和范例的功能演变之后,人们逐渐认识到教材的功能。关于教材的功能有两种观点:一是以呈现知识为目的,即知识观,这是自古以来的主导性观念;二是不以知识和技能的传授与掌握为主要目的,而是要激活智慧以促进人的发展,即智慧观,被认为是超越知识观的教材功能观。

(2)多媒体教材和网络教材的智慧观。

多媒体教材和网络教材的特点,为语言知识学习和语言实践创造了有利条件,这也正是智慧观所强调的通过实践去理解、建构和掌握的思想。多媒体教材和网络教材本身就是学生学习活动的材料。学生利用多媒体教材或网络教材提供的内容和功能,不局限于掌握所呈现出的有限知识,而是把教材作为载体和资源,通过一定量的重复或操练,掌握语言运用的技能。

智慧观强调教材所呈现的知识应作为学生思考和研究的材料,成为教学的途径和手段,而不是教学的终极目标。在这样的条件下,可以实现因材施教、因需施教,每个学生都有参与实践的机会,平等学习的权利。

2. 多媒体教材和网络教材开发

多媒体教材和网络教材的编制与开发流程与课件开发步骤类似,也需要经过需求论证和总体设计、脚本设计和系统结构设计、素材采集和系统程序设计,以及调式和维护等几大步骤。

在教材开发过程中,交互方式设计是影响教材质量的重要因素,包括界面设计,如画面布局、按钮图标、热字/热区、窗口、层次、路径、音效等设计,以及控制信息和评价信息、应答信息、帮助信息等设计。

数字化对外汉语教学资源建设是一项长期的、艰巨的工作。在世界范围内开展社会化、国际化的分工合作有利于发挥各自的优势,有利于促进有效资源的利用,从而实现教师和教学资料等资源的共享,有利于国际汉语教育的快速发展。

第八节　汉语教学课程与资源管理

教学管理是教学顺利开展的重要保证,是教学系统的重要组成部分,它会直接影响到教学的成效。计算机化的教学管理包括计算机辅助教学管理和计算机辅助学校行政管理。在这里我们更多的是考虑计算机辅助教学管理部分。教学管理实际上又包括教学课程管理和教学资源管理,它们不是孤立地存在的,而是作为教学系统的组成部分在教学中共同参与并发挥作用。

一　教学课程管理

(一) 课程管理的意义

计算机化的教学课程管理系统,既包括面向教师的部分,也包括面向学生的部分。例如,面向教师的部分包括师资情况、课程资源及课程安排;面向学生的部分包括个人信息、提交作业和考试测验情况、学生成绩档案等。这些方面目前不仅实现了计算机化,而且大部分已实现网络化,即利用计算机实现网络化教学课程管理。它的好处是便于全面把握、统筹安排,而且方便快捷。

信息技术的应用也会改变原有的课程安排,并渗透到教学过程管理,涉及教学考核评估,使这些方面更加合理、更加科学,并具有更高的效率。其中,最重要的是计算机辅助教学过程管理[①],它可以实现对教学和学习过程的动态观测,包括实时记录教学和学习情况,以及用计算机按照客观标准进行评测。例如,教学中是否贯彻了精讲多练的原则,是否做到了教学公平性;学习中是否在相应的阶段达到了相应的语言能力,是否避免了中介语错误类型。这些来自教学一线的数据或信息,对于开展汉语教学研究,正确评估信息技术的作用,深化教学改革,提供了重要的科学依据。

---

① 它是计算机辅助管理(CMI)中重要的方面,但至今未被足够重视。

（二）网络课程管理系统介绍

随着网络技术的不断发展和成熟，与教学有关的各方面工作都在逐步实现网络化，以促进教育领域自身的发展。目前，世界各地开发出了许多网络化课程管理系统，简称课程管理系统（Course Management System，简称CMS）。

国际上著名的课程管理系统分析评价网站 Edutools[①] 列出了全球著名的25种课程管理系统，英国 Jane Hart 领导的学习与绩效技术中心（Centre for Learning & Performance Technologies）也对其进行了统计。其中，有的软件是免费的，而有的是商品软件。

不同的国家和地区、不同学校的课程管理系统都不尽相同，但其服务宗旨和主要目标是大致相同的。主要有两大功能：一是服务于传统意义上的教务管理，包括注册、选课、考勤、成绩登录和查询等，以提高教学管理的效率；二是开展远程教学，支持和发展在线教育，包括课程发布、授课、作业提交、测试等完整的教学活动。有些课程管理系统只具备第一个方面的功能，有的则兼具两个方面的功能。

1. 课程管理系统的教务管理功能

网络化教学管理是保障教学正常运转的一个重要方面，且已成为专业发展的方向。从教学计划和教学会议的安排，到学生注册、选课和成绩登录与查询，直至教职员工的福利资料管理，都可以通过网络化教学管理完成，可以全面提高教学管理水平和管理效率。

这样的课程管理系统通常被定义为：在网络上用来管理学生注册、发布课程内容、记录学生表现的软件系统。

网络化教学管理系统可以分为网络化办公系统和网络化教务管理系统两大类。其中，网络化办公系统可以实现网上办公，教师可以方便地在办公室以外的任何地方用网络办公，包括获取教学资源、与其他教师交流、解答学生的问题等。另一个是网络化教务管理系统，它可以用来开展与教学密切相关的、以课程管理为主的工作。比如，学生注册管理、课程目录与内容管理、学习过

---

① 参见 http://www.edutools.info/index.jsp? pj=1。

程评价与成绩管理、汇总记录等①。

2. 课程管理系统的远程教学服务功能

网络化远程教学是教师和学生利用网络化教学和学习环境组织教学、开展互动、进行教学测试与评价的软件系统，也有人把它称为信息化学习软件。这类远程教学具有其他形式的远程教学的特点，并且与教务管理系统整合在一起，形成了便利的一体化教学管理方式，包括以下六大功能模块：

①身份管理，包括身份验证、开设课程授权等。

②教学活动与过程管理，包括在线学习、教师提问记录、学习追踪、题库管理和多种类型的测试与评价。

③学习管理，包括学习记录、书签、教学信息提醒、课程完成情况、导航和帮助。

④学习互动管理，包括学习社区管理、论坛和实时聊天、作业提交、电子邮件、在线笔记、小组合作、社会交往。

⑤跟踪和记录学习历程，包括学习档案库等。

⑥课程开发及维护，包括注明软件标准（符合哪项国际化标准）、设置个性化课程模板、建立教师用户界面。

常见的课程管理系统有很多，如 Claroline、Moodle、Dokeos、Blackboard 等。

二 教学资源管理

教学资源管理包括硬件设备方面和软件方面。硬件教学资源包括统一管理计算机教室、计算机和网络等，以便使硬件资源（包括功能）得到更加合理和充分的利用；软件资源管理实质上是通过建立某种目的的数据库，如图书目

---

① 这些记录是非常宝贵和重要的资料，也称教学和学习数据采集。俗话说，外行看热闹，内行看门道。有经验或经验丰富的教师善于评估资料，他们将从中发现极为有价值的现象和规律，所获得的关键数据可以用来构建学习者模型，不断提高计算机辅助教学系统的智能化水平。对教学和学习数据进行收集和分析，用技术手段获得教学评估结果，并把其中的规律运用到教学系统的设计中，这是汉语教学方兴未艾的一个重要领域。

录、视听资料目录等，利用计算机的快速、自动检索和图表处理功能，提高管理工作和利用资源的效率和准确性。

（一）多媒体教室及设备管理

基于校园网，教师可以利用电脑对所有的多媒体教室进行管理，完成如下集中管理、集中控制、集中维护的功能。

（1）完成集中、网络化的管理模式。

（2）完成对所有电脑教室远端监视功能，在主控室可以了解到各个电脑教室的使用情况、设备工作情况等；在必要时能够对所有教室（或单个教室）进行远端控制。

（3）利用网络完成远端维护功能，对各个教室进行软硬体的维护。

（二）教学资源管理

事实上，对汉语教学资源进行有效的管理，使之得到充分利用，可以在很多方面提高教学和学习效率。无论是汉语教材图书资料，还是音像资料、软件资料或网络资源，只要对这些资源按照语言学特性和教学规律标注属性，就可以实现这一目标。例如，对教学录像[①]进行交际项目、语言点的标注，那么当教师需要查询某个语言点的教学录像时，就不必再像大海捞针一样在各个录像带中搜索；而且通过这样的方式，可以给教师提供符合要求的多种选择，可以按照多属性联合检索，控制并保证提取出满足教学需要的资源。

但是，目前人们普遍对此重视不足，一些有价值的资源没能充分发挥它的教学作用。因此教学资源管理是值得我们付出努力的领域，应予以重视。

思考和练习

1. 为什么说汉语教学资源建设是必要的？
2. 数字化汉语教学资源建设的意义是什么？
3. 汉语教学资源建设的主要内容有哪些？

---

① 这涉及资源建设可持续发展问题。对已有的录像资源（大的录像单位）按一定的标准进行切分（小的录像单位），可以使录像资源作为数字化形式继续使用，但也面临文化内容过时的问题。

4. 你认为当前急需的汉语教学资源有哪些？可以应用于哪些方面？

5. 有人把为汉语教材配录音、录像或光盘称之为"教材立体化建设"。你怎样看待汉语教材立体化和信息化建设？

第八章 对外汉语教师信息素养

进入信息社会以来,社会对人们信息技能方面的要求越来越多,涉及的范围和领域也越来越广。因此,社会对人们从思想到行动等方面的要求也越来越高,而相关的教育受关注的程度也会随之提高。信息素养便是其中较为突出的内容。

第一节 信息素养的由来及意义

一 信息素养的起源和发展

(一) 信息素养的起源

作为传统人文素养在信息社会的拓展,信息素养越来越受到重视,被认为是人们在复杂的信息化社会生存和发展的一项关键技能,是继计算机素养、图书资料检索技能之后,信息社会教育及发展的重要基础。

人类在利用信息的过程中,技术手段发生过重大变革,主要表现在两个方面:一是从图书馆长片式检索到计算机检索;二是从查阅纸质文献到利用数字化资源。面对如何有效利用爆炸式、海量增长的信息的问题,图书馆资料管理有关人士率先意识到了信息检索危机。

1974年,信息素养由美国国家图书馆暨信息科学委员会主席 Paul Zurkowski 提出,把信息素养(Information Literacy)定义为"利用信息工具及信息化资源解决问题的技术和技能"。①

（二）信息素养的发展

信息素养这一概念提出后，其定义和内涵得到了不断的更新和发展。

1987年，美国图书馆协会（ALA）信息素养总统委员会②正式成立，该委员会在1989年度的总结报告中将信息素养定义为："一种能意识到何时需要信息，以及能够检索和评估信息，有效利用所需信息的能力。"这一定义对信息素养概念的发展具有重大的影响。报告强调了信息素养这一概念的重要性，并指出信息素养作为一项技能，对于终身学习和创新型社会是必不可少的。该委员会还提出了六项建议，包括把信息素养教育纳入教育范畴，确保学生具有适应信息化社会的实际能力等。同年，该委员会建立了"国家信息素养论坛（National Forum on Information Literacy）"，超过90个国家和国际组织加入了这一组织，希望通过共同参与和共同讨论的方式提高人们对信息素养意识和信息能力的重视。

1992年，Christina Doyle在《国家信息素养论坛最终报告》（*Final Report to the National Forum on Information Literacy*）③中将信息素养概括为如下十个方面：

(1) 能检索需要的信息；

(2) 能认识到信息是正确决策的依据；

(3) 能基于信息需求用适当的方式阐述问题；

(4) 能识别可以利用的信息化资源；

(5) 能制订有效的信息检索策略；

---

① Paul G. Zurkowski. *The Information Service Environment: Relationships and Priorities*. National Commission on Libraries and Information Science, Nov 1974, ED100391. (http://en.wikipedia.org/wiki/Information_literacy)

② 委员会的职责大致有如下三个方面的内容：(1)在更高的素质教养水平上定义信息素养这一概念及其对学习者表现、终生学习、积极活跃品德的重要性；(2)针对人们终生的正式和非正式学习环境设计一种或多种合适的信息素养发展模式；(3)促成其对继续教育和教师发展的隐性作用。

③ Doyle, Christina(1992)*Outcome measures for information literacy within the national education goals of 1990: final report of the National Forum on Information Literacy*. Summary of findings. Washington, DC: US Department of Education.

(6)能评估来自于计算机和其他技术的信息源；

(7)能对信息的相关和有用程度进行评价；

(8)能为某种实际应用组织和整合信息；

(9)能把新信息整合到已有的知识结构和知识体系中；

(10)能用所掌握的信息解决问题并进行反思。

1996年，Jeremy J. Shapiro 和 Shelley K. Hughes 在《信息素养作为一门人文学科》[①]中，从一个更宽泛的视角提出信息素养是"一种新的人文科目，它的范畴包括：知道如何使用计算机并获取信息；对信息的性质、技术，从社会、文化，乃至哲学的视角进行批判性思考"。这一认识表明，信息素养的培养不仅仅是在现有课程中增加信息技术课程，而是一个全新的概念——信息素养教育。同时，他们还提出了信息素养课程"样板"，包含如下七个重要组成部分：

(1)信息工具素养(Tool literacy)：了解和掌握相关专业领域当前所使用的信息工具。

(2)信息资源素养(Resource literacy)：了解信息资源的形式、格式、位置及获取方式。

(3)信息社会结构素养(Social-structural literacy)：了解信息是如何研发的以及它的社会定位，即把握信息在社会活动中的地位和作用。

(4)信息研究素养(Research literacy)：掌握和使用与当前研究相关的信息技术工具。

(5)信息出版发布素养(Publishing literacy)：使用电子化手段发布、交流研究成果的能力。

(6)信息新兴技术素养(Emerging technology literacy)：了解和使用新技术的能力。

(7)信息评判素养(Critical literacy)：有评判信息的能力。

---

① Shapiro, Jeremy J. and Hughes, Shelley K. *Information Literacy as a Liberal Art: Enlightenment proposals for a new curriculum*. Educom review. 31 (2), Mar/Apr 1996.

二 信息素养概念产生的影响

信息素养在教育领域产生了很大的影响。面对高速发展的信息化社会，教育工作者应当充分意识到信息素养的重要性，积极探索怎样培养具有信息素养的学生，使自身适应并满足社会发展的需要。而具备信息素养就必须符合更高要求，这其中主要强调的是利用信息的能力及对待信息的态度。

落实信息素养教育，一方面应制订相应的标准，另一方面应有适当的社会活动加以促进。

（一）各国纷纷制订信息素养标准

1999年，英国图书馆协会（Society of College, National and University Libraries in the UK，简称SCONUL）出版了《信息素养的七大支柱》(*The Seven Pillars of Information Literacy*)，目的是推动这一领域高等教育的发展，共同探讨信息素养教育的教学目标和方法。之后，许多国家也陆续制订了信息素养标准。各国标准不尽相同，但对于信息素养的认识和要求是一致的。

（二）面向21世纪的全球化信息素养目标

2003年，国家信息素养论坛（the National Forum on Information Literacy）与联合国教科文组织（UNESCO）和美国图书馆与信息科学委员会（The US National Commission on Library and Information Science）一道，组织23个国家的代表在匈牙利布拉格举行了国际会议，讨论全球范围内的信息素养重要性及教育问题，发表了《布拉格宣言：建立一个信息素养社会》(*The Prague Declaration "Towards an Information Literate Society"*)。[①] 宣言指出，在21世纪，信息素养是社会经济、文化，以及个人和社区发展的关键因素；信息素养是国家的一项基本任务，人类终身学习的一个组成部分。2005年还发表了《亚历山大宣言：信息素养与终身学习》(*The Alexandria Proclamation on Information Literacy and Lifelong Learning*)。[②] 这表明信息素养

[①] 原文网址：http://portal.unesco.org/ci/en/file_download.php/0fee090d5195b370999e02f7b-2f5d52bPragueDeclaration.pdf

[②] 原文网址：http://www.ifla.org/III/wsis/BeaconInfSoc-is.pdf.

产生了全球化的影响,受到人们的普遍重视。

（三）美国的反应

美国在信息素养教育方面采取了多方面的积极行动。

1. 把信息素养纳入中小学教育并制订培养模式

为了更好地落实信息素养培养,迈克·艾森堡(Mike Eisenberg)和鲍勃·伯克维茨(Bob Berkowitz)提出一套信息素养教学方案,称为Big6[①],这一方案(模式)已被广泛采用,用来帮助学生成为具有信息素养的人。Big6方案(模式)包括如下六个步骤：

(1)界定需求和任务(Clarify and understand the requirements of the problem or task)。包括明确主题是什么、需要什么样的信息、到哪里可能找到所需要的信息。

(2)确定信息来源(Locating)。不同任务的信息来源可能会有所不同。信息来源包括纸质和电子的书籍、百科全书、地图、年鉴等。

(3)在信息源中进行筛选(Selecting/analyzing)。审查信息是否真正对解决问题有用,筛选出有用信息。

(4)综合分析和组织信息(Organizing/synthesizing)。包括识别、比较、关注差异、找到更多有用信息,并从逻辑和意义的角度进行组织。

(5)整合和表达信息(Creating/presenting)。根据不同的受众采用适当的表达方式,如文字、图表等方式。

(6)评估(Evaluating)。对结果和新的发现进行反思,解决了什么问题,有什么新的发现,这之间有什么差异,怎样能做得更好。

2. 制订中小学信息素养教育标准

1998年,美国学校图书馆协会(American Association of School Librarians,简称 AASL)和美国教育传播与技术协会(Association for Educational Communications and Technology,简称 AECT),结合中小学生学习,提出信息素养教育的具体目标,分为三个层次共九项具体目标。

---

① 参见 http://big6.com/,这个标准被广泛采用。

(1)第一层次:信息技能①。

标准一:具有信息素养的学生能有效和高效地获取信息。

标准二:具有信息素养的学生能正确地、批判性地评价信息。

标准三:具有信息素养的学生能准确地、创造性地使用信息。

(2)第二层次:独立自主学习。

标准四:独立自主学习者应具有信息素养,并能认识到信息与个人发展的关系。

标准五:独立自主学习者应具有信息素养,并能欣赏具有文学性和创造性的信息表述。

标准六:独立自主学习者应具有信息素养,并能力求在信息查询和知识生成中做得更好。

(3)第三层次:社会责任。

标准七:对学习社区和社会有积极贡献的学生应具有信息素养,并认识信息对民主化社会的重要性。

标准八:对学习社区和社会有积极贡献的学生应具有信息素养,并在实践中具有与信息和信息技术伦理道德相符的行为。

标准九:对学习社区和社会有积极贡献的学生应具有信息素养,并积极地通过相互交流共同探索和创建有用信息。

3. 确立大学信息素养教育的地位

2000年1月18日,美国图书馆协会(American Library Association,简称ALA)下属的高等教育与研究图书协会(Association of College and Research Libraries,简称ACRL)在得克萨斯州的圣安东尼召开会议,审议并通过了"美国高等教育信息素养能力标准(Information Literacy Competency Standards for Higher Education)"。共五项,分别是:

标准一:有信息素养的学生有能力判断所需信息的范围和性质。

---

① 信息技术素养也被称为技术信息素养。事实证明,具备技术信息素养的人,在利用技术管理信息、通信、表达思想方面可以做得更好。

标准二：有信息素养的学生有能力高效率地获取有用的信息。

标准三：有信息素养的学生有能力从众多的信息中正确地选择有用信息并整合到他们已有的知识结构或价值体系中。

标准四：有信息素养的学生有能力通过独立或合作的方式利用信息完成特定的任务。

标准五：有信息素养的学生了解与信息使用相关的经济、法律和社会问题，并以合法和合理的方式去获取和利用信息。

上述标准从能够使用在线目录查找相关书籍和在图书馆查找学术信息，直到评估和整合信息、批评性地反思，最终解决问题，旨在涵盖信息素养的基础要求乃至更高要求。

4. 加州开展"信息与通信技术数字扫盲"行动

2009年5月28日，美国加州州长阿诺德·施瓦辛格签署了"s-06-09号行政命令"，要求建立一个"加州信息与通信技术扫盲委员会"，制订了信息和通信技术扫盲政策，通过立法，在学校、培训机构和社区当中实施信息素养教育，以确保加州居民具有适应社会发展所需要的信息素养，消除数字鸿沟。

5. 总统亲自宣布"信息素养推广月"

为了提高全民信息素养，美国总统奥巴马于2009年10月发表了一份声明，宣布2009年10月为"信息素养推广月（National Information Literacy Awareness Month）"。他在声明中指出："我们的目标不仅仅是拥有信息化资源，还必须懂得如何获取、整合和评价信息。"他强调，面对信息化社会，我们必须认识到，信息素养可以提升我们的决策能力，是每个公民都应该具备的。他鼓励各教育机构通过各种形式帮助人们获得信息素养能力。

（四）中国的举措

1. 学术界高度重视

信息素养概念在20世纪90年代中期被介绍到中国，90年代中后期开始有论文和译作发表。如钟启泉等《基础教育课程改革纲要（试行）解读》、王吉庆（2002）的《信息素养论》、董玉琦等（1999）《信息教育的概念与课题》、张倩苇（2001）的《信息素养与信息素养教育》、黎加厚等（1997）《基于现代教育技术的信息教育》、张进良等(2003)《从美国的信息素养教育谈我国大学生信息素养的培养》、陈维维等(2002)《信息素养的内涵、层次及培养》、林立强(1999)《高等师范院校的信息素养教育》、陈文勇(2000)《国外信息素养的定义和信息素养标准研究成果概述》等。这反映出中国的教育工作者对信息素养的重视,并以发展的眼光对基础教育到高等教育中信息素养的培养提出了建议。目的是帮助学生从信息适应的角度,加强信息技术等各方面的学习,具有未来社会生存和工作需要的本领。

2. 结合国情阐述本土化理解

值得一提的是,信息素养被引入中国后,学者们根据教育的需要又进行了拓展,将信息素养的理解本土化。王吉庆(2002)认为,基本信息素养包括以下四个方面:(1)信息意识与情感:具有一种使用计算机与其他信息技术来解决自己工作、生活中问题的意识。(2)信息伦理道德修养:能够遵循信息应用人员的伦理道德规范,不从事非法活动,同时也知道如何防止计算机病毒和其他计算机犯罪活动。(3)信息科学技术常识:具有一定的信息科学技术知识,了解信息技术的发展与应用。(4)信息能力:基本信息能力包括信息系统的操作能力、文字处理能力、信息采集的能力、信息通信的能力、信息组织与表达的能力、信息加工处理的能力等。作者强调,"信息意识与情感是先导,信息科学技术常识是基础,信息能力是核心,信息伦理道德修养是信息素养健康发展的保证。"桑新民[①]认为,应该从驾驭信息的能力、运用信息技术的高效学习与交流能力、信息时代公民的人格教养等三个层次确立培养信息素养的内在结构与目标体系。另外,还有人认为学生信息素养培养主要针对五个方面的内容:(1)热爱生活,有获取新信息的意愿,能够主动地从生活实践中不断地查找、探究新信息。(2)具有基本的科学和文化常识,能够较为自如地对获得的信息进行辨别和分析,正确地加以评估。(3)可灵活地支配信息,较好地掌握选择信息、拒绝信息的技能。(4)能够有效地利用信息、表达个人的思想和观念,并乐意与他人分享不同的见解或信息。(5)无论面对何种情境,能够充满自信地运

---

① 参见刘德亮《桑新民教授谈中国教育技术理论与实践》,载《中国电化教育》2002年第5期。

用各类信息解决问题,有较强的创新意识和进取精神。还有的学者把信息素养的主要表现划分为以下八个方面的能力:运用信息工具、获取信息、处理信息、生成信息、创造信息、发挥信息的效益、信息协作和信息免疫[①]。

目前,信息素养已经成为现代教育的一个组成部分融入到各个学科教育之中,被称为信息素养教育。

第二节 对外汉语教师信息素养的主要内容

新技术也许会使一些汉语教师感到迷茫和困惑,这是可以理解的。但我们相信,无论是多媒体汉语教学体系,还是未来的虚拟大课堂,都不会使汉语教师的职能消失。相反,我们只有对汉语教学进行更深刻、更细致、更全面的研究,才能充分把握自身的优势,发挥新技术的特长。

一 现代教育技术给汉语教学领域带来的变革

现代教育技术给教育领域带来的深刻变化表现在备课方式、授课方式、学习方式、考试方式和科研方式上。

(一) 备课方式的变革

在传统的备课方式中,教师的教案大多是手写的,难免存在一些问题:

(1)不利于修改和及时更新。教案如果要修改,要么重写,要么在上面涂改,既浪费时间又不整洁,效率较低。然而在语言教学中,教师经常要根据学生的母语背景或组成情况等对教案进行修改或更新;加上课程内容也会不断更新,需及时对教案加以补充和修改,一成不变的教案很难满足现代社会对教

[①] 国外也有类似的提法,如"电子卫生保健"(eHealth Competencies: For any health information consumer)。

学的要求。

(2) 不利于课堂上动态、立体地变换内容。手写教案的内容是静态的、平面的。如果要在某个地方插入一幅图,只能用挂图。教学备用挂图的数量和内容都有很大局限,满足不了语言教学的需要。

而计算机备课方式除了可以解决上面的问题外,还有更多的优越性。概括地说就是灵活、便于更新,并且是多媒体的。计算机备课可分为两种方式:一是利用文字处理软件(如 Word)编写和修改教案。二是利用演示讲稿软件(如 PowerPoint)编写和修改"电子教案"。它能方便地把讲课用的大纲内容与辅助的文字、图形等相结合,构成色彩丰富、图文并茂的幻灯片,加上声音、动画等各种媒体信息,插入超级链接,组成在计算机屏幕上显示的电子演示教案,提高教师备课的效率。

(二) 授课方式的变革

传统的授课方式是在传统的教室里进行的,教师主要用口述和板书的方式授课,对于语言教学来说,形式比较单调,不仅不能适时地展现语言场景,还要花费大量的时间解释,不利于语言学习和语言训练。

计算机参与的授课方式是在有计算机技术支持的情况下进行的。根据不同的硬件设备条件,有多媒体演示教室和多媒体网络教室两类。

(三) 学习方式的变革

采用传统的学习方式,学生除了上课以外,课下或看书本复习,或跟着录音机、电视学习,或与"语伴"进行练习。前两种方式都是单向交互的,即在练习中出现错误时没有相应的指导,最后一种方式虽然有指导,但往往不是很可靠("语伴"多为普通学生,不能从留学生所犯的语言错误中发现实质问题)。

在以计算机为工具的学习方式中,学生可以通过 CCAI 课件复习和巩固课上所学内容,或通过视频点播重新聆听老师上课的实况;可以通过远程的方式学习汉语,并通过网络电话、电视会议系统与教师交流。

(四) 考试方式的变革

考试方式方面,出卷方式、考试形式、阅卷方式都有可能发生变化。

手工出卷时,由于试题的难易度等不易准确把握,因此其合理性难以预料。如果将试题输入计算机,标注相关属性,建立试题库,并根据教学内容的更新对试题不断地补充和删除,当题目达到一定数量时,就可以利用题库软件随机抽取,保证每次考试题目的有效性及合理性。

传统的考试有笔试、口试等,特别是语言的口语测试很难保证其一致性、公平性。而随着科技的发展,考试方式会从有纸化发展到无纸化,从无纸化发展到无盘化(网上进行)。人们再也不用为参加 HSK 考试而奔波于城市与城市之间,更不必等上很长时间才知道是否通过了此次考试,甚至可以在考试结束后马上领到成绩单,因为阅卷是在计算机或网上进行的,不但减少了误差,还可以做到快捷高效。随着汉语口语水平自动测试系统的研制成功,客观、准确、快捷的汉语水平考试体系终有一天会实际应用。

(五) 科研方式的变革

传统的科研方法存在一定的不足。比如,在图书馆查阅科研文献资料时,资料往往具有滞后性,图书馆资源库的质和量也会受到学校经济条件的制约;又如,传统的语言分析和调查都是手工进行的,不但数量有限,速度和准确性也得不到保证,结果也会受到不同程度的影响。

在数字化时代,Internet 不仅是当前最大的国际互联网,也被认为是 20 世纪以来最重要的科研工具,人们可以利用在 Internet 中建立和连接的各类大型和专业数据库进行文献存储和检索,互相交流学术思想,通过 Internet 进行广泛的国际合作研究。现在,国内外许多科学技术出版社都要求以 Internet 方式(E-mail 或 FTP 等)投稿,发表学术论文或参与讨论。网上查询则可以随心所欲,不但速度快,还可以得到国内外最新的研究成果。利用计算机技术和网络技术可以对语言的变化进行动态的观测和快速、准确的分析统计,为语言教学提供更多有价值的参考信息。

二 汉语教学领域已出台相关的国家标准

国家汉语国际推广领导小组办公室编制的《国际汉语教师标准》属于行业

标准,其中规定了国际汉语教师应该具备的素质和能力,并配以"汉语作为外语教学能力的认证考试",对希望成为汉语教师的人进行考核。针对信息素养和现代教育技术方面的规定分别在两个部分中涉及,其中"标准九"是专门针对信息素养的。

(一)"标准八"中的相关要求

《标准八:汉语教学课程、大纲、教材与辅助材料》的总目标是:教师应理解并掌握汉语教学课程与大纲的内容、范围和目的;熟悉汉语课堂教学的基本环节;并能根据教学实际恰当地选择和使用教材及教辅材料。

其中"标准8.6"规定:教师应熟悉教辅材料在汉语教学中的作用,并能有针对性地进行选择。基本概念范畴包括:

- 教学辅助材料
- 网络材料
- 音频、视频材料
- 报纸杂志、图片、卡片
- 实物、教具
- 多媒体教室
- 语言实验室
- 自助学习工具

基本能力包括:

- 应了解各种教辅材料对教学的作用。
- 能选择和利用相关的教学资源和教辅材料进行教学。
- 能妥善处理教材与辅助材料的关系,并能将二者有机结合,以取得最佳的教学效果。
- 能与其他教师合作,一起探讨对辅助材料的开发、取舍和整合,达到资源共享的目的。

(二)"标准九"中的相关要求

标准九:教师熟悉并掌握有关计算机的基本知识与操作方法,了解常用的现代化教学手段及网络技术,并能应用于汉语教学实践。

1. "标准 9.1"规定

教师应熟悉计算机的基本组成部件及相关电子设备,熟悉与汉语教学相关的常用计算机软件和多媒体教学设备,并能应用于实践。基本概念范畴包括:

- 计算机基本组成部件
- 操作系统与基本操作命令
- 常用办公软件
- 相关电子设备
- 软件安装与卸载程序
- 计算机辅助教学
- 计算机病毒
- 课程管理系统

基本能力包括:

- 了解包括外接部件在内的计算机基本部件,并能根据相关参数大致判定其性能。
- 能以正确的操作命令使用计算机并指导学习者进行操作。
- 了解常见操作错误,并能进行相应的修复操作。
- 能自行安装或卸载各种常见软件。
- 熟悉并能熟练运用常见的办公软件完成教学资料的编写、制作。
- 熟练掌握至少一种汉字输入法。
- 能使用幻灯片演示软件制作和演示主要教学内容。
- 能根据教学目标、内容、对象、场景的不同,合理安排计算机辅助教学,能引导学生在中文操作系统下进行自学和互动。
- 了解计算机病毒,掌握基本的病毒预防、查杀方法。
- 能熟练使用所在地的课程管理系统。

2. "标准 9.2"规定

教师应了解并掌握基本的网络知识,并能合理利用各种网络资源服务于教学。基本概念范畴包括:

- 互联网
- 下载、上传
- 浏览器、搜索引擎
- 网页、网址
- 个人主页、博客、告示板
- 电子邮件、论坛、聊天室
- 视频会议、远程教学
- 黑客、网络安全、防火墙

基本能力包括：
- 能熟练地使用计算机上网，搜集和使用互联网上的教学资源。
- 能自行下载和上传各种文件和汉语教学资料。
- 能建立个人主页或博客，以加强与学习者的沟通和交流。
- 能通过电子邮件、聊天室、视频等方式及时向学生传达信息及收集反馈。
- 了解常见的网络安全问题并能采取相应的措施。

第三节 信息素养与教师教育

一 汉语教师具备信息素养的必要性

（一）现代教育技术新形势下汉语教师面临的任务

现代化教学成功与否，在很大程度上取决于教师是否具备一定的信息素养。

事实上，不同学科的教学对技术的依赖程度和依赖的方面是有很大差异的。就现状来看，技术学科中运用现代媒体技术比较普遍，效果也比较明显。原因是这些学科本身具有一定的技术含量，而从事这些学科教学的人员又具有掌握现代信息技术的先天优势（例如物理教学、计算机教学等）。然而，对外汉语教学则是另外一种状况。语言是人与人之间直接的或者间接的交流工具，因此，语言教学离不开人的参与，人的因素在语言教学中占有比其他学科更大的比重。所以，必须科学地认识和正确地把握汉语教学过程中的技术因素和人的因素，并使两者有机结合，从而创造出超越现有模式下的教学效果。无论是在汉语课堂上应用网络技术，还是在网络上构建虚拟的汉语教学课堂，都对网络汉语教学的发展起到了积极的促进作用，丰富了汉语教学的模式，但与此同时对汉语教师的期待更多。

未来的汉语教师应具备更高的电脑操作技能，掌握现代教育技术的基本原理，对远程教学的发展有一定的洞察力；研究新技术对语言教学理论所产生的影响，探索现代教育技术如何指导汉语远程教学，总结并发展汉语远程教学模式；开展国际性的分工合作，发挥各自的优势，共同策划、编写教材，开发和制作课件，共同组织教学，共享教学资源，成为国际远程教学的合作者；利用一切可利用的信息技术手段，建立与学生沟通的渠道，成为学生主动建构知识的帮助者和指导者。（郑艳群，2001）目前已经出现了汉语网络教师、汉语远程教师，他们有的在幕后策划组织远程电视会议讨论，有的在网络上定时通过语音或视频为学习者答疑解惑。随着远程教学的发展，汉语教师的职能、与学生的关系、教师队伍的结构都将发生重大变化。教学不再局限于使用教室、黑板、粉笔，这已是不争的事实。

（二）面向全球化汉语教学的形势需要

1. 信息素养是未来教师必备的素养

信息素养已经引起世界各国越来越广泛的重视，并逐渐加入从小学到大学的教育目标，是教育的最基本需要；同时，也将其加入到与人才评价体系之中，成为评价人才综合素质的一项重要指标。

在美国，自1995年美国国会前技术评估办公室（Office of Technology Assessment，简称OTA）发布《教师与技术》（Teachers and Technology：Making the Connection）以来，已有约40个州将信息技术能力纳入教师资格认证的一项内容。

人们不仅重视信息素养评估，而且还出现了检验信息素养的信息素养评估工具。

在著名的ETS网站上我们不难看到有关于"学生信息和通信技术素养评

价"的测试产品,如：

（1）https://www.projectsails.org/提供标准化的信息素养评估；

（2）http://www.jmu.edu/assessment/resources/prodserv/instruments_ilt.htm 是信息素养测试网站,分不同的标准和项目,以及在总成绩中所占的比例；

（3）http://jonathan.mueller.faculty.noctrl.edu/infolitassessments.htm 包含了不同地区不同内容的、多样化的信息素养评估和培训网。从什么是信息素养、信息素养调查分析,到信息素养能力培训教程和培养目标,都有涉及。

2. 信息素养是汉语教师的必备能力

各学科的信息素养教育是与学科的特点和要求相联系的。信息素养教育为本学科培养具有信息素养的人才,从而推动着学科教学思想,以及教学目标、内容、方式和评价等各个环节的变革。

针对汉语教学领域的信息素养教育,其主要任务是培养对外汉语教师具有适应信息化社会汉语教学所必备的才能。通过信息教育,提高汉语教师的信息素养,满足信息化社会汉语教学的需要,促进汉语教学的顺利开展。实际上,在日常的教学资料等文件管理和命名方式、收发邮件时的表述方式、教学内容的呈现方式、通过网络发布信息的习惯和解答问题的态度等方面,都表现出信息素养的水平。因此,我们一定要对其充分重视,并把信息素养教育提到议事日程。作为信息时代的汉语教师,在应用信息技术开展教学和研究的时候,应该表现出应有的信息素养,担负起时代的责任。它代表的是一个有着几千年历史文明古国的形象,传播汉语教学的同时也传递出中国人的人文情怀,体现出具有时代特征的汉语教学工作者的人文面貌和技术水平,绝不可小觑。因此,培养汉语教师信息素养是信息时代发展的要求,它直接关系到教学水平和研究水平,决定着教师自身的竞争能力和生存能力。

（三）时代的责任

从以往汉语教师资格认证对信息素养没有明确的要求,到《汉语作为外语教学能力等级标准与考试大纲》[①]中的"语言研究与对外汉语教学理论"中补充规定"五、现代教育技术的应用"，直到《国际汉语教师标准》在标准八和标准九中的具体规定，反映出时代的变化对汉语教师提出的更新、更高的要求。这是我们必须面对并加以重视的。

在现代教育技术的大背景和大环境下，汉语教师的历史责任就是要努力研究汉语教学理论和实践，利用信息技术创新教学模式和教学方法，以适当的技术手段促进教学活动的开展和教学效果的提高，创造优质和丰富的教学资源，以满足汉语教学的各种需要。对外汉语教师信息素养是"对外汉语教师应具备的信息技术与对外汉语教学的课程整合的能力，包括信息化教学设计的能力、教学内容信息化处理的能力、创设语言交际环境的能力、培养听说读写译语言技能的能力等。""对外汉语教师信息素养是对外汉语教师知识结构更新的重要方面。"（徐娟等，2006）

我们不能仅仅维持现有的知识和技能，而应积极地投身到不断革新和成长之中。

二　信息技术与教师教育

教师信息素养教育日益受到关注，已经成为教育发展的重要内容。信息技术水平的衡量和评价标准也已经形成一定的方法。

（一）信息技术与教师教育

信息技术与教师教育（Information Technology and Teacher Education）已逐渐成为教育技术领域的一个专门学科，它主要研究如何对教师进行信息技术方面的培训，以便使教师能够更好地、更自觉地在所从事的学科领域合理、有效地运用信息技术，最终具备信息素养。

具体研究包括：技术应用培训问题、信息技术对教学效果的影响，以及应用信息技术开展教学的成功方案等。

[①] 国家对外汉语教学领导小组办公室编，北京大学出版社2005年版。具体包括：(1)计算机及常用软件的使用；(2)现代声像技术的应用；(3)汉语知识与言语技能的计算机辅助教学；(4)网络远程汉语作为外语教学。

（二）教师教育的途径

信息技术在不断地发展着，各种现代教育技术理论和方法在不断涌现，除了正规的学校教育外，教师在工作中还会面临新的问题。因此，从信息素养的角度来说，具有独立学习的能力和社会责任是必要的。信息社会将伴随着技术的发展和技术应用而不断地要求教师进行学习和思考，以适应新的需要。

首先，要使教师在思想上重视，有积极的心态；其次，在实践中要不断运用新技术和新方法去探索教学理论和教学方法；最后，从责任和道德方面要求和约束自己。提升信息素养的方式有很多，如参加培训（脱产学习和非脱产学习），工作中自我学习，教师间互相交流等。

（三）信息技术与教师教育研究方法

开展信息技术与教师教育的研究方法有如下三种：

1. 经验理论

经验理论认为，科学的方法是研究人类行为的唯一正确的方法。从经验主义出发，我们可以认为外部客观世界是可以被认识、被量化的。因此，我们可以通过提供有关计算机在学校中使用情况的精确描述，了解教师教育方面实际的技术应用情况。

2. 批判理论

批判理论认为，一个群体的获益是以另一个群体的损失为代价的。因此，我们应该认识到盲目的计算机教育应用对教育的伤害，反思因技术引入教育领域而带来的一些问题。

3. 解释理论

解释理论与心理学建构理论相关。他们认为，社会科学研究的结论带有局限性。因此，要重视案例研究和专业实践性研究，倡导"参与性研究"。研究所涉及的方面有：现状调查研究、相关政策研究、师生态度研究、教学应用研究、培养方案研究、总结和反思、计算机辅助教师教育研究等。

信息社会的发展需要教育的信息化。所谓"教育的信息化"，就是要在教育过程中全面运用以多媒体计算机和网络通信技术为基础的现代信息技术，促进教育的全面改革。对于对外汉语教学来说，这种信息化的进程应当说仅仅是开始,任务是艰巨的,发展前景是广阔的。

思考和练习

1. 什么是信息素养?
2. 汉语教师信息素养包括哪些方面?
3. 强调信息素养对汉语教学有什么意义?

附　录

教育技术相关术语中英文对照表

中文	英文
学习成绩	academic achievement
美国教育传播与技术学会	AECT (Association for Educational Communication and Technology)
情感策略	affective strategy
人工智能	AI (Artificial Intelligence)
分析	analysis
运用	application
视听辅助工具	audiovisual aids
视听教育	audiovisual education
音像教材	audio—visual instructional materials
电子布告板	BBS (Bulletin Board System)
只读存储器基本输入输出系统	BIOS (Basic Input Output System)
浏览器	Browser
电子布告板	Bulletin Board System
计算机辅助教学	CAI (Computer—Assisted Instruction)
计算机辅助管理	CAM (Computer—Aided Management)
个案研究	case study
计算机辅助测试	CAT (Computer—Assisted Test)
计算机辅助教育	CBE (Computer—Based Education)
中国教育和科研网	CERNET
课堂教学	classroom instruction
计算机管理教学	CMI (Computer—Managed Instruction)
认知过程	cognitive processed
认知心理学	cognitive psychology

认知结构	cognitive structure
比较分析	comparative analysis
信息素养	computer literacy
基于计算机媒介的通讯	computer mediated communication
计算机多媒体	computer multimedia
计算机网络	computer network
计算机模拟	computer simulation
计算机软件	computer software
计算机软件开发	computer software development
计算机系统设计	computer system design
计算机用于教育	computer users in education
学习条件	conditions of learning
建构主义	constructivism
合作学习,协作学习	cooperative learning
课程	courses
课件	courseware
中央处理器	CPU (Central Processing Unite)
课程开发	curriculum development
数据通信	data communication
远程教育,远距离教育	distance Education
远距离学习	distance learning
磁盘操作系统	DOS (Disk Operating System)
数字电视	DTV(Digital Television)
教育改革	educational change
教育传播	educational communication
学习环境	educational environment
教育评估	educational evaluation
教育传播技术	educational technology
评价,判断	evaluation
评价方法	evaluation methods
反馈	feedback
反馈系统	feedback system
超媒体	hypermedia
输入/输出	I/O(Input/Output)
个别化教学系统	individualized instructional system
信息加工	information processing
信息技术	information technology

输入/输出设备	input/output device
教学设计	instructional design
教学发展	instructional development
教学效果	instructional effect
教学效率	instructional efficiency
教学评价	instructional evaluation
教学信息	instructional information
教学资源,学习资源	instructional materials
教学媒体	instructional media
教学方法	instructional methods
教学目标	instructional objectives
教学程序	instructional procedures
教学过程	instructional process
教学资源	instructional resources
教学策略	instructional strategies
教学技术	instructional technology
交互,互动	interaction
互联网	Internet
自主学习	learner controlled instruction
学习策略	learning strategy
学习活动	learning activities
学习目标	learning objectives
学习过程	learning processes
教学策略	learning strategies
学习理论	learning theories
模型,模式	models
多媒体个人计算机	MPC (Multimedia Personal Computer)
多媒体教学	multimedia instruction
多媒体课件,多媒体资源	multimedia materials
网络课程	online courses
操作系统	OS (Operating System)
绩效技术	performance technology
问题解决	problem solving
问卷,调查表	questionnaires
认知结构,图式	schemata
情境学习	situated learning
幻灯片	slide

幻灯机	slide projector
软件	software
学生态度	student attitudes
教师态度	teacher attitudes
教师角色	teacher role
教学方法	teaching methods
信息技术与课程整合	technology integration
教育信息化	technology uses in education
通讯	telecommunications
视觉传播	visual communication
视觉教育	visual education
视觉语言	visual language
网络教学,网络教育	Web—Based Instruction
万维网	World Wide Web

主要参考文献

巴巴拉·西尔斯、丽塔·里齐著,邬美娜、刘雍潜译《教学技术:领域的定义和范畴》,中央广播电视大学出版社,1999

北京语言大学"外国学生错字别字数据库"课题组《"外国学生错字别字数据库"的建立与基于数据库的汉字教学研究》,《语言教学与研究》(4),2006

蔡北国《中介语动作动词混用的调查与分析》,《世界汉语教学》(4),2010

常宝宝、俞士汶《语料库技术及其应用》,《外语研究》(5),2009

陈维维、李艺《信息素养的内涵、层次及培养》,《电化教育研究》(11),2002

陈文勇《国外信息素养的定义和信息素养标准研究成果概述》,《图书情报工作》(2),2000

程裕祯《新中国对外汉语教学发展史》,北京大学出版社,2005

储诚志、陈小荷《建立"汉语中介语语料库系统"的基本设想》,《世界汉语教学》(3),1993

崔希亮《如何破解汉语难学的问题》,《世界汉语教学学会通讯》(1),2009

崔永华、杨寄洲《对外汉语课堂教学技巧》,北京语言大学出版社,1997

戴雪梅《图示理论在对外汉语阅读教学中的应用》,《汉语学习》(2),2003

德斯蒙德·基更著,丁新等译《远距离教育基础》,中央广播电视大学出版社,1996

丁信善《语料库语言学的发展及研究现状》,《当代语言学(试刊)》(1),1998

丁兴富《远程教育学》,北京师范大学出版社,2001

董玉琦、姜志兴、李卢一《信息教育的概念与课题》,《中小学电教》(1),1999

范志光《超媒体CAI的教学应用》,《科技信息》(5),2008

方　玲、汪兴富《美国当代英语语料库(COCA)的自主学习应用》,《中国外语》(11),

2010

 冯志伟《计算语言学基础》，商务印书馆，2001

 高立群《外国留学生规则字偏误分析——基于中介语语料库的研究》，《语言教学与研究》(5)，2001

 国家对外汉语教学领导小组办公室汉语水平考试部《汉语水平等级标准与语法等级大纲》，高等教育出版社，1996

 国家汉语水平考试委员会办公室考试中心制定《汉语水平词汇与汉字等级大纲》，经济科学出版社，2001

 黄伯荣、廖序东《现代汉语（上册）》，高等教育出版社，1991

 黄昌宁、李涓子《语料库语言学》，商务印书馆，2002

 黎加厚、郭振江、张中涛、叶建文《基于现代教育技术的信息教育》，《中国电化教育》(7)，1997

 李　华《对汉语中介语表人名词"～人"的偏误分析》，《云南师范大学学报》(3)，2005

 李善姬《韩国汉语 E-Learning 的现状及未来发展方向》，北京语言大学硕士学位论文，2009

 李宇明、陈前瑞《北京话"给"字被动句的地位及其历史发展》，《方言》(4)，2005

 林立强《高等师范院校的信息素养教育》，《福建师范大学学报（哲学社会科学版）》(1)，1999

 刘德亮《桑新民教授谈中国教育技术理论与实践》，《中国电化教育》(5)，2002

 刘富华《美国西点军校汉语教学思考》，《世界汉语教学学会通讯》(1)，2010

 刘　华《基于语料库的对外汉语教学用分类词表的研制——以商务为例》，《第三届全国教育教材语言专题学术研讨会》(4)，2010

 刘满堂《近 40 年英语语料库及语料库语言学研究的回顾与展望》，《陕西教育学院学报》(2)，2004

 刘　珣《对外汉语教学引论》，北京语言大学出版社，2000

 刘亚菲、郑艳群《〈汉语中介语语料库〉中韩国学生量词使用情况考察与分析》，《国际汉语教学动态与研究》(3)，2008

 刘　瑜《中、高级学生介词"在"习得情况考察及分析》，《海外华文教育》(1)，2007

 罗文浪《现代教育技术》，北京航空航天大学出版社，2006

 罗志高《国外英语语料库简介》，《重庆科技学院学报（社会科学版本）》(11)，2008

吕玉兰、张若莹《对外汉语课堂教学实录资料的编纂及应用价值》,《语言教学与研究》(1),2005

齐沪扬《传播语言学》,河南人民出版社,2000

任海波、王刚《基于语料库的现代汉语离合词形式分析》,《语言科学》(6),2005

邵敬敏、罗晓英《语法本体研究与对外汉语语法教学》,《暨南大学华文学院学报》(3),2005

史金生《情状副词的类别和共现顺序》,《语言研究》(4),2003

宋柔、樊太志、岳炳词《面向语言教学研究的汉语语料检索系统CCRL及其应用》,第七届国际汉语教学讨论会论文,2002

苏新春《关于〈现代汉语词典〉词汇计量研究的思考》,《世界汉语教学》(4),2001

孙德金《外国留学生汉语"得"字补语句习得情况考察》,《语言教学与研究》(6),2002

田清源《汉语学习者口语语料库计算机系统设计》,《全国第八届计算语言学联合学术会议(JSCL-2005年)论文集》,2005

汪琼、缪蓉《超媒体神话的破灭?——相关教学应用研究述评》,《高等学校文科学术文摘》(2),2003

汪兴富、Mark Davies、刘国辉《美国当代英语语料库(COCA)——英语教学与研究的良好平台》,《外语电化教学》(9),2008

王吉庆《信息素养论》,上海教育出版社,2002

王建勤《对外汉语教材现代化刍议》,《语言文字应用》(1),2000

王建勤主编《汉语作为第二语言的学习者习得过程研究》,商务印书馆,2006

王立非、祝卫华《中国学生英语口语中话语标记语的使用研究》,《外语研究》(3),2005

王茂林《留学生"比"字句习得考察》,《暨南大学华文学院学报》(3),2005

王铁琨《规范化、现代化与辞书——强国中国辞书事业发展的思考》,《辞书研究》(1),2007

王韫佳、李吉梅《建立汉语中介语语音语料库的基本设想》,《世界汉语教学》(1),2001

萧频《印尼学生汉语离合词使用偏误及原因分析》,《暨南大学华文学院学报》(3),2006

肖奚强《外国学生"除了"句式使用情况的考察》,《语言教学与研究》(2),2005

谢福《基于语料库的留学生"是……的"句习得研究》,《语言教学与研究》(2),2010

新华社《中共中央国务院关于深化教育改革全面推进素质教育的决定》,《人民日报》

(6月17日),1999

邢红兵、张文坚、江诗鹏《面向对外汉语教学的谓词句法属性统计研究》,《语言教学与研究》(3),2006

许嘉璐《在第九届国家汉语教学研讨会闭幕式上的讲话》,《世界汉语教学学会通讯》(1),2009

徐晶凝《多媒体教材编写的几点体会》,《第二届中文电化教学国际研讨会论文集》,广西师范大学出版社,2000

徐　娟、宋继华《对外汉语教师信息素养的内涵、评价体系与培养》,《国际汉语教学动态与研究(第1辑)》,外语教学与研究出版社,2005

杨爱芬《对外汉语教学中的多媒体教学方法和传统课堂教学方法的比较》,《第三届中文电化教学国际研讨会论文集》,清华大学出版社,2002

杨德峰《日语母语学习者趋向补语习得情况分析》,《暨南大学华文学院学报》(3),2004

杨德峰《用于将来的"动＋了＋趋"初探》,《语言研究》(2),2002

杨惠中《中国学习者英语口语语料库建设与研究》,上海外语教育出版社,2005

杨庆华《新一代对外汉语教材的初步构想——在全国对外汉语教学基础汉语推荐教材问题讨论会上的发言》,《语言教学与研究》(4),1995

杨　杨《现代教育技术的发展与应用》,《第三届中文电化教学国际研讨会论文集》,清华大学出版社,2002

杨　翼、李绍林、郭颖雯、田清源《建立汉语学习者口语语料库的基本设想》,《汉语学习》(3),2006

姚道中《美国汉语教学的走势》,《世界汉语教学学会通讯》(2),2009

余胜泉、何克抗《基于INTERNET的教学模式》,《中国电化教育》(4),1998

俞士汶《计算语言学概论》,商务印书馆,2003

袁毓林《试析中介语中跟"不"相关的偏误》,《语言教学与研究》(6),2005

张宝林《回避与泛化——基于"HSK动态作文语料库"的"把"字句习得考察》,《世界汉语教学》(2),2010

张　博等《基于中介语语料库的汉语词汇专题研究》,北京大学出版社,2008

张进良、张克敏、何高达《从美国的信息素养教育谈我国大学生信息素养的培养》,《电化教育研究》(8),2003

张倩苇《信息素养与信息素养教育》,《电化教育研究》(2),2001

张姝、赵铁军、杨沐昀、李生《面向事件的多语平行语料库构建研究》,《计算机应用研究》(11),2005

张玮《时间副词"永远"的区别意义及其语法功能》,《语言研究》(特刊),2002

张效祥《计算机技术百科全书》,清华大学出版社,1998

张智君《先前知识、超文本层次深度和类型对低结构化信息搜索的影响》,《心理科学》(26),2003

赵金铭、郑艳群《汉语口语教学与多媒体口语数据库建立》,《南京大学学报》(特刊),2002

赵金铭等《基于中介语语料库的汉语句法研究》,北京大学出版社,2008

赵淑华、刘社会、胡翔《句型统计与句法分析——介绍一个〈现代汉语句型语料库〉》,《第五届国际汉语教学讨论会论文选》,北京大学出版社,1997

赵万杰、罗慧《远距离教育基础》,电子科技大学出版社,1995

郑艳群、刘亚菲《语料库技术在〈HSK量词学习词典〉编纂中的应用》,《对外汉语学习词典学国际研讨会论文集(二)》,中国社会科学出版社,2006

郑艳群《汉语课堂教学课件的设计与评价》,《第三届中文电化教学国际研讨会论文集》,清华大学出版社,2002

郑艳群《课堂上的网络和网络上的课堂——从现代教育技术的角度看对外汉语教学的发展》,《世界汉语教学》(4),2001

郑艳群《中介语中程度副词的使用情况分析》,《汉语学习》(6),2006

郑艳群《汉语多媒体教学课件设计》,北京语言大学出版社,2009

周晨萌《20世纪80年代北京口语儿化词的使用情况》,《语言教学与研究》(5),2005

周健《汉语课堂教学技巧与游戏》,北京语言文化大学出版社,1998

周荣刚、张侃、李怀龙《背景信息导航帮助和认知风格对超文本使用的影响》,《心理科学》(4),2003

周小兵、洪炜《中高级留学生汉语中介语辞格使用情况考察》,《世界汉语教学》(4),2010

朱其智《留学生汉语杂糅偏误分析》,《汉语学习》(3),2007

祝智庭《教师教育网络课程的设计策略》,《中国远程教育》(12),2000

祝智庭、黄景碧、王觅《教育技术研究国际动态透视》,《电化教育研究》(8),2010

American Library Association Presidential Committee on Information Literacy: Final Report. Chicago: American Library Association, 1989

Barack, Obama. Presidential Proclamation National Information Literacy Awareness Month. The White House. United States Government, 1 Oct. 2009. Available: http://www.whitehouse.gov/assets/documents/2009literacy_prc_rel.pdf

Cornelius, C. K. Learning and Teaching Chinese Through Digital Storytelling : Process and Outcome. 第五届国际汉语电脑教学研讨会,2008,中国澳门

Doyle, Christina S. Final Report to National Forum on Information Literacy, June 24, 1992: Summary of Findings : Outcome Measures for Information Literacy within the National Education Goals of 1990. Washington, D.C.: Prepared by ERIC Document Reproduction Service [for] U. S. Dept. of Education, Office of Educational Research and Improvement, 1996

McGuinness, C. Briefing Paper: Information Skills in Higher Education. British Dental Journal 189.8 (262—81). 1999

Jeremy, J. S. and Shelley, K. H. Information Literacy as a Liberal Art: Enlightenment proposals for a new curriculum. EduCom Review vol. 31, no. 2. 1996

Paivio, Allan. Imagery and Verbal Processes. New York: Holt, Rinehart and Winston, 1971

Prensky, Marc. Digital Natives, Digital Immigrants Part 1. On the Horizon 9.5 (1—6). 2001

Seels, Barbara, and Rita Richey. Instructional Technology: the Definition and Domains of the Field. Washington, D.C.: Association for Educational Communications and Technology, 1994

Zurkowski, Paul G. The Information Service Environment Relationships and Priorities. Washington, D.C.: National Commission on Libraries and Information Science, 1974

后　　记

　　每当写后记的时候，心情总是特别复杂。一方面，经过几番辛苦，终于可以交上一份作业；另一方面，其中的任何瑕疵和纰漏都会牢牢地印成文字，没有挽回的余地。

　　这本教材尤其如此。从策划到完成，着实经历了不短的时间。其中很重要的原因就是教育技术近年来的飞速发展，并对汉语教学产生了全方位、多层面的影响，使得我在原有计划的基础上，不断地修改、调整和补充。这种欲望此刻依然没有停止。因此，本书首先从信息技术的角度概述现代科技在汉语教学中的应用；然后，力求全面地描绘教育技术与汉语教学的关系，阐述教育技术在汉语教学领域应用的方方面面。而一些不断涌现出的新概念、新技术和新趋势，常常以脚注的形式标记在书中，也许它们在不久的将来会成为研究的新热点，有兴趣的读者可以沿着这样的线索，再通过其他途径了解更进一步的内容，并思考它与汉语教学的关系和应用等问题。

　　本教材的编排大致如下。第一章为总论；第二章从信息技术的角度概述现代科技对汉语教学产生的影响；第三至第六章，以汉语教学为主体，按应用于教学、研究和管理来布局；第八章为汉语教师信息素养。

　　我们可以清楚地看到，科学技术对汉语教学的影响力日益凸显，现代教育技术在当今的汉语教学中占据越来越重要的地位。敬佩总主编赵金铭教授和齐沪扬教授的远见卓识，把这一交叉学科的内容作为一个独立的部分和学科建设的重要组成部分，正式纳入对外汉语教学专业本科系列教材，也感谢他们的信任，把这个任务交给我。在没有可参考框架的情况下，各位师长和同仁给予我极大的帮助，在几次大纲审订会上都使我获益匪浅。

感谢商务印书馆周洪波先生、袁舫女士和戴军明先生的鼓励和督促，感谢编辑刘玥妍女士认真细致的工作。

感谢中国留学基金委哈佛大学博士后项目，使我有机会到哈佛大学学习的同时，有相对集中的时间整理完成这本拖延了数年的书稿。

最后，我要特别感谢我的三位研究生卢娜、许多多和杨璠，他们帮助我查阅、校对、核实了许多资料，并对我的粗稿提出过许多宝贵意见。

书中定有不足，恳望广大师生批评指正，以利今后改编或重新修订。

郑艳群

2011年6月